新能源汽车系列

# 电动汽车电气系统
## 原理与检修

 汪立亮 等 编著

 化学工业出版社

·北京·

本书注重理论与实际相结合，系统地介绍了电动汽车电气基础知识、电动汽车动力电池及管理系统、电动汽车充电系统、电动汽车空调系统、电动汽车转向系统、电动汽车制动系统、电动汽车冷却系统、电动汽车安全用电等内容。书中图文并茂，并加入了大量典型实例，可读性强。

本书可供广大新能源汽车行业从业者学习参考，也可供广大汽车专业及相关专业的职业院校作为教材选用，并可作为相关行业的培训用书。

### 图书在版编目（CIP）数据

电动汽车电气系统原理与检修/汪立亮等编著. —北京：化学工业出版社，2020.7（2023.3重印）
（新能源汽车系列）
ISBN 978-7-122-36589-7

Ⅰ.①电⋯ Ⅱ.①汪⋯ Ⅲ.①电动汽车-电气系统-车辆检修 Ⅳ.①U469.72

中国版本图书馆CIP数据核字（2020）第052986号

---

责任编辑：韩庆利　　　　　　　　　　　　　文字编辑：葛瑞祎
责任校对：宋　玮　　　　　　　　　　　　　装帧设计：刘丽华

---

出版发行：化学工业出版社（北京市东城区青年湖南街13号　邮政编码100011）
印　　装：涿州市般润文化传播有限公司
787mm×1092mm　1/16　印张16¼　字数381千字　2023年3月北京第1版第2次印刷

购书咨询：010-64518888　　　　　　　　　售后服务：010-64518899
网　　址：http://www.cip.com.cn
凡购买本书，如有缺损质量问题，本社销售中心负责调换。

---

定　价：69.00元　　　　　　　　　　　　　　　　　　　　版权所有　违者必究

# 前言

随着我国经济水平的提高,汽车已成为生活中的交通和出行的工具,也推动了汽车产业的快速发展,我国已经连续多年成为世界汽车产销第一大国。汽车的消费不仅提高了生活质量,方便人们出行,而且也带来了石油的大量消耗和对石油的依赖性,甚至出现能源危机,同时汽车产生的尾气也造成了空气污染,特别已成为产生雾霾主要因素之一。为此,全世界都在应对石油短缺、环境污染和气候变暖的共同挑战,并纷纷出台了相关的措施进行节能减排。在汽车领域,各国纷纷提高汽车节能技术和汽车尾气排放标准,加快发展节能汽车与新能源汽车的进度,这既是有效缓解能源和环境压力、推动汽车产业可持续发展的紧迫任务,也是加快汽车产业转型升级、培育新的经济增长点和增强国际竞争优势的战略举措。

电动汽车的电气系统包括电源系统、充电系统、暖风与空调系统、制动系统、电动转向系统、自动启停系统、车载局域网络系统、车载互联系统,以及与传统车辆基本一致的其他辅助电气系统等。电动汽车大多为乘用车辆,其与传统汽车区别是在动力驱动系统上。纯电动汽车采用了电池加电机的方式来取代传统车辆动力单元的发动机和变速器,或者像混合动力汽车一样,把电机附加在变速器上。由于动力单元的改变,使得车辆内有些系统也需要发生相应的改变,包括电源、充电、冷却、暖风空调以及制动和其他车身辅助系统等。为了使广大新能源汽车行业的从业者了解和学习电动汽车电气系统的结构原理与检修方法,特组织行业专家、学者共同编写了《电动汽车电气系统原理与检修》。

本书条理清晰、层次分明,系统地介绍了电动汽车电气基础知识、电动汽车动力电池及管理系统、电动汽车充电系统、电动汽车空调系统、电动汽车转向系统、电动汽车制动系统、电动汽车冷却系统、电动汽车安全用电等内容。本书内容详实,图文并茂,注重实例介绍,内容深入浅出,可读性强,适合广大新能源汽车行业从业者学习参考,也可供广大汽车专业及相关专业的职业院校作为教材选用。

本书由汪立亮等编著,参加编写的还有徐峰、杨光明、潘明明、周钊、汪倩倩、魏金营、江滔、姜琳晖、杨小波、周宁、姚东伟、潘旺林、满维龙、卢小虎、陈忠民、徐淼、楚宜民。本书在编写过程中真诚感谢为本书提供支持帮助的各位企业老总、同行兄弟及所参与院校的领导。

本书在编写过程中,得到部分新能源汽车生产厂商的大力支持和帮助!在此表示最诚挚的谢意!

由于新能源汽车领域技术日新月异,同时编者知识和能力也存在不足,书中难免存在疏漏之处,请读者及时反馈,以便日后修订。

编 者

# 目录

## 第一章 电动汽车电气基础知识 ………………………………………… 1

第一节 电动汽车电气系统的基本组成 …………………………………………… 1
第二节 电动汽车电气系统 ………………………………………………………… 2
 一、电气系统概述 ……………………………………………………………… 2
 二、电源变换器 ………………………………………………………………… 4
 三、电气系统的电磁兼容性 …………………………………………………… 8
 四、电动汽车的电气安全技术 ………………………………………………… 11

## 第二章 电动汽车动力电池及管理系统 ……………………………… 13

第一节 动力电池系统的结构原理 ………………………………………………… 13
 一、铅酸蓄电池 ………………………………………………………………… 14
 二、锂离子电池 ………………………………………………………………… 18
 三、镍-氢电池 …………………………………………………………………… 26
第二节 动力电池管理系统的结构原理 …………………………………………… 30
 一、BMS的基本功能 …………………………………………………………… 30
 二、BMS的结构组成 …………………………………………………………… 31
 三、BMS的工作原理 …………………………………………………………… 34
 四、电池管理系统的要求 ……………………………………………………… 35
第三节 电动汽车动力电池系统的检修 …………………………………………… 36
 一、动力电池系统简介 ………………………………………………………… 36
 二、动力电池系统的维护 ……………………………………………………… 42
 三、动力电池组的拆卸和安装 ………………………………………………… 46
 四、动力电池的检查与维护 …………………………………………………… 48
 五、动力电池系统故障处理 …………………………………………………… 56

## 第三章 电动汽车充电系统 ……………………………………………… 62

第一节 电动汽车充电系统的结构原理 …………………………………………… 62

一、电动汽车充电系统的结构组成 …………………………………………………… 62
　　二、电动汽车充电方法与充电模式 …………………………………………………… 65
　　三、电动汽车充电系统的工作原理 …………………………………………………… 72
　第二节　电动汽车充电系统的检修 ……………………………………………………… 76
　　一、北汽新能源汽车充电系统简介 …………………………………………………… 76
　　二、北汽新能源汽车充电系统的检修 ………………………………………………… 85

# 第四章　电动汽车空调系统 …………………………………………………………… 100

　第一节　电动汽车空调系统结构原理 …………………………………………………… 100
　　一、传统汽车空调制冷系统的结构原理 ……………………………………………… 101
　　二、电动汽车空调制冷系统的结构原理 ……………………………………………… 103
　　三、电动汽车空调暖风系统 …………………………………………………………… 113
　　四、典型电动汽车空调系统构造 ……………………………………………………… 117
　第二节　电动汽车空调系统的检修 ……………………………………………………… 125
　　一、汽车空调的维修基本方法 ………………………………………………………… 125
　　二、电动汽车空调的检查与维护 ……………………………………………………… 126
　　三、电动汽车空调的检修 ……………………………………………………………… 132
　　四、汽车空调系统故障分析与排除 …………………………………………………… 136
　第三节　比亚迪电动空调系统的检修 …………………………………………………… 137
　　一、比亚迪电动空调系统的结构特点 ………………………………………………… 137
　　二、比亚迪 E6 空调制冷系统的检修 ………………………………………………… 142
　　三、比亚迪 E6 暖风系统检修 ………………………………………………………… 144
　　四、比亚迪唐汽车空调系统的检修 …………………………………………………… 147
　第四节　赛欧 EV 空调系统的检修 ……………………………………………………… 151
　　一、赛欧 EV 空调系统的结构原理 …………………………………………………… 151
　　二、赛欧 EV 空调（A/C）系统性能测试 …………………………………………… 155
　　三、赛欧 EV 暖风与空调诊断 ………………………………………………………… 156

# 第五章　电动汽车转向系统 …………………………………………………………… 159

　第一节　电动转向系统的结构原理 ……………………………………………………… 159
　　一、电动助力转向系统的结构原理 …………………………………………………… 159
　　二、电动线控转向系统的结构原理 …………………………………………………… 166
　　三、电动液压助力转向系统（EHPS）的结构原理 ………………………………… 168
　第二节　电动汽车转向系统的检修 ……………………………………………………… 171
　　一、电动助力转向系统检修 …………………………………………………………… 171
　　二、荣威 E50 转向系统的检修 ………………………………………………………… 172
　　三、北汽 EV200 转向系统的检修 ……………………………………………………… 173

# 第六章　电动汽车制动系统 …………………………………………………………… 177

　第一节　电动制动系统简介 ……………………………………………………………… 177

一、EMB 系统简介 …………………………………………………………… 178
二、制动能量回收系统 ………………………………………………………… 179
第二节 电动制动系统的结构组成与原理 ……………………………………… 183
一、电控制动系统的结构组成 ………………………………………………… 183
二、电控制动系统的工作原理 ………………………………………………… 184
三、典型的电控制动系统 ……………………………………………………… 184
四、电控真空助力制动系统 …………………………………………………… 187
五、混合动力汽车制动系统 …………………………………………………… 190
第三节 新能源汽车制动系统的检修 …………………………………………… 195
一、电动真空助力系统检修 …………………………………………………… 195
二、混合动力汽车制动控制系统的检修 ……………………………………… 196
三、北汽新能源汽车制动系统的检修 ………………………………………… 204

# 第七章 电动汽车冷却系统 …………………………………………………… 211

第一节 电动汽车冷却系统简介 ………………………………………………… 211
一、电动汽车的主要热源 ……………………………………………………… 211
二、电动汽车冷却系统形式 …………………………………………………… 212
三、电动冷却系统的基本组成 ………………………………………………… 213
四、电动冷却系统中的特殊问题 ……………………………………………… 214
第二节 电动汽车冷却系统的结构原理 ………………………………………… 214
一、电动汽车冷却系统的结构组成 …………………………………………… 214
二、荣威 E50 高压电池与驱动电机冷却 ……………………………………… 216
三、雪佛兰赛欧 EV 混合动力冷却系统 ……………………………………… 219
第三节 电动汽车冷却系统的检修 ……………………………………………… 223
一、冷却系统的维护 …………………………………………………………… 223
二、冷却系统的故障诊断 ……………………………………………………… 225

# 第八章 电动汽车安全用电 …………………………………………………… 233

第一节 安全用电常识 …………………………………………………………… 233
一、触电与急救 ………………………………………………………………… 233
二、电气火灾及预防措施 ……………………………………………………… 236
第二节 电动汽车的安全用电 …………………………………………………… 239
一、电动汽车的高压安全防护措施 …………………………………………… 239
二、动力电池的安全保护措施 ………………………………………………… 241
三、保证危险工况下的安全性 ………………………………………………… 245
四、电动汽车用电的安全 ……………………………………………………… 246
五、电动汽车用电注意事项 …………………………………………………… 248
六、电动汽车高压电系统故障分析 …………………………………………… 249

# 参考文献 ……………………………………………………………………… 251

# 第一章 电动汽车电气基础知识

## 第一节 电动汽车电气系统的基本组成

电动汽车的电气系统包括电源系统、充电系统、暖风与空调系统、制动系统、电动转向系统、自动启停系统、车载局域网络系统、车载互联系统，以及与传统车辆基本一致的其他辅助电气系统等。

电动汽车电气系统与传统汽车区别如下：电动汽车大多为乘用车辆，其区别是在动力驱动系统上；纯电动汽车采用了电池加电机的方式来取代传统车辆动力单元的发动机和变速器，或者像混合动力汽车一样把电机附加在变速器上。

由于动力单元的改变，使得车辆内有些系统也需要发生相应的改变，包括电源、充电、冷却、暖风空调以及制动和其他车身辅助系统等。

### 1. 电源系统

没有了发动机，纯电动汽车不再设计有发电机，车辆上用电设备的供电和12V蓄电池的充电，都是由纯电动汽车配置的动力电池通过DCDC转换器来提供的。

### 2. 充电系统

充电系统是电动汽车的能源补给系统，为车辆持续行驶提供动力。

### 3. 冷却系统

传统汽车的冷却是由曲轴通过皮带带动水泵轮旋转进行冷却液的循环。由于纯电动汽车没有曲轴皮带驱动，驱动电机和驱动电机控制器的冷却只能依靠一个单独的电动水泵来完成冷却液的循环。混合动力汽车的冷却系统则包括发动机冷却和电机冷却。

### 4. 暖风与空调系统

电动汽车的空调采用电动方式来驱动压缩机，这有别于传统汽车通过发动机曲轴皮带驱动的形式。在暖风实现的形式上，由于没有了发动机70℃以上热量来源，而驱动电机产生的热能又达不到，因此电动汽车通常是利用电加热的方式来产生暖风。其中，电加热的方式有两种：一种是通过加热冷却液，再经过循环为暖风水箱提供热量；另一种是直接加热经过蒸发箱的空气。

### 5. 制动系统

电动汽车的液压制动系统与传统汽车的液压制动系统基本组成结构区别不大，但是在液压制动系统的真空辅助助力系统和制动主缸两个部件上存在较大的差异。

电动汽车液压制动的辅助助力没有来自发动机的真空源，通常需要单独设计一个电动真空泵来为真空助力器提供真空源，或者，像取消了真空助力器和制动主缸的电子控制制动（ECB）系统一样，根据传感器收集驾驶员踩制动踏板的程度和所施加的力来计算所需的制动力。然后，ECB ECU 和制动防滑控制 ECU 集成在一起，连同液压制动系统，传递给车轮施加需要的制动力。

### 6. 转向系统

由于纯电动汽车取消了发动机，不能通过发动机驱动液压助力油泵的方式来实现液压助力。因此，大多数纯电动汽车采用电动助力转向系统，即在原机械转向系统基础上安装电机，作为转向的辅助动力。

### 7. 组合仪表

与传统汽车相比，电动汽车的组合仪表减少了各种指针，而用纯液晶显示屏代替，在显示的内容上，有行车电脑显示区域、车速表、续航里程以及各种指示警告灯等。

### 8. 车身电器

电动汽车车身电器包括为全车提供电源的低压电源供给和常规车身电器部件。低压电源供给用于将动力电池的电能通过 DC/DC 进行转变为 12V 低压电源，为车载 12V 动力电池和车身电器部件提供工作电源；常规车身电器部件包括灯光、中控门锁、信息娱乐系统、电动门窗等。

而传统汽车则是通过发动机带动发电机给 12V 蓄电池充电，为车身电器部件提供工作电源。

## 第二节　电动汽车电气系统

### 一、电气系统概述

电气系统是电动汽车的重要组成部分。根据不同的电压等级和用途，电动汽车电气系统分为低电压系统和高电压系统两个部分。低电压系统采用直流 12V 或 24V 电源，一方面为灯光、雨刷等车辆的常规低压电器提供电源；另一方面为整车控制器、高压电气设备的控制电路和辅助部件提供电源。高电压系统主要由燃料电池、动力电池、电源变换器和驱动电机等大功率或高电压电气设备组成，根据车辆行驶的功率需求完成从燃料电池和动力电池到驱动电机的能量变换与传输过程。

#### 1. 低压电气的控制逻辑

以燃料电池电动汽车为例，低压电气系统在为常规电器和控制系统提供电源的同时，还应该根据驾驶员的操作，实现各个电气设备的顺序与协同工作。图 1-1 所示为低压电气系统的控制逻辑梯形图。

在图 1-1 中，低压电气系统的控制对象主要包括氢气泄漏检测单元 J0、常规低压电气系统 TLE、高压电气设备的控制单元和高压电气主回路的继电器 J3 和 J4。当驾驶员操作时，先闭合氢气泄漏检测的开关 K0。如果氢检测单元 J0 检测到氢气泄漏浓度达到设定值，常闭触点 J-H2 断开，继电器 J0 断电，其触点 J0-1 不闭合，车辆电气系统无法向其他设备通电。只有在未发生氢泄漏、J0 得电、J0-1 闭合情况下，才能顺序给电气系统上电，具体操作步骤如下：

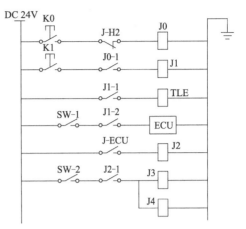

图 1-1　电动汽车电气系统控制逻辑梯形图

① 闭合开关 K1，继电器 J1 得电，触点 J1-1 和 J1-2 闭合，24V 电源给车辆的常规低压电气系统 TLE 供电，可以实现车门、灯光、雨刷等部件的操作；

② 闭合开关 SW-1，24V 电源给整车控制器 ECU、电气设备的控制电路供电，ECU 判断各个控制电路工作正常后，闭合继电器触点 J-ECU，使 24V 通过 J-ECU 给继电器 J2 供电，相应触点 J2-1 闭合；

③ 闭合开关 SW-2，24V 电源通过 J2-1 给高压继电器 J3 和 J4 供电，分别使燃料电池发动机和动力电池接到直流高压总线上。

**2. 高压电气系统**

根据不同的电动汽车动力系统构型，高压电气系统具有不同的电气部件。一般，电动汽车高压电气的最大系统是采用燃料电池组或内燃机/发电机组和动力电池组构成的双电源结构。燃料电池组或内燃机/发电机组是车辆运行的主要动力源，动力电池组是辅助动力源。如图 1-2 所示，当采用燃料电池组为主要动力源时，动力电池组在车辆启动过程中通过启动控制单元为燃料电池的启动提供能量。在车辆加速过程中，当燃料电池输出功率不足时，动力电池组放电以补充车辆加速所需能量。当车辆减速和制动时，动力电池组吸收制动能量，这种结构降低了整车运行对燃料电池峰值功率和动态特性的要求，有利于提高整车电气系统的可靠性。由于燃料电池组和动力电池组具有不同的输出电压范围和电源外特性，难以直接并联使用，因此，在燃料电池组的输出端串接一个升压 DC/DC 变换器，对燃料电池的输出电压进行升压变换及稳压调节，DC/DC 变换器的输出电压和动力电池组的

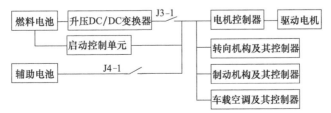

图 1-2　电动汽车的高压电气系统

工作电压相匹配，该电压称为高压电气系统的母线电压。母线电压通过各种电源变换器向驱动机构、动力转向机构和气压制动机构中的电机等大功率电气设备提供电能，实现车辆的行驶、转向和制动等功能。

图1-3所示为燃料电池电动汽车高压电气系统的物理部件组成和连接。从图中可以看出，燃料电池组通过升压DC/DC变换器输出的直流高压母线和动力电池的输出端并联，直流母线在高压配电中心形成直流正极母线和负极母线的汇流排，分别通过高压接触器K11～K22和熔断器F11～F27控制不同的电气部件。在燃料电池电动汽车中，转向系统中的液压油泵和制动系统中的空气压缩机分别由相应的电机驱动，因此，高压直流母线不仅要通过K21和F21为驱动电机系统提供电能，还要分别通过K22和F25、K21和F21为转向系统电机和制动系统电机提供电能。

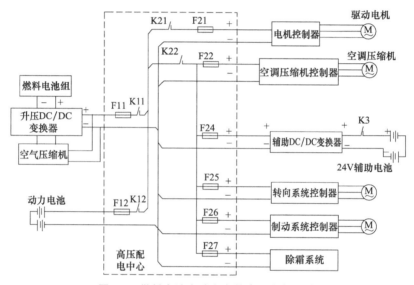

图1-3 燃料电池电动汽车的高压电气系统

## 二、电源变换器

### 1. 电动汽车中的电源变换器

电源变换器可分为直流/直流（DC/DC）变换和直流/交流变换两类。在电动汽车中采用的主要是DC/DC电源变换器，有降压、升压、双向降-升压三种形式，是实现电气系统电能变换、电能传输和电力拖动的重要电气设备。在各种电动汽车中，电源变换器主要实现下列功能。

（1）不同电源之间的特性匹配　以燃料电池电动汽车为例，一般采用燃料电池组和动力电池的混合动力系统结构。在能量混合型系统中，采用升压DC/DC变换器；在功率混合系统中，采用双向DC/DC变换器。

（2）驱动直流电机　在小功率（一般低于5kW）直流电机驱动的转向、制动等辅助系统中，一般直接采用DC/DC电源变换器供电。

（3）给低压蓄电池充电　在电动汽车中，需要高压电源通过降压变换器给蓄电池充电，一般采用隔离型的降压电路形式。

## 2. 降压变换器

（1）直流斩波（Buck）式降压变换器　图 1-4 所示为 Buck 式降压变换器的基本电路，其中，$V_i$ 是输入电压；$L$、$C$ 分别为电感与电容，对输出电压和电流进行滤波；Q 为功率开关管；VD 为续流二极管。当 Q 导通时，输出电压 $V_o$ 等于输入电压 $V_i$；当 Q 关断时，输出电压等于 0，通过 Q 的交替导通与关断获得给定可调的输出电压，达到降压的目的。其输入电压与输出电压的关系为

$$V_o = V_i D$$

式中，$D$ 为开关占空比，$0 \leqslant D \leqslant 1$，因此，$V_o \leqslant V_i$。

Buck 电路是非隔离式的，一般用在输入、输出电压相差不大的场合，例如，用于车载小功率高压直流电机的调速。

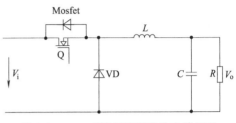

图 1-4　Buck 式降压变换器的电路原理

（2）单端正激式降压变换器　单端正激式降压变换器，如图 1-5 所示，是由 Buck 电路衍生而来，在变压器 TR 的原边，通过开关管 Q 的交替导通与关断，在绕组 $N_1$ 上产生占空比可调的电压脉冲，通过变压器的电磁耦合作用，变压器副边绕组 $N_2$ 的输出经过整流和滤波后输出直流电压 $V_o$，输入电压与输出电压的关系为

$$V_o = V_i D \frac{N_2}{N_1}$$

式中，$D$ 为开关占空比，$0 \leqslant D \leqslant 1$。与 Buck 电路相比，该公式多了一项变压器副边与原边的匝数比，通过选择合适的变压器降低匝数比，可以得到输出平稳的低电压，同时，由于输入、输出电压的隔离性质，单端正激式电源变换器广泛应用于车载 24V 蓄电池的充电电源中。

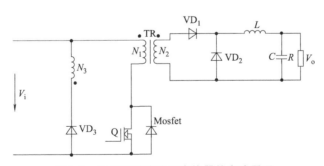

图 1-5　单端正激式降压变换器的电路原理

## 3. 升压变换器

升压变换的 DC/DC 变换器一般有两种结构：Boost 型和全桥逆变式。

（1）Boost 型变换器　Boost 型变换器也称为并联开关变换器，其电路原理如图 1-6 所示，由开关管 $VT_1$、二极管 $VD_1$、储能电感 $L_1$ 和输出滤波电容 $C_1$ 组成。当 $VT_1$ 导通时，能量从输入端 AO 流入并储存于电感 $L_1$ 中，由于 $VT_1$ 导通期间正向饱和管压降很小，二极管 $VD_1$ 反偏，变换器输出由滤波电容 $C_1$ 提供能量。当 $VT_1$ 截止时，电感 $L_1$ 中的电流不能突变，它所产生的感应电势阻止电流减小，感应电势的极性为右正左负，二极管 $VD_1$

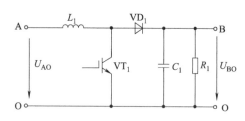

图 1-6 Boost 型变换器电路原理

导通，电感中储存的能量经二极管 $VD_1$ 流入电容 $C_1$，并供给输出端 BO。如果开关管 $VT_1$ 周期性地导通和截止，开关周期为 $T$，其中，导通时间为 $t_{on}$，截止时间为 $T-t_{on}$，则 Boost 型变换器输出 $V_o$ 和输入 $V_i$ 之间的关系为

$$V_o = V_i \frac{T}{T-t_{on}}$$

由上式可知，当开关周期 $T$ 不变、改变导通时间 $t_{on}$ 时，就能获得所需的上升的电压值。

当开关管 $VT_1$ 导通时，其饱和压降只有 2~3V。在 $VT_1$ 截止期间，二极管 $VD_1$ 的压降为 1V 左右，因此，Boost 型变换器的效率可以高达 90% 以上；而且，其电路结构简单、器件少，作为车载变换器，还具有重量轻、体积小的特点。

（2）全桥逆变式变换器 全桥逆变式变换器的电路原理如图 1-7 所示，主要由开关管 $VT_1 \sim VT_4$、中频升压变压器 TR 和输出整流二极管 $VD_1$、$VD_2$ 组成。开关管 $VT_1 \sim VT_4$ 构成全桥逆变电路，需要两组相位相反的驱动脉冲进行控制：当 $VT_1$ 和 $VT_4$ 同时导通、$VT_2$ 和 $VT_3$ 同时截止时，输入电压 $V_i$ 通过 $VT_1$ 和 $VT_4$ 加到中频变压器 TR 的原边线圈上，原边电压 $V_{TR} = V_i$；当 $VT_1$ 和 $VT_4$ 同时截止、$VT_2$ 和 $VT_3$ 同时导通时，输入电压通过 $VT_2$ 和 $VT_3$ 反方向地加到中频变压器 TR 的原边线圈上，原边电压 $V_{TR} = -V_i$；当开关管 $VT_1 \sim VT_4$ 同时截止时，$V_{TR} = 0$。这样，通过开关管 $VT_1 \sim VT_4$ 的交替导通和关断，将输入的直流电压转换成交流电压加到变压器上，其副边电压通过 $VD_1$ 和 $VD_2$ 整流、输出直流电压。如果开关管 $VT_1 \sim VT_4$ 开关周期为 $2T$，其中，导通时间为 $t_{on}$，变压器副边与原边变比为 $n$，则全桥逆变式变换器输出 $V_o$ 和输入 $V_i$ 之间的关系为：

$$V_o = V_i n \frac{t_{on}}{T}$$

由上式可知，当采用升压变压器时，$n > 1$，可获得变换器的升压特性；当开关周期 $T$ 不变、改变导通时间 $t_{on}$ 时，就能调节输出的电压值。

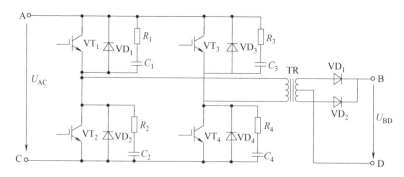

图 1-7 全桥逆变式变换器的电路原理

与 Boost 电路相比较，全桥逆变式变换器的输入和输出是通过中频变压器隔离的，由于变压器具有一定的频率响应带宽，在变换器输入端和变压器原边电路产生的部分高频干扰信号不能传输到变换器的输出端。因此，作为车载变换器，全桥逆变式结构具有较好的电磁兼容性能。

4. 双向电源变换器

在混合动力电动汽车中,动力电池组通过双向电源变换器连接到直流母线上,以实现动力电池和燃料电池组或发电机组的功率混合。当燃料电池组或发电机组对动力电池进行充电时,电源变换器起到降压作用;当动力电池通过总线释放能量时,电源变换器起到升压作用。

(1) 双向电源变换器的电路结构　双向电源变换器采用 Buck-Boost 复合电路结构,如图 1-8 所示。在 Boost 工作模式下,镍氢电池组端电压为 $U_1$,总线电压为 $U_h$,$U_1$ 通过升压电感 $L$、开关管 $VT_2$ 的升压变换经二极管 $VD_1$ 接到总线电压,和燃料电池发动机实现功率混合。在 Buck 工作模式下,总线电压 $U_h$ 通过开关管 $VT_1$ 的斩波降压经电感 $L$、电容 $C_2$ 的滤波作用输出 $U_1$ 对镍氢电池组进行充电,二极管 $VD_2$ 在降压过程中实现输出电流的续流作用。

以功率混合型燃料电池电动汽车为例,说明双向电源变换器升压特性和降压特性的实现方法。系统参数的配置为:燃料电池发动机额定输出功率 100kW、工作电压 350V;最大使用功率 130kW、工作电压 330V。当总线电压低于 350V 时,镍氢电池组开始通过双向电源变换器放电,放电功率随总线电压的降低而增大;当总线电压低至 330V 时,镍氢电池组达到最大放电功率 50kW。

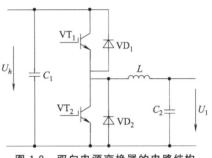

图 1-8　双向电源变换器的电路结构

(2) 双向电源变换器的升压特性　双向电源变换器的升压特性如图 1-9 (a) 所示,是电压缓降特性与恒流特性的复合电源特性。

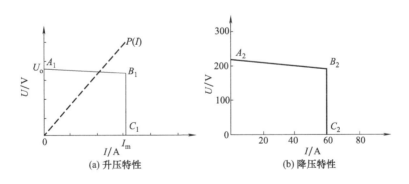

图 1-9　双向电源变换器的输出特性

随着电流的增大,输出功率增大;当电流增大到 $I_m$ 时,输出功率达到最大值,之后电源变换器的输出进入恒流特性,设置恒流特性是为了保障电源变换器和动力电池组的安全工作。

在动力电池组放电的混合动力工作模式下,功率随总线电压的下降呈单调增大的趋势。因此,对于任意的车辆行驶功率,都有对应确定的总线电压值和燃料电池或发电机、电源变换器的稳定工作点,从而保证了动力系统工作的稳定性。

(3) 双向电源变换器的降压特性　当需要对动力电池组进行充电时,双向电源变换器处于降压工作模式，电源输出特性如图 1-9（b）所示，由缓降电压特性段和恒流特性段组成。

当动力电池组的荷电状态（SOC）较低时，降压电路工作在恒流段，可实现大电流恒流充电；随着动力电池组 SOC 值和端电压的提高，电源变换器工作在缓降电压段，充电电流随着电池组端电压的升高而逐渐减小，从而保证电池组充电过程的安全。

（4）双向电源变换器的工作模式　以燃料电池混合动力电动汽车为例，说明双向电源变换器的工作模式。根据母线电压的变化，结合上述的电源变换器升压和降压特性，双向电源变换器主要有以下三种工作模式。

① 电池组放电的混合工作模式　当母线电压降低、接近 $U_o$ 时，启动双向电源变换器的升压电路，输出空载电压 $U_o$。当总线电压保持在 $U_o$ 以上时，升压电路中二极管 $VD_1$ 处于截止状态，电源变换器没有输出电流；当燃料电池发动机输出功率进一步增大、使得母线电压小于 $U_o$ 时，升压电路开始输出电流，并且跟随母线电压的进一步变化，自适应调节输出电流的大小，使得电源变换器输出功率随着燃料电池发动机输出功率的增大而增大。

② 纯燃料电池发动机工作模式　随着车辆行驶功率的减小，母线电压大于电源变换器升压电路的空载电压 $U_o$ 时，升压电路自动停止输出电流，系统回到纯燃料电池发动机工作模式。

③ 电池组充电的混合工作模式　当母线电压大于 $U_o$ 较多时，说明车辆行驶的需求功率较小，启动双向电源变换器的降压电路。在降压特性作用下，根据电池组的端电压，充电电流自适应变化。随着电池组端电压的增大，充电电流逐渐减小。当充电电流小于 5A 时，说明电池的 SOC 较大，关断降压电路。这种混合工作模式利用燃料电池发动机实现车载充电，与纯电动汽车需要专用充电设备和较长充电时间相比，车辆的使用效率得到了提高。

图 1-10 所示为模拟车辆加速过程得到的总线电流、电压和功率。从图中可以看出：当总线电压高于 $U_o$ 时，只有燃料电池发动机提供总线电流，如图中 $I_1$ 所示；当总线电压低于 $U_o$ 时，镍氢电池组通过双向电源变换器输出电流 $I_2$，随着总线电压的降低，混合动力系统总输出功率增大，在整个过程中，电压、电流变化平稳，系统稳定运行。

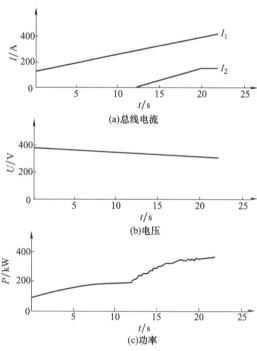

图 1-10　车辆加速过程总线电流、电压、功率波形

## 三、电气系统的电磁兼容性

在电源变换器完成能量变换与传输的同时，功率开关管周期性的导通与关断将产生宽频的电磁发射，通过电缆和底盘对车辆控制系统产生干扰，形成复杂的电动汽车电磁环境。

**1. 电磁兼容的主要术语**

（1）电磁兼容　电磁兼容是研究在有限的空间、时间和频谱资源条件下，各种电气设备可以共存并不会引起性能降级的一门学科。按国家标准 GB/T 4365—1995《电磁兼容术语》所下的定义为："设备或系统在其电磁环境中能正常工作，且不对该环境中任何事物构成不能承受的电磁骚扰的能力。"实际上，电磁兼容包括了两个重要内容：能够抵御环境中的电磁干扰；并且不对环境造成不能承受的电磁骚扰。

国内外大量的经验表明，在产品的研制生产过程中，越早注意解决电磁兼容性，则越可以节约人力与物力。

（2）电磁发射　从源向外发出电磁能量的现象。发射不仅指电磁能量向外界空间进行的电磁辐射，也包括以电流形式在电导体中进行的电磁能量的传导。

（3）电磁骚扰　通常也称为电磁噪声，是一种明显不传送信息的时变电磁现象，可能与有用信号叠加或组合。

（4）电磁干扰　导致电气设备、传输通道或系统性能下降的电磁噪声。

**2. 电磁噪声的分析**

日常所接触到的电磁噪声，其时域波形与频域特性都是非常复杂的。按其时域特性来分，可分为随机噪声与脉冲噪声两大类。例如，热噪声、气体放电噪声等都属于随机噪声类型。而绝大多数脉冲噪声的时域波形都是非理想的不规则脉冲。实际上，电磁兼容领域最关心的不是脉冲的具体波形或频谱的细节，而是不同波形脉冲的总体特性。

图 1-11 所示为 8 种不同波形的脉冲频谱包络特性，可见矩形脉冲的谱线幅度下降最慢，且能延伸到最高的频率范围，而高斯脉冲所占用的频带最窄。

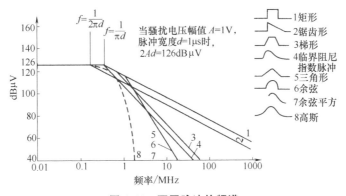

**图 1-11　不同脉冲的频谱**

对于电磁波来说，无论是传导还是辐射，传播特性都与所研究的导线或空间的几何尺寸对信号的波长比值密切相关。由于电磁脉冲的频谱非常宽，所以信号波长所占的范围也非常宽，如表 1-1 所示。

**表 1-1　不同频率信号对应的波长**

| 频率 | 10kHz | 1MHz | 100MHz | 1GHz |
|---|---|---|---|---|
| 波长/m | $3×10^4$ | 300 | 3 | 0.3 |

在一个特定的空间距离，对于某些频率的信号为近场，而对于另一些频率则为远场。例如，在 3m 距离测量，对于 10MHz 以下的频率属于近场范围，而对于 300MHz 以上频率

已进入远场区。另一方面,同样长度的导线,对于某些频率为长线,而对于另一些频率则为短线。这就使得分析宽频谱电磁噪声的传播特性时,远场与近场需同时考虑,长线与短线需同时考虑,这就大大增加了所解决问题的复杂性。

**3. 减少电磁干扰的主要措施**

通常用于减小电磁干扰的措施主要有屏蔽、滤波和接地。

(1) 屏蔽　屏蔽是利用屏蔽材料阻止或减少电磁能量在空间传输的一种措施。按照之前所述的电磁兼容的定义,屏蔽是从"空间"解决电磁兼容问题的方法。

屏蔽的性能是以屏蔽效能来衡量。屏蔽效能的定义是:对给定外来源进行屏蔽时,在某一点上屏蔽体安放前后的场强之比。

屏蔽效能与屏蔽材料的电导率、磁导率、屏蔽体的结构、与源的距离、场的性质(电场或磁场)以及所考虑的频率等因素有关。

从屏蔽机理来观察,对于单层的屏蔽体完成屏蔽效果有三种不同的作用。

① 在空间传播的电磁波到达屏蔽体表面(边界1)时,由于空气-屏蔽体表面阻抗的不连续性,对入射波产生反射作用。这种反射不要求屏蔽材料有足够的厚度,而只要求边界的阻抗不连续。

② 未被表面反射而进入屏蔽体内的能量,在其内传播时,被屏蔽材料所衰减(吸收)。此种衰减除与材料的特性有关外,还与材料的厚度有关。

③ 在屏蔽体内尚未衰减掉的剩余能量,传到材料的另一表面(边界2)时,遇到屏蔽体金属—空气界面阻抗的不连续再次产生反射,并重新折回屏蔽体内。这种反射在两界面间可能重复多次。在能量每次到达边界2时总有一部分漏向边界2外面的空间,所有这些能量的总和,就形成了存在屏蔽体时的电场强度或磁场强度。

(2) 滤波　滤波是在频域处理电磁兼容问题的手段。通过滤波,可以抑制传导电磁骚扰。完成滤波作用的部件称为滤波器。

滤波器按其处理信号的类别,可以分为信号选择滤波器与电磁骚扰(抑制)滤波器两大类。信号选择滤波器的主要作用是选出所需频率(或所需频率范围)的信号。例如,在一般接收机和测量接收机内的高频放大级或中频放大级中就有许多信号选择滤波器。

在此介绍的主要是电磁骚扰(抑制)滤波器。按使用场合,常见的有电源线滤波器、电话线滤波器、信号线滤波器、控制线滤波器、数据线滤波器等。这些滤波器都是低通滤波器,对应滤波器的名称就是需要在该类滤波器内通过的有用频率成分,而高过这些频率的成分,则属于滤波器的阻带。图1-12所示为一个电源滤波器的频率特性曲线。由该曲线可知,对于50Hz的电源频率,其衰减很小,而对于高过150kHz的各种频率成分的电磁骚扰,可以提供高达100dB以上的衰减。将这种滤波器串接在电源电路中,可以有效地抑制由公共电网系统带来的各种传导骚扰。

电磁骚扰滤波器的最主要指标如下。

① 频率特性　频率特性反映了滤波器随频率的改变其插入损耗的变化。对于通带,其插入损耗应很小;而对于阻带,

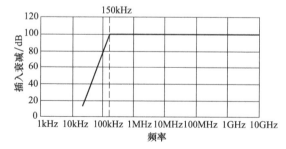

图1-12　电源滤波器的频率特性曲线

其插入损耗很大。

插入损耗（$L$）的定义为

$$L = 20\lg\frac{E_2}{E_1}$$

式中　$L$——插入损耗，dB；

　　　$E_1$——不接滤波器时，信号源在负载电阻上建立的电压；

　　　$E_2$——信号源通过滤波器时在负载电阻上建立的电压。

从频率特性也可以看出通带与阻带间过渡段的频率特性曲线的斜率。若要求的斜率越陡，则滤波器越复杂，成本也越高。

随着应用场合的不同，通带的最高频率也不同。例如电源滤波器，主要通过工频（50Hz、60Hz或400Hz）；信号线、控制线、数据线滤波器则需根据所需传送的信号频带而定。当需要传送的频率上限较高时，往往高过所希望滤除的电磁骚扰的最低频率，即要求的通带与阻带交叉，这种情况，使用滤波器就不可能实现，而必须采取其他措施，如光电隔离器等。

② 阻抗　滤波器插入在信号源与负载之间，理论上讲，其输入阻抗应与信号源匹配；输出阻抗应与负载匹配。但由于滤波器的工作频段（包括阻带与通带）很宽，例如用于电磁屏蔽室的电源滤波器，阻带的频段就要求从10kHz至十几吉赫；通带主要是50Hz。在这样宽的频率范围内要求输入、输出端的良好阻抗匹配是不可能的，并且信号源本身（如电源滤波器的源就是公共电网）的阻抗变化也很大，更无法做到匹配。于是就出现了问题：测量频率特性曲线时总需要规定一个固定的源阻抗与负载阻抗；而使用时的阻抗又不可能与测试特性时的阻抗一致。这会导致工作时的频率特性曲线与实验室的测量结果可能会有出入。

有一类电磁骚扰滤波器，故意设计成在阻带频带范围内阻抗严重不匹配，从而通过反射而达到阻带的高插入损耗，此种称为反射滤波器。

③ 额定电压　滤波器的额定电压必须足够高，以保证在所有的预期条件下都能够可靠地工作。因为，当外加电压超过额定电压时，滤波器内的电容器或电阻可能被击穿或烧毁。额定电压这项指标对于电源滤波器或输入信号中带有脉冲时尤为重要。

④ 额定电流　额定电流是指在连续运用时，不破坏滤波器中的电阻和电感性能的最大容许电流。额定电流应该与滤波器内部的开关、熔丝、电感线圈导线的载流量、工作温度等有关。但更应该注意的是，如果滤波器中的电感采用了磁性材料，那么在额定电流时的安匝数不应将磁性材料的工作点推至饱和区。因为一旦进入饱和区，电感量会变小，将影响整个滤波特性，严重时还可能使滤波器输出波形失真。

⑤ 漏电流　对于电源滤波器，当负载开路时，输入端相线对地线之间的电流称为滤波器的漏电流。这一电流是由于该滤波器的相线与地之间接有电容器以便滤除共模骚扰而引起。有时由于该电容器的容量过大，而使得对于220V、50Hz电源漏电流可高达几安。但工作在同一电压、频率下的微小漏电流滤波器，可以将漏电流控制在2mA左右。漏电流的缺点是：如果在电源电路中，滤波器前接有漏电流保护器，那么滤波器的漏电流足以使保护器动作。此外，漏电流是容性的，如果大批高漏电流滤波器同时安装在同一电网上，将会使功率因数下降。对于同一滤波器，漏电流的大小正比于输入端工作电压。

## 四、电动汽车的电气安全技术

在电动汽车中，高压电气系统的工作电压可以达到300V以上，较高的工作电压对高压系统与车辆底盘之间的绝缘性能提出了更高要求。高压电缆线绝缘介质老化或受潮湿环境影响等因素都会导致高电压电路和车辆底盘之间的绝缘性能下降，电源正负极引线将通过绝缘层和底盘构成漏电流回路，使底盘电位上升，不仅会危及乘客的人身安全，而且将影响低压电气和车辆控制器的正常工作。当高电压电路和底盘之间发生多点绝缘性能严重下降时，还会导致漏电回路的热积累效应，可能造成车辆的电气火灾。因此，高压电气系统相对车辆底盘的电气绝缘性能的实时检测是电动汽车电气安全技术的核心内容，对乘客安全、电气设备正常工作和车辆安全运行具有重要的意义。

**1. 电气绝缘检测的一般方法**

对于封闭回路的高压直流电气系统，其绝缘性能通常用电气系统中电源对地漏电流的大小来表征，现在普遍使用两种漏电流检测的方法：辅助电源法和电流传感法。

（1）辅助电源法　在我国某些电力机车采用的漏电检测器中，使用一个直流110V的检测用辅助蓄电池，蓄电池正极与待测高压直流电源的负极相连，蓄电池负极与机车机壳实现一点连接。在待测系统绝缘性能良好的情况下，蓄电源没有电流回路，漏电流为零；在电源电缆绝缘层老化或环境潮湿等情况下，蓄电池通过电缆线绝缘层形成闭合回路、产生漏电流，检测器根据漏电流的大小进行报警，并关断待测系统的电源。这种检测方法需要直流110V的辅助电源，增加了系统结构的复杂程度；而且，这种检测方法难以区分绝缘故障源是来自电源的正极引线电缆还是负极引线电缆。

（2）电流传感法　另一种方法是采用霍尔式电流传感器是对高压直流系统进行漏电检测，将待测系统中电源的正极和负极一起同方向穿过电流传感器，当没有漏电流时，从电源正极流出的电流等于返回到电源负极的电流，因此，穿过电流传感器的总电流为零，电流传感器输出电压为零；当发生漏电现象时，电流传感器输出电压不为零。根据该电压的正负可以进一步判断产生漏电流的来源是来自电源正极引线电缆还是电源负极引线电缆，但是，应用这种检测方法的前提是待测电源必须处于工作状态，要有工作电流的流出和流入，它无法在电源空载状态下评价电源的对地绝缘性能。

在目前的一些电动汽车研发产品中，采用母线电压在"直流正极母线-底盘"和"直流负极母线-底盘"之间的分压来表征直流母线相对于车辆底盘的绝缘程度，但是，这种电压分压法只能表征直流正、负母线对底盘的相对绝缘程度，无法判别直流正、负母线对底盘绝缘性能同步降低的情况；同时，对直流正、负母线对底盘绝缘电阻差异较大的情况会出现绝缘性能下降的误判断。严格地说，对于电动汽车，只有定量地分别检测直流正极母线和负极母线对底盘的绝缘性能，才能保证电动汽车的电气安全性。

**2. 电动汽车电气绝缘性能的描述**

电动汽车的电气设备直接安装在车辆底盘上，每个电气设备都有独立的电流回路，与底盘之间没有直接的电气连接。整个高压系统是与底盘绝缘、封闭的电气系统。

绝缘体是相对导电体而言的，在直流电源系统中，定量描述一种介质绝缘性能和导电性能的物理量是电阻。导体的电阻小，绝缘体的电阻大，绝缘体电阻的大小表征了介质的绝缘性能。电阻越大，绝缘性能越好，反之亦然，称该电阻为绝缘电阻。在电动汽车的高压电气系统中，分别利用电源的正极引线电缆和负极引线电缆对底盘的绝缘电阻来反映电气系统的绝缘性能。

# 第二章 电动汽车动力电池及管理系统

 第一节　动力电池系统的结构原理

新能源汽车的车载电源系统主要由辅助动力源和动力电池系统（动力电池模组、电池管理系统、动力电池箱辅助元器件）组成。辅助动力源是供给新能源汽车其他各种辅助装置所需能源的动力电源，一般为12V或24V的直流低压电源，其作用是给动力转向、制动力调节控制、照明、电动窗门等各种辅助装置提供所需的能源；动力电池模组由多个电池模块或单体电芯串联组成；电池管理系统（BMS）是整个动力电池系统的神经中枢；动力电池箱用来放置动力电池模组；辅助元器件主要包括动力电池系统内部的电子电器元件，如熔断器、继电器、分流器、接插件、紧急开关、烟雾传感器、维修开关以及电子电器元件以外的辅助元器件，如密封条、绝缘材料等。

动力电池系统的组成如图2-1所示。

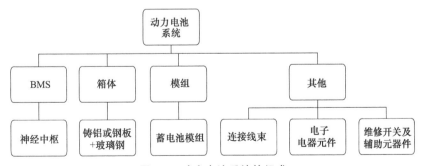

图2-1　动力电池系统的组成

电池单体是构成动力电池模块的最小单元，一般由正极、负极、电解质及外壳等构成，可以实现电能与化学能之间的直接转换。

电池模块是一组并联的电池单体的组合，该组合的额定电压与电池单体的额定电压相等，是电池单体在物理结构和电路上连接起来的最小分组，可作为一个单元替换。

动力电池模组则是由多个电池模块或单体电芯串联组成的一个组合体。

动力电池模组放置在一个密封并且屏蔽的动力电池箱内，动力电池系统使用可靠的高压接插件与高压控制盒相连，然后输出的直流电由电动机控制器转变为三相脉冲高压电，驱动电动机工作；系统内的BMS实时采集各电芯的电压、各传感器的温度值、电池系统的总电压值和总电流值等数据，实时监控动力电池的工作状态，并通过CAN线与ECU或充电动机进行通信，对动力电池系统充放电等进行综合管理。

## 一、铅酸蓄电池

自1859年法国科学家普兰特（Plante）发明了铅酸蓄电池，多年来铅酸蓄电池历经了许多重大的改进，由于制造工艺及相关配套技术成熟，且具有价格便宜、规格齐全、原料易得、使用可靠、温度特性好、可大电流放电等优点，因此在许多领域里得到了广泛应用。在此主要针对新能源汽车所用的铅酸蓄电池予以介绍。

（一）铅酸蓄电池的分类及型号

铅酸蓄电池是指正极活性物质使用二氧化铅，负极活性物质使用海绵状铅，并以硫酸溶液为电解液的蓄电池。铅酸蓄电池主要用在低速电动汽车上。

**1. 铅酸蓄电池的基本分类**

铅酸蓄电池分为免维护铅酸蓄电池和阀控密封式铅酸蓄电池。

（1）免维护铅酸蓄电池 免维护铅酸蓄电池由于自身结构上的优势，电解液的消耗量非常小，在使用寿命内基本不需要补充蒸馏水，它具有耐振、耐高温、体积小、自放电小的特点。使用寿命一般为普通铅酸蓄电池的2倍。市场上的免维护铅酸蓄电池也有两种：第一种在购买时一次性加电解液以后使用中不需要添加补充液；另一种是电池本身出厂时就已经加好电解液并封死，用户根本就不能加补充液。

（2）阀控密封式铅酸蓄电池 阀控密封式铅酸蓄电池在使用期间不用加酸加水维护，电池为密封结构，不会漏酸，也不会排酸雾。电池盖子上设有溢气阀（也叫安全阀），其作用是当电池内部气体量超过一定值，即当电池内部气压升高到一定值时，溢气阀自动打开排出气体，然后自动关闭，防止空气进入电池内部。

阀控密封式铅酸蓄电池分为玻璃纤维（AGM）和胶体（GEL）电池两种。AGM电池采用吸附式玻璃纤维棉作隔膜，电解液吸附在极板和隔膜中，电池内无流动的电解液，电池可以立放工作，也可以卧放工作；GEL电池以二氧化硅（$SiO_2$）作凝固剂，电解液吸附在极板和胶体内，一般立放工作。无特殊说明，皆指AGM电池。

电动汽车使用的动力电池一般是阀控密封式铅酸蓄电池。

**2. 铅酸蓄电池的型号含义**

铅酸蓄电池是采用稀硫酸作电解液，用二氧化铅和绒状铅分别作为电池的正极和负极的酸性蓄电池。它通常按用途、结构和维护方式来分类，实际上我国铅酸蓄电池产品型号的中间部分就包含其类型。通常铅酸蓄电池型号用三段式来表示：第一段用数字表示串联的单体电池数；第二段用两组字母分别表示其用途和特征；第三段用数字表示额定量。如型号6DAW150表示为由6个单体电池串联组合（通常单体电池电压为2.0V）成为额定电压12V，用于电动道路车辆的干荷电式、免维护及额定容量为150Ah的蓄电池。其中特征就是按其结构和维护方式来划分的。表 2-1 中列出了铅酸蓄电池型号中表示用途和特征的两组拼音字母含义。

表 2-1 蓄电池型号含义

| 表示蓄电池用途 | | 表示蓄电池特征 | |
| --- | --- | --- | --- |
| 字母 | 含 义 | 字母 | 含 义 |
| Q | 启动用(启动发动机,要求大电流放电) | A | 干荷电式(极板处于干燥的荷电状态) |
| G | 固定用(固定设备中作保护等备用电源) | F | 防酸式(电池盖装有防酸栓) |
| D | 电池车(作牵引各种车辆的动力电源) | FM | 阀控式(电池盖设有安全阀) |
| N | 内燃机车(用于内燃机车启动和照明等) | W | 无须维护(免维护或少维护) |
| T | 铁路客车(用于车上照明等电器设备) | J | 胶体电解液(电解液使用胶状混合物) |
| M | 摩托车用(摩托车启动和照明) | D | 带电式(充电态带电解液) |
| KS | 矿灯酸性(矿井下照明等) | J | 激活式(用户使用时需激活方式激活) |
| JC | 舰艇用(潜艇等水下作业设备) | Q | 气密式(盖子的注酸口装有排气栓) |
| B | 航标灯(航道夜间航标照明) | H | 湿荷式(极板在电解液中浸渍过) |
| TK | 坦克(用于坦克启动及其用电设备) | B | 半密闭式(电池槽半密封) |
| S | 闪光灯(摄像机等用) | Y | 液密式 |

### (二) 铅酸蓄电池的工作原理

铅酸蓄电池放电和充电的反应过程,是铅酸蓄电池活性物质进行可逆化学变化的过程。它们可以用下列化学反应方程式表示。

$$PbO_2 + 2H_2SO_4 + Pb \rightleftharpoons PbSO_4 + 2H_2O + PbSO_4$$

铅酸蓄电池在放电时,化学反应由左向右进行,其相反的过程为充电过程的化学反应。

放电时,负极板中的每个铅分子从硫酸电解液中吸收一个硫酸根离子(一个硫四个氧离组成的带电原子团)组成硫酸铅,自己却放出两个电子送到正极板;正极板的二氧化铅在吸收电子的同时,自硫酸电解液中吸收一个硫酸根离子化合成硫酸铅,并放出两个氧离子;电解液中硫酸的一个分子被铅吸收一个硫酸根离子后余下两个氢离子,当二氧化铅放出两个氧离子时,就和这四个氢离子自动结合成两个水分子。所以在放电时电解液中水的成分增加,而硫酸的成分减少。

充电时,负极板的硫酸铅自电源中取得两个电子后就放出一个硫酸根离子于电解液中,而自己变为铅;正极板中的硫酸铅则放出两个氧气,自己变为二氧化铅;负极板放出的一个硫酸根离子与正极板放出的一个硫酸根离子和电解液中剩下的四个氢离子化合成两个硫酸分子。所以在充电时电解液中的水分逐渐减少而硫酸的成分逐渐增加。

由于铅酸蓄电池在放电时其 $H_2SO_4$ 的浓度会逐渐减小,因此,可以用比重计来测定硫酸的密度,再由铅酸蓄电池电解液密度确定铅酸蓄电池电解液的放电程度。单体铅酸蓄电池的电压为 2V,在使用或存放一段时间后,当电池电压降低到 1.8V 以下,或 $H_2SO_4$ 溶液的密度下降到 $1.2g/cm^3$ 时,铅酸蓄电池就必须充电,如果电压继续下降,铅酸蓄电池将可能损坏。

### (三) 铅酸蓄电池的结构组成

汽车所用的普通铅酸蓄电池如前面蓄电池构造所述,正负极板浸入稀硫酸电解液中成为单体电池。每个单体电池的标称电压为 2V,为增加铅酸电池的容量,一般由多块极板组成极群,即多块正极板和多块负极板分别用连接条(汇流排)焊接在一起,共同组成电池(Battery)。新能源汽车的辅助电源及传统内燃机汽车用的 12V 铅酸启动电池就是由 6 个独立的铅酸电池单体组成的，而新能源汽车的动力电池组则为多个电池以多种方式组合成的大容量电池。铅酸蓄电池的构造如图 2-2 所示。

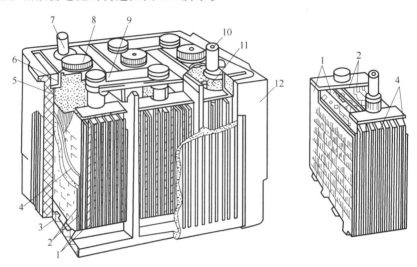

图 2-2 普通铅酸蓄电池的构造

1—正极板；2—负极板；3—肋条；4—隔板；5—护板；6—封料；7—负极柱；8—加液口盖；
9—电极连接条；10—正极柱；11—极柱衬套；12—蓄电池容器

### 1. 极板

极板是电池的基本部件，它的作用是接收充入的电能和向外释放电能。极板由栅架和活性物质组成，分为正极板和负极板，如图 2-3 所示。正极板上的活性物质是棕红色的二氧化铅（$PbO_2$），负极板上的活性物质是青灰色的海绵状纯铅（Pb）。蓄电池的极板栅架如图 2-4（a）所示，一般由铅锑合金铸成，其作用是固结活性物质。为了降低蓄电池的内阻、改善蓄电池的启动性能，有些铅蓄电池采用了放射型栅架结构，如图 2-4（b）所示。

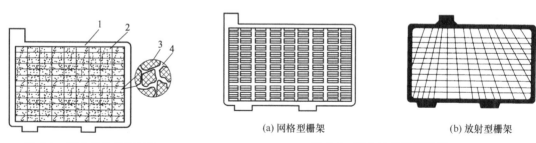

图 2-3 蓄电池的极板结构

1—栅架；2—活性物质；3—颗粒；4—孔隙

(a) 网格型栅架　　(b) 放射型栅架

图 2-4 蓄电池的极板栅架

将一片正、负极板浸入电解液中，可获得 2V 左右的电动势。为了增大蓄电池的容量，常将多片正、负极板分别并联，组成正、负极板组，如图 2-5 所示。在每个单格电池中，正极板的片数要比负极板少一片，这样每片正极板都处于两片负极板之间，可使正极板两侧放电均匀，避免因放电不均造成极板拱曲。

### 2. 隔板

隔板放置在正、负极板之间，以避免其接触而短路。隔板一面平整，一面有沟槽，沟槽面对着正极板且与底部垂直，以便充放电时电解液能通过沟槽及时供给正极板，当正极

## 第二章 电动汽车动力电池及管理系统

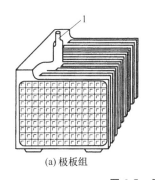
(a) 极板组

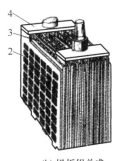
(b) 极板组总成

图 2-5 正负极板组

1—极柱；2—极板；3—隔板；4—横板

板上的活性物质二氧化铅脱落时能迅速通过沟槽沉入容器底部。

### 3. 电解液

电解液由纯净硫酸和蒸馏水按一定比例配制而成，也叫稀硫酸。蓄电池的电解液密度一般为 $1.24\sim1.30g/cm^3$。电解液的密度对蓄电池的工作有重要影响。密度大，可减少结冰的危险并提高蓄电池的容量；但密度过大，则黏度大，反而会降低蓄电池的容量，缩短其使用寿命。使用时，电解液的密度应根据地区、气候条件和制造厂家的要求而定。

### 4. 外壳

蓄电池每组极板所产生的电动势大约为 2V。要想获得更高的电动势，通常要将多组极板串联起来。因此，在制造蓄池外壳时，将一个电池外壳分成若干个单格，每个单格的底部制有凸筋，用来搁置极板组，如图 2-6 所示。凸筋之间的空隙可以积存极板的脱落物质，防止正、负极板短路。

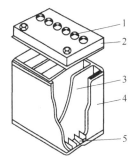

图 2-6 蓄电池外壳

1—注入口；2—盖；3—隔板；4—蓄电池壳体；5—凸筋

各单格电池之间采用铅质连接条串联起来，分为传统内部穿壁式连接、跨越式连接和外露式连接三种方式，如图 2-7 所示。目前，蓄电池采用内部穿壁式或跨越式连接方式。内部穿壁式连接方式是在相邻单格电池之间的间壁上打孔使连接条穿过，将两个单格电池的极板组极柱连接在一起。跨越式连接是在相邻单格电池之间的间壁上边留有豁口，连接条通过豁口跨越间壁将两个单格电池的极板组极柱连接，所有连接条均布置在整体盖的下面。

加液孔用来向蓄电池单格内加注电解液或蒸馏水，加液孔盖上有通气小孔，以保证蓄

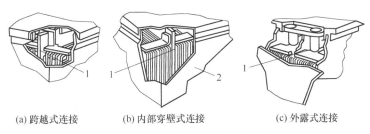

(a) 跨越式连接　　(b) 内部穿壁式连接　　(c) 外露式连接

图 2-7 连接单格电池的三种方式

1—间壁；2—外壳

电池内部压力与大气压力的平衡。

## 二、锂离子电池

锂离子电池是1990年由日本索尼公司首先推向市场的新型高能蓄电池。与其他蓄电池比较，锂离子电池具有电压高、质量能量密度高、充放电寿命长、无记忆效应、无污染、快速充电、自放电率低、工作温度范围宽和安全可靠等优点。相比于镍氢电池，新能源汽车采用锂离子电池，可使电池组的质量下降40%~50%，体积减小20%~30%，能源效率也有一定程度的提高。所以锂离子电池逐渐成为新能源汽车动力电池的首选，如图2-8所示。

图 2-8　常见的锂离子电池

### （一）锂离子电池的分类及特点

**1. 锂离子电池的基本分类**

（1）按电解质材料分类　根据所用电解质材料的不同，锂离子电池可以分为聚合物锂离子电池和液态锂离子电池。

（2）按正极材料分类　根据正极材料的不同，锂离子电池可以分为锰酸锂离子电池、磷酸铁锂离子电池、镍钴锂离子电池以及三元（镍钴锰）材料锂离子电池。目前应用广泛的是锰酸锂离子电池、磷酸铁锂离子电池和三元材料锂离子电池。

（3）按外形分类　根据外形形状的不同，锂离子电池可以分为方形锂离子电池和圆柱形锂离子电池。

**2. 普通锂离子电池的特点**

单体电池工作电压高达3.7V，是镍-镉电池、镍-氢电池的3倍，铅酸蓄电池的2倍；重量轻；比能量大，高达150Wh/kg，是镍-氢电池的2倍、铅酸电池的4倍，因此重量是相同能量的铅酸电池的1/4~1/3；体积小，高达到400Wh/L，是铅酸电池的1/3~1/2；提供了合理的结构和更美观的外形设计条件、设计空间和可能性；循环寿命长，循环次数可达1000次。以容量保持60%计，电池组100%充放电循环次数可以达到600次以上，使用年限可达3~5年，寿命为铅酸电池的2~3倍；自放电率低，每月不到5%；允许工作温度范围宽，锂离子电池可在-20~55℃条件下工作；无记忆效应，所以每次充电前无须像镍-镉电池、镍-氢电池一样放电，可以随时随地进行充电；电池充放电深度对电池的寿命影响不大，可以全充全放；无污染，锂离子电池中不存在有毒物质，因此被称为"绿色电池"，而铅酸蓄电池和镍-镉电池由于存在有害物质铅和镉,故环境污染问题严重。

(二) 锂离子电池的基本结构

根据锂离子电池所用电解质材料不同,可以分为液态锂离子电池和聚合物锂离子电池两大类。它们的主要区别在于电解质不同,液态锂离子电池使用的是液体电解质,而聚合物锂离子电池则以聚合物电解质来代替。不论是液态锂离子电池还是聚合物锂离子电池,它们所用的正负极材料都是相同的,工作原理也基本一致。液态锂离子电池的负极材料采用碳材料,主要有石墨、微珠碳、石油焦、碳纤维、裂解聚合和裂解碳等;正极材料主要有 $LiCoO_2$、$LiNiO_2$、$LiMn_2O_4$ 等,其中 $LiCoO_2$ 应用较为广泛,可逆性、放电容量、充放电率、电压稳定性等性能均较好。电解质为液态,其溶剂为无水有机物。隔膜采用聚烯类多孔膜,如 PE、PP 或复合膜。外壳采用钢或铝材料,盖体组件具有防焊、断电的功能。聚合物锂离子电池又称为高分子锂电池,属第二代锂离子电池。聚合物锂离子电池由多层薄膜组成,第一层为金属箔集电极,第二层为负极,第三层为固体电解质,第四层为正极,第五层为绝缘层。负极采用高分子导电材料、聚乙炔、人造石墨、聚苯胺或聚对苯酚等,正极采用 $LiCoO_2$、$LiNiCoMnO_2$\\$LiMn_2O_4$ 和 $LiFePO_4$ 等;电解质为胶体电解质如有机碳酸酯混合物等。锂离子电池的几种典型正极材料的特性比较如表 2-2 所示。

表 2-2 锂离子电池典型正极材料特性比较

| 特性 | 钴酸锂 $LiCoO_2$ | 镍钴锰 $LiNiCoMnO_2$ | 锰酸锂 $LiMn_2O_4$ | 磷酸铁锂 $LiFePO_4$ |
|---|---|---|---|---|
| 振实密度/$(g \cdot cm^{-3})$ | 2.8~3.0 | 2.0~2.3 | 2.2~2.4 | 1.0~1.4 |
| 比表面积/$(m^2 \cdot g^{-1})$ | 0.4~0.6 | 0.2~0.4 | 0.4~0.8 | 12~20 |
| 克容量/$(mA \cdot h \cdot g^{-1})$ | 135~140 | 155~165 | 100~115 | 130~140 |
| 电压平台/V | 3.6 | 3.5 | 3.7 | 3.2 |
| 原料,成本 | 贫乏,很高 | 贫乏,高 | 丰富,较低 | 非常丰富,低廉 |
| 安全性能 | 差 | 较好 | 良好 | 优秀 |
| 适用领域 | 小电池 | 小电池/小型动力电池 | 动力电池 | 动力电池/超大容量电源 |

锂离子电池正、负极及电解质材质上的差异使其具有不同的性能,尤其是正极材料对电池的性能影响最大。锂离子电池有方形和圆柱形两种,其结构主要由正极、负极、隔板、电解液和安全阀等组成,如图 2-9 所示。

1. **正极**

锂离子电池正极是在正极活性物质中加入导电剂、树脂黏合剂,并涂覆在铝基体上,呈细薄层分布。正极活性物质在锰酸锂离子电池中以锰酸锂为主要原料,在磷酸铁锂离子电池中以磷酸铁锂为主要原料,三元材料锂离子电池以镍钴锰锂为主要材料。

2. **负极**

锂离子电池负极是由碳材料与黏合剂的混合物再加上有机溶剂调和制成糊状的负极活性物质涂覆在铜基上,呈薄层状分布。

3. **隔板**

隔板用于关闭或阻断通道,一般是用聚乙烯或聚丙烯材料制成的微多孔膜。可以在电池出现异常温度上升(如外部短路引起过大电流),阻塞或阻断作为离子通道的细孔时,使蓄电池停止充放电反应。

4. **电解液**

电解液能影响锂离子的倍率放电性能和安全性。为了使主要电解质成分锂盐溶解,需

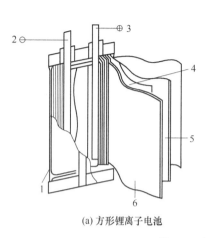
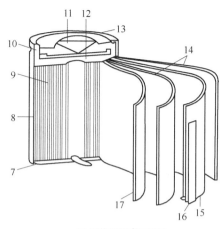

(a) 方形锂离子电池　　　　　　　　(b) 圆柱形锂离子电池

图 2-9　锂离子电池结构示意图

1—外壳；2—负极端子；3—正极端子；4,14—隔膜；5,16—负极板；6,17—正极板；7—绝缘体；8—负极柱；
9—绝缘体；10—密封圈；11—顶盖；12—正极；13—安全排气阀；15—负极

采用高电容率且与锂离子相溶性好的溶剂，以不阻碍离子移动的低黏度有机溶液为宜，另外鉴于锂离子电池的工作特性，其电解液还需具备凝固点低、沸点高、有良好的化学稳定性等条件。由于单一溶剂很难满足上述条件，因此锂离子电池的电解液一般为几种不同性质的溶剂的混合，例如：高功率锂离子蓄电池采用的是以 $LiPF_6$ 为电解质盐、以碳酸乙烯酯（EC）和直链碳酸酯组成的混合溶剂为电解液。

**5. 安全阀**

为了保证锂离子电池的使用安全性，一般通过对外部电路的控制或者在蓄电池内部设有异常电流切断的安全装置。即使这样，在使用过程中也有可能有其他原因引起蓄电池内压异常上升，这时，安全阀释放气体，以防止蓄电池破裂。安全阀实际上是一次性非修复式的破裂膜，用以保护蓄电池使其停止工作，是蓄电池的最后保护手段。

**（三）锂离子电池的工作原理**

以两种不同的、能够可逆地插入及脱出锂离子的嵌锂化合物，分别作为电池正、负极的二次电池即为锂离子电池。锂离子电池是由锂原电池改进而来的。锂原电池的正极材料是二氧化锰 $MnO_2$ 或亚硫酰氯 $SOCl_2$，负极是锂，电池组装完成后无须充电即有电压，这种电池虽也可充电，但循环性能不好，在充放电循环过程中容易形成锂枝晶，造成电池内部短路，所以这种电池是不允许充电使用的。日本索尼公司在1991年研发成功了以碳材料为负极的锂离子电池，它可进行可逆反应，不过该反应不再是一般电池中的氧化-还原反应，而是锂离子在充放电过程中可逆地在化合物晶格中嵌入和脱出反应。当对电池进行充电时，电池的正极上有锂离子生成，生成的锂离子经过电解液运动到达负极。而作为负极的碳呈层状结构，有很多微孔，到达负极的锂离子就嵌入到碳层的微孔中，嵌入的锂离子越多，充电容量越高。同样，当对电池进行放电时，嵌在负极碳中的锂离子脱出，又运动回到正极，回正极的锂离子越多，放电容量越高。在充放电过程中，锂离子如同一把摇椅在正、负极两个电极之间往返嵌入和脱出，因此锂离子电池也被形象地称为"摇椅式电池"。锂离子电池的电极反应表达式分别为正极反应：

$$LiMO_2 \underset{放电}{\overset{充电}{\rightleftharpoons}} Li_{1-x}MO_2 + xLi^+ + xe$$

负极反应：

$$nC + xLi^+ + xe \underset{放电}{\overset{充电}{\rightleftharpoons}} Li_xC_n$$

电池反应：

$$LiMO_2 + nC \underset{放电}{\overset{充电}{\rightleftharpoons}} Li_{1-x}MO_2 + Li_xC_n$$

式中，M 为 Co、Ni、W、Mn 等金属元素。

锂离子电池的工作原理，即为其充放电原理，如图 2-10 所示。

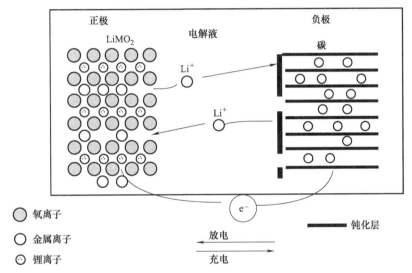

图 2-10 锂离子电池工作原理

由于锂离子电池只涉及锂离子而不涉及金属锂的充放电过程，从根本上解决了由于锂枝晶的产生而带来的电池循环性和安全性的问题。

### （四）典型锂离子电池

锂离子电池内部主要由正极、负极、电解质及隔膜组成。正、负极及电解质材料及工艺上的差异使电池有不同的性能，并且有不同的名称。目前市场上的锂离子电池正极材料主要是钴酸锂（$LiCoO_2$），另外还有少数采用锰酸锂（$LiMn_2O_4$）及镍酸锂（$LiNiO_2$）的，一般将后两种正极材料的锂离子电池称为"锂锰电池"及"锂镍电池"。新开发的磷酸铁锂动力电池是用磷酸铁锂（$LiFePO_4$）材料做电池正极，它是锂离子电池家族的新成员。下面主要介绍钴酸锂电池、锰酸锂电池、磷酸铁锂电池以及镍钴锰酸锂三元材料电池的工作原理、特点以及放电特性。

#### 1. 钴酸锂电池

目前用量最大、使用最普遍的锂离子电池是钴酸锂电池，其结构稳定、比容量高、综合性能突出，但是其安全性差、成本非常高，主要用于中小型号电芯，标称电压为 3.7V。其理论容量为 274mA·h/g，实际容量为 140mA·h/g 左右，也有报道称实际容量已达 155mA·h/g。

图2-11所示为钴酸锂电池的工作原理。实验证明，钴酸锂（$LiCoO_2$）电池在正常充电结束后（即充电至截止电压为4.2V左右），$LiCoO_2$正极材料中的Li还有剩余。此时若发生过充等异常情况，$LiCoO_2$正极材料中的$Li^+$将会继续脱嵌，游向负极，而此时负极材料中能容纳$Li^+$的位置已被填满，故$Li^+$只能以金属的形式在其表面析出，聚结成锂枝晶，埋下了使电池内部短路的安全隐患。

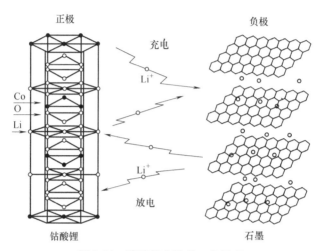

图2-11 钴酸锂电池的工作原理

其充电反应式为：

$$LiCoO_2 \longrightarrow 0.5Li + Li_{0.5}CoO_2$$

钴酸锂电池的特点如下。

① 主要优点：工作电压较高（平均工作电压为3.7V），充放电电压平稳，适合大电流充放电，比能量高，循环性能好，电导率高，生产工艺简单，容易制备。

② 主要缺点：价格昂贵，抗过充电性较差，循环性能有待进一步提高。

**2. 锰酸锂电池**

合成性能好、结构稳定的正极材料锰酸锂是锂离子蓄电池电极材料的关键，锰酸锂是较有前景的锂离子正极材料之一，但其较差的循环性能及电化学稳定性却大大限制了其产业化，掺杂是提高其性能的一种有效方法。掺杂有强M—O键、较强八面体稳定性及离子半径与锰离子相近的金属离子，能显著改善其循环性能。

图2-12所示为锰酸锂电池的工作原理，电池在充电时，锂离子从正极材料的晶格中脱出，通过电解液和隔膜嵌入到负极中；放电时，锂离子从负极脱出，通过电解液和隔膜嵌入到正极材料晶格中。其电极反应式如下所述。

正极：

$$Li_{1-x}Mn_2O_4 + xLi^+ + xe^- = LiMn_2O_4$$

负极：

$$Li_xC = C + xLi^+ + xe^-$$

电池：

$$Li_{1-x}Mn_2O_4 + Li_xC = LiMn_2O_4 + C$$

表2-3所示为锰酸锂电池的主要性能参数。表中给出了电池的最高、最低电压以及额

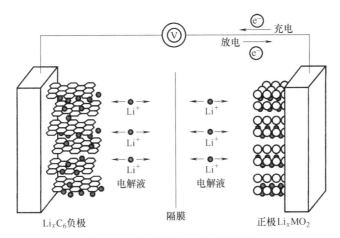

图 2-12　锰酸锂电池的工作原理

定电压的数值，电池的容量以及电池在充放电时的最大电流、过充过放电压等性能参数值。

表 2-3　锰酸锂电池的主要性能参数

| 性能参数 | 值 | 性能参数 | 值 |
| --- | --- | --- | --- |
| 最高电压/V | 4.2 | 最低电压/V | 2.75 |
| 额定电压/V | 3.7 | 容量/(A·h) | 10 |
| 最大充电电流/A | 5 | 最大放电电流/A | 18 |
| 过充电保护电压/V | 4.25 | 过放电保护电压/V | 2.45 |
| 放电保护电流/A | 20 | | |

锰酸锂电池的特点如下。

① 主要优点：安全性略好于镍钴锰酸锂三元材料；电压平台高，1C放电中值电压为3.8V左右，10C放电中值电压在3.5V左右；电池低温性能优越；对环境友好；成本低。

② 主要缺点：电池高温循环性能差；极片压实密度低于三元材料，只能达到 $3.0g/cm^3$ 左右；锰酸锂电池比容量低，一般只有 $105mA·h/g$ 左右；循环性能比三元材料差。

**3. 磷酸铁锂电池**

目前，越来越多的传统式混合动力汽车、插电式与纯电动汽车都采用的是锂离子蓄电池。锂离子蓄电池是20世纪90年代发展起来的高容量可充电电池，比镍氢电池发展的更晚，其能量大于氢镍电池，能存储更多的电能量，而且具有循环寿命长、自放电率小、电池无记忆效应和不污染环境等优点。其主要研究集中在大容量、长寿命和安全性三个方面，成为当前能量存储技术的热点。虽然其从1970年诞生至今时间并不算长，但凭借能量密度高、循环使用寿命长等特点迅速占据了新能源汽车电池市场的绝大部分江山，如今，在售新能源汽车配备的锂电池主要有磷酸铁锂电池和三元锂电池两种，且这两种电池在自身特点上存在显著差异。

磷酸铁锂（$LiFePO_4$）动力电池是以磷酸铁锂作为正极材料的锂离子电池，虽在2002年出现，但从目前各种锂离子电池的性能对比可以看出，磷酸铁锂电池是目前最适合新能源汽车产业化运作的锂离子电池。中国汽车技术发展报告（2014～2015）中的数据显示，2013年磷酸铁锂电池装车总容量为82.1万 kW·h，占各类型电池装车总量的95%。

磷酸铁锂电池的结构与工作原理如图2-13所示。$LiFePO_4$ 作为电池的正极，由铝箔电池正极接线柱连接,中间是聚合物的隔膜,它把正极与负极隔开,锂离子(Li$^+$)可以通过而电子(e$^-$)不能通过;由碳(石墨)组成的电池负极,由铜箔与电池的负极线柱连接。电池的上下端之间是电解质,电池由金属外壳密闭封装。磷酸铁锂电池在充电时,正极中的锂离子通过聚合物隔膜向负极迁移;放电过程中,负极中的锂离子通过隔膜向正极迁移。锂离子电池就是因锂离子在充放电时来回迁移而命名的。锂离子电池的特点是充、放电时,只是锂离子在两极之间移动,电解液不发生变化。

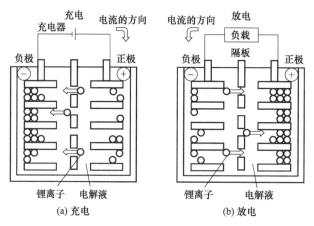

图 2-13 磷酸铁锂电池的结构和工作原理

在充电时,锂化合物正极材料中的锂离子通过隔板移动到作为负极的炭精材料的层间,形成充电电流;在放电时,负极炭精材料层间的锂离子通过隔板移动到锂化合物正极材料中,形成放电电流。

磷酸铁锂电池的标称电压是3.2V,终止充电电压是3.6V,终止放电电压是2.0V。由于各个生产厂家采用的正、负极材料及电解质材料的质量及工艺不同,其性能上会有些差异。例如,同一种型号(同一种封装)的标准电池,其电池的容量有较大差别(10%~20%)。

磷酸铁锂动力电池主要性能如表2-4所示。为了与其他可充电电池进行比较,也在表中列出了其他可充电电池的性能。这里要说明的是,不同厂家生产的磷酸铁锂动力电池在各项性能参数上会有一些差别;另外,有一些电池性能未列入,如电池内阻、自放电率、充放电温度等。

表 2-4 磷酸铁锂动力电池与其他电池的性能比较

| 性能 \ 电池种类 | 一般锂离子电池 | 锂离子动力电池 | 磷酸铁锂动力电池 | 镍氢电池 | 单位或测试条件 |
|---|---|---|---|---|---|
| 标准电压 | 3.6 或 3.7 | 3.6 或 3.7 | 3.2 | 1.2 | V |
| 电压工作范围 | 3.0~4.2 | 3.0~4.2 | 3.0~3.3 | 1.0~1.4 | V |
| 单位质量容量 | 180 | 130 | 130 | 80 | mA·h/g |
| 单位重量能量 | 90~110 | 60~75 | 60~75 | 50~60 | Wh/kg |
| 单位体积能量 | 280~300 | 220~240 | 220~240 | 200~220 | Wh/L |
| 最佳充电率 | 0.2~0.5 | 0.5~1.0 | 1.5~1.5 | 0.2~0.5 | C |
| 工作放电率 | 1 | 2 | 2 | 0.5 | C |
| 最大放电率 | 1.5 | 5 | 10 | 2 | C |
| 瞬间大电流脉冲 | 2 | 10 | 20 | 2 | C |
| 循环寿命 | 60% 100次 | 85% 300次 | >95% 500次 | <50% 50次 | 1C充电 2C放电 |

续表

| 电池种类<br>性能 | 一般锂离子电池 | 锂离子动力电池 | 磷酸铁锂动力电池 | 镍氢电池 | 单位或测试条件 |
|---|---|---|---|---|---|
| 大电流放电时循环寿命 | — | 60%<br>300次 | >80%<br>300次 | <50%<br>10次 | 1C充电<br>5C放电 |
| 安全情况 | 有可能不燃烧，不爆炸 | 有可能燃烧，爆炸 | 不燃烧，不爆炸 | 有可能燃烧 | — |
| 零电压储存30天 | 泄漏、损伤 | 泄漏、损伤 | 无损伤 | 泄漏、损伤 | — |

磷酸铁锂动力电池的容量有较大差别，可以分成三类：小型电池的容量为零点几到几毫安，中型的几十毫安，大型的几百毫安。不同类型电池的同类参数也有一些差异。这里再介绍一种目前应用较广的小型标准圆柱形封装的磷酸铁锂动力电池的参数。其外廓尺寸为：直径18mm，高650mm（型号为18650），其参数性能如表2-5所示。

表2-5 小型标准圆柱形封装的磷酸铁锂动力电池的参数

| 性能参数 | 参数值 | 性能参数 | 参数值 |
|---|---|---|---|
| 典型容量/(mA·h) | 1000~1400 | 一般充电电流/C | 0.2~0.5 |
| 标称电压/V | 3.2 | 最大放电电流/C | 5~10 |
| 终止充电电压/V | 3.6±0.05 | 一般放电电流/C | 0.5~1 |
| 终止放电电压/V | 2.0 | 工作温度范围/℃ | 充电：0~45<br>放电：-20~60 |
| 内阻/mΩ | 30~80 | | |
| 最大充电电流/C | 1~1.5 | | |

磷酸铁锂电池有以下特点。

① 高效率输出。标准放电为2~5C，连续高电流放电可达10C，瞬间脉冲放电（10s）可达20C。

② 高温时性能良好。外部温度65℃时内部温度则高达95℃，电池放电结束时温度可达160℃。

③ 电池的安全性好。即使电池内部受到伤害，电池也不会燃烧、不会爆炸，安全性好。

④ 经500次循环，其放电容量仍大于95%。

⑤ 过放电到0V也无损坏。

⑥ 对环境无污染。

⑦ 可快速充电。

⑧ 成本低。

**4. 镍钴锰酸锂三元材料电池**

钴镍锰酸锂三元材料电池融合了钴酸锂电池和锰酸锂电池的优点，在小型低功率电池和大功率动力电池上都有应用。但该种电池的材料之一——钴是一种贵金属，价格波动大，对钴酸锂的价格影响较大。钴处于价格高位时，三元材料价格较钴酸锂低，具有较强的市场竞争力；但钴处于低价位时，三元材料相较于钴酸锂的成本优势就大大减弱。随着性能更加优异的磷酸铁锂的技术开发，三元材料大多被认为是磷酸铁锂未大规模生产前的过渡材料。

镍钴锰酸锂电池的特点如下。

① 主要优点：镍钴锰酸锂材料比容量高，电池循环性能好，10C放电循环可以达到

500次以上；高低温性能优越；极片压实密度高，可以达到 3.4g/cm³ 以上。

② 主要缺点：电压平台低，1C 放电中值电压为 3.66V 左右，10C 放电平台在 3.45V 左右；电池安全性能相对差一点；成本较高。

最后，给出钴酸锂电池、镍钴锰酸锂电池、锰酸锂电池以及磷酸铁锂电池的性能以及应用领域的对比，如表 2-6 所示。

表 2-6 钴酸锂电池、镍钴锰酸锂电池、锰酸锂电池以及磷酸铁锂电池的对比

| 性能 | 钴酸锂($LiCoO_2$) | 镍钴锰酸锂($LiNiCoMnO_2$) | 锰酸锂($LiMn_2O_4$) | 磷酸铁锂($LiFePO_4$) |
| --- | --- | --- | --- | --- |
| 振实密度/(g/cm³) | 2.8~3.0 | 2.0~2.3 | 2.2~2.4 | 1.0~1.4 |
| 比表面积/(m²/g) | 0.4~0.6 | 0.2~0.4 | 0.4~0.8 | 12~20 |
| 克容量/(mA·h/g) | 135~140 | 140~180 | 90~100 | 130~140 |
| 电压平台/V | 3.7 | 3.5 | 3.8 | 3.2 |
| 循环次数 | ≥500 | ≥500 | ≥300 | ≥2000 |
| 过渡金属 | 贫乏 | 贫乏 | 丰富 | 非常丰富 |
| 原料成本 | 很高 | 高 | 低廉 | 低廉 |
| 环保 | 含钴 | 含镍、钴 | 无毒 | 无毒 |
| 安全性能 | 差 | 较好 | 良好 | 优秀 |
| 适用领域 | 中小电池 | 小电池、小型动力电池 | 动力电池、低成本电池 | 动力电池、超大容量电源 |

### 三、镍-氢电池

目前在美、日等发达国家的很多油电混合动力汽车均使用镍-氢（NiMH）电池组。镍-氢电池是由美国人斯坦福发明的，其正极材料是氢氧化镍（NiOH），负极则是金属氢化物，即储氢合金（MH），电解液是 30% 的氢氧化钾水溶液。这里所谓"储氢合金"是指具有很强吸收、氢气能力的金属镍，其单位体积储氢的密度相当于储存 1000 个大气压的高压氢气，储氢合金能稳定地储气和放气，其工作原理是利用水的氢离子移动反应来获得电流，这时氢气在负极上被逐渐消耗掉。其能量密度（电动汽车的续航能力）与普通的锂电池差距并不大，约为 70~100Wh/kg。

镍-氢电池于 20 世纪 90 年代发展起来，目前技术较为成熟，具有安全性好、无污染、比能量高、快速充放电、循环寿命长等优势，但是其能量效率较低。目前在包括丰田普锐斯在内的混合动力汽车上使用广泛。

（一）镍-氢电池的特点

镍-氢电池是一种碱性电池，标称电压为 1.2V，比能量可达到 70~80Wh/kg，有利于延长新能源汽车的行驶里程；比功率可达到 200W/kg，是铅酸蓄电池的 2 倍，能够提高车辆的启动性能和加速性能；有高倍率的放电特性，短时间可以 3C 放电，瞬时脉冲放电率很大；过充和过放电性能好，能够带电充电，并可以快速充电，在 15min 内可充 60% 的容量，1h 内可完全充满，应急补充充电的时间短；在 80% 的放电深度下，循环寿命可达到 1000 次以上，是铅酸电池的 3 倍；采用全封闭外壳，可以在真空环境中正常工作；低温性能较好，能够长时间存放；没有 Pb 和 Cd 等重金属元素，不会对环境造成污染；可以随充随放，不会出现其他电池在没有放完电后即充电而产生的"记忆效应"。

镍-氢电池用于新能源汽车的主要优点是：启动、加速性能好，一次充电后的行驶里程较长，不会对周围环境造成污染，易维护，快速补充充电时间短。

镍-氢电池在充电过程中容易发热，发热产生的高温会对镍-氢电池产生负面影响。高温

状态下，正极板的充电效率较差，并会加速正极板的氧化，使电池寿命缩短。镍-氢电池在充电后期会产生大量的氧气．在高温环境条件下将加速储氢合金氧化，并使储氢合金平衡压力增加，使储氢合金的储氢量减少而降低镍-氢电池的性能。尼龙无纺布隔膜在高温作用下会发生降解和氧化。尼龙无纺布隔膜发生降解时，会产生氨根离子和硝酸根离子，加速了镍-氢电池的自放电；尼龙无纺布隔膜发生氧化时，氧化成碳酸根，使镍-氢电池的内阻增加。在镍-氢电池充电的过程中，电池温度迅速升高，会使充电效率降低，并产生大量氧气，如果安全阀不能及时开启，会有发生爆炸的危险。

在镍-氢电池的制造技术上进行一些改进，例如：正极板采用多极板技术而负极板采用端面焊接技术、在电解液中适当加入 LiOH 和 NaOH、采用抗氧化能力强的聚丙烯毡做隔膜等，可以有效地提高镍-氢电池的耐高温能力。在镍-氢动力电池组的单体镍-氢电池之间，加大散热间隙，采取有效的散热措施和建立自动热管理系统，以保证镍氢电池正常工作并延长使用寿命。

镍-氢电池的成本很高，不同的储氢合金具有不同的储氢能力，价格也不相同。我国自行研制了稀土系的储氢合金，已达到世界水平，为我国生产镍-氢电池提供了有利条件。目前高档电动车多采用镍-氢电池或锂离子电池。

（二）镍-氢电池的结构原理

镍-氢电池是一种碱性蓄电池，其结构如图 2-14 所示，主要由正极、负极、分离层、外壳、电解液等组成。在圆柱形电池中，正、负极用隔膜纸分开卷绕在一起，然后密封在金属外壳中。在方形电池中，正负极由隔膜纸分开后叠成层状密封在外壳中。

电动汽车用金属氢化物镍蓄电池的基本单元是单体电池，按使用要求组合成不同电压和不同电荷量的金属氢化物镍蓄电池总成，如图 2-15 所示。

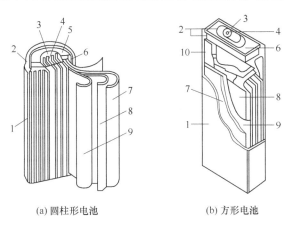

图 2-14　镍-氢电池的结构

图 2-15　电动汽车用镍-氢电池总成

1—盒子（一）；2—绝缘衬垫；3—盖帽（＋）；4—安全排气口；
5—封盘；6—绝缘圈；7—负极；8—隔膜；9—正极；10—绝缘体

镍-氢电池正极是活性物质氢氧化镍，负极是储氢合金，用氢氧化钾作为电解质，在正、负极之间有隔膜，共同组成镍-氢单体电池，在金属铂催化作用下，完成充电和放电的可逆反应。在电池充电过程中，水在电解质溶液中分解为氢离子和氢氧离子，氢离子被负极吸收，负极由金属转化为金属氢化物；在放电过程中，氢离子离开了负极，氢氧离子离开了正极，氢离子和氢氧离子在电解质氢氧化钾中结合成水并释放电能。

镍-氢电池的正极是球状氧化镍粉末与添加剂、塑料和黏合剂等制成的涂膏，用自动涂膏机涂在正极板上，然后经过干燥处理成发泡的氢氧化镍正极板。在正极材料 $Ni(OH)_2$ 中添加 Ca、Co、Zn 或稀土元素，对稳定电极性能有明显的改进。采用高分子材料作为黏合剂，或用挤压和轧制成的泡沫镍电极，并采用镍粉、石墨等作为导电剂时，可以提高大电流时的放电性能。

镍-氢电池负极的关键技术是储氢合金，要求储氢合金能够稳定地经受反复的储气和放气循环。储氢合金是一种允许氢原子进入或分离多金属合金的晶格基块，是由钛-钒-锆-镍-铬（Ti-V-Zr-Ni-Cr）五种基本元素，并与钴、锰等金属烧结的合金，其经过加氢、粉碎、成形和烧结成负极板。储氢合金的种类和性能，对镍-氢电池的性能有直接的影响。负极在充电或放电过程中既不溶解，也不结晶，电极不会有结构性的变化，在保持自身化学功能的同时，还保证了本身的机械坚固性。储氢合金一般需要进行热处理和表面处理，以增加储氢合金的防腐性能，这有利于提高镍-氢电池的比能量、比功率和使用寿命。

镍-氢电池的特征与镍-镉电池基本相同，但氢气是没有毒性的物质，无污染，安全可靠，使用寿命长，而且不需要补充水分。镍-氢电池正常充、放电时的化学反应式如下所述。

正极反应：

$$NiOOH + H_2O + e^- \rightleftharpoons Ni(OH)_2 + OH^-$$

负极反应：

$$MH + OH^- \rightleftharpoons M + H_2O + e^-$$

电池总反应：

$$NiOOH + MH \underset{充电}{\overset{放电}{\rightleftharpoons}} Ni(OH)_2 + M$$

镍-氢电池充、放电反应机理如图 2-16 所示。

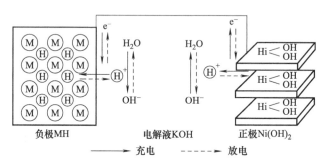

图 2-16 镍-氢电池充、放电反应机理

镍-氢电池的极板有发泡体和烧结体两种，发泡体极板的镍-氢电池在出厂前必须进行预充电，且放电电压不能低于 0.9V，工作电压也不太稳定，特别是在存放一段时间后，会有近 20% 的电荷流失，老化现象比较严重。为避免发泡镍-氢电池老化造成内阻增高，镍-氢电池在出厂前必须进行预充电，使其电压平衡、稳定，具有低温放电性能好、不易老化和寿命长的优点。

镍-氢电池的基本单元是单体电池，每个单体电池都由正极板、负极板及装在正极板和负极板之间的隔板组成。其外形有圆形和方形两种，每节电池的额定电压为 13.2V（充电时最大电压 16.0V），然后将电池按使用要求组合成不同电压和不同容量的镍-氢电池总成（电池组）。

本田 Insight 镍-氢电池组是由原新能源汽车电池改良而成的，电池组置于行李舱底板，由 120 个松下 1.2V 的镍氢电池组成，串联合计电压为 144V，支持电流输入 50A、输出 100A，系统限制容量可采用 4A·h，以延长电池寿命。新 Insight 搭载 1.3L 发动机。本田研发的经济油耗驾驶辅助系统能够有效提高燃油经济性，起步和加速时电动系统自动调节功率输出，从而实现混合动力模式百公里理想油耗 4.34L，二氧化碳排放量低于 100g/km。纯电动模式下，该车能达到 50km/h，适合城市路况。

普锐斯汽车的镍-氢电池组，重 53.3kg，由 28 组松下棱柱镍-氢电池模块构成，每个模块又分别载有 6 个 1.2V 电池，总计 168 个电池，串联标称电压合计 201.6V，比上一代的 38 组 228 个电池有所减少。

### （三）镍-氢电池的技术要求

镍-氢电池的技术要求分为单体蓄电池的要求和蓄电池模块的要求。单体蓄电池是构成蓄电池的最小单元，一般由正极、负极及电解质等组成，其标称电压为电化学偶的标称电压；蓄电池模块是指一组相连的单体蓄电池的组合。

对金属氢化物镍单体蓄电池具有以下要求。

① 外观　在良好的光线条件下，用目测法检查单体蓄电池的外观，外壳不得有变形及裂纹，表面平整、干燥、无碱痕、无污物且标志清晰。

② 极性　用电压表检查蓄电池的极性时，电池极性应与标志的极性符号一致。

③ 外形尺寸及质量　单体蓄电池的外形尺寸及质量应符合生产企业提供的技术条件。

④ 室温放电容量　单体蓄电池按规定方法进行试验时，其放电容量应不低于额定容量，并且不超过额定容量的 110%，同时所有测试对象初始容量极差不大于初始容量平均值的 5%。

对金属氢化物镍蓄电池模块具有以下要求。

① 外观　在良好的光线条件下，用目测法检查蓄电池模块的外观，外观不得有变形及裂纹，表面平整干燥、无外伤，且排列整齐、连接可靠、标志清晰等。

② 极性　用电压表检查蓄电池模块的极性时，蓄电池极性应与标志的极性符号一致。

③ 外形尺寸及质量　蓄电池模块的外形尺寸及质量应符合生产企业提供的技术条件。

④ 室温放电容量　蓄电池模块按规定方法进行试验时，其放电容量应不低于额定值，并且不超过额定容量的 110%，同时所有测试对象初始容量极差不大于初始容量平均值的 7%。

⑤ 室温倍率放电容量　按照厂家提供电池类型分别进行试验，高能量蓄电池模块按规定方法进行试验时，其放电容量应不低于初始容量的 90%；高功率蓄电池模块按规定方法进行试验时，其放电容量应不低于初始容量的 80%。

⑥ 室温倍率充电性能　蓄电池模块按规定方法试验时，其放电容量应不低于初始容量的 80%。

⑦ 低温放电容量　蓄电池模块按规定方法试验时，其放电容量应不低于初始容量的 80%。

⑧ 高温放电容量　蓄电池模块按规定方法试验时，其放电容量应不低于初始容量

的 90%。

⑨ 荷电保持与容量恢复能力　蓄电池模块按规定方法试验时，其室温荷电保持率应不低于初始容量的 85%，高温荷电保持率应不低于初始容量的 70%，容量恢复应不低于初始容量的 95%。

⑩ 耐振动性　蓄电池模块按规定方法进行耐振动性试验时不允许出现放电电流突变、电压异常、蓄电池壳变形、电解液溢出等现象，并保持连接可靠、结构完好。

⑪ 储存　蓄电池模块按规定方法试验时，容量恢复应不低于初始容量的 90%。

⑫ 安全性　蓄电池模块按规定方法进行短路、过放电、过充电加热、针刺、挤压等试验时，应不爆震、不起火、不漏液。

具体试验方法参照 GB/T 31486—2015《电动汽车动力蓄电池电性能要求及试验方法》和 GB/T 31485—2015《电动汽车用动力蓄电池安全要求及试验方法》。

## 第二节　动力电池管理系统的结构原理

电池管理系统，即 Battery Management System，简称 BMS，是新能源汽车能量管理系统的核心，其主要任务是通过电压、电流及温度检测等功能实现对动力电池系统的各种控制、保护、故障报警及处理及与其他控制器通信功能等操作，保证电池安全可靠的使用，充分发挥电池的能力和延长使用寿命。

### 一、BMS 的基本功能

BMS 作为电池和整车控制器以及驾驶员沟通的桥梁，通过控制接触器控制动力电池组的充放电，并向整车控制器（VCU）上报动力电池系统的基本参数及故障信息。其基本功能包括：数据采集、电池状态计算、能量管理、安全管理、热管理、电压均衡控制及人机接口等，如表 2-7 所示。

表 2-7　动力电池管理系统的基本功能

| 基本功能 | 所属模块 | 具体描述 |
| --- | --- | --- |
| 建立电池模型 | — | 描述电池参数的动态变化规律，用数学方程表达，用于动力电池系统仿真 |
| 数据检测及采集 | 集中式或分布式检测装置 | 单体电池电压、电流，动力电池组总电压、总电流检测和采集，控制均衡充放电策略 |
| 能量管理 | 电池管理器模块 | 根据电池的电压、电流、荷电状态 SOC 控制电池的充放电，防止过充和过放 |
| 状态估算 | 电池管理器模块 | 根据动力电池荷电状态 SOC 和 SOH 的算法，估算电池寿命（衰减）状态 |
| 热量管理 | 热量检测模块及传感器 | 冷却系统和冷却装置（风扇或液泵）检测及控制 |
| 数据处理与通信 | 串行通信接口，CAN 总线 | 单体电池采用串行通信接口，整车管理系统采用 CAN 总线 |
| 数据显示 | 仪表、显示器 | 动力电池组实对电压、电流、SOC、剩余电量、温度等数据显示和故障报警等 |
| 安全管理 | 自动断电、报警 | 动力电池过充、过放、过压、过流、高温等危险状态自动切断电源、报警等 |

## 二、BMS 的结构组成

BMS 不仅要保证动力电池组工作在安全区间内、提供车辆控制所需的必须信息、在出现异常时及时响应处理,而且根据环境温度、电池状态、车辆需求等决定电池的充放电功率等。以北汽 EV 系列的电池管理系统为例,该电池管理系统按性质可分为硬件和软件,按功能分为数据采集单元和控制单元。

BMS 的硬件主要包括主控盒、从控盒及高压控制盒,还包括采集电压线、电流、温度等数据的电子器件。图 2-17 所示为北汽 EV 系列 BMS 硬件的 3D 结构。

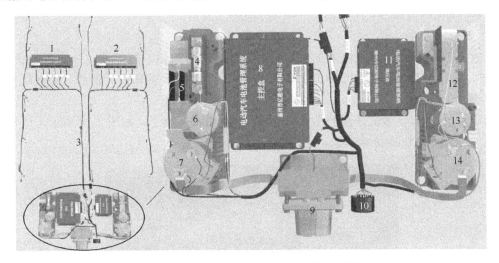

图 2-17　北汽 EV 系列 BMS 硬件的 3D 结构

1,2—BMS；3—BMS 电源控制系统；4—加热熔断器；5—高压板；6—加热继电器；7—高压负极继电器；
8—BMS 主控盒；9—动力电池箱插接口；10—动力电池低压控制信号插口；11—BMS 高压控制盒；
12—预充电阻；13—预充电继电器；14—高压正极继电器

### 1. 高压盒

高压盒用于监控动力电池的总电压、总电流和绝缘性能。其主要功能如下。

① 监控动力电池的总电压,包括主机电气内外四个监测点。
② 监测充放电电流。
③ 监测高压绝缘性能。
④ 监控高压连接情况。
⑤ 将以上项目监控的数据反馈给主控盒。

### 2. 主控盒

主控盒是一个连接外部通信和内部通信的平台,其主要功能如下。

① 接收从控盒反馈的实时温度和单体电压(并计算最大值和最小值)。
② 接收高压盒反馈的总电压和电流情况。
③ 控制与整车控制器的通信。
④ 控制主正继电器。
⑤ 控制动力电池加热。
⑥ 控制充放电电流。

### 3. 从控盒

从控盒又称为电压和温度采集单元。它用来监控动力电池的单体电压和动力电池组的温度，其主要功能如下。

① 监控每个单体电压，反馈给主控盒。

② 监控每个动力电池组的温度，反馈给主控盒。

③ 剩余电量（SOC）值监测。

④ 将以上项目监控到的数据反馈给主控盒。

BMS的软件主要作用是监测电池的电压、电流、SOC值、绝缘电阻值、温度值，通过与VCU、充电机的通信，来控制动力电池系统的充放电。

### 4. 辅助元器件

主要包括动力电池系统内部的电子电器元件（如熔断器、继电器、分流器、接插件、紧急开关、烟雾传感器等）、维修开关以及电子电器元件以外的辅助元器件（如密封条、绝缘材料等）。

① 电流传感器　电流传感器用来监测充、放电电流的大小，如图2-18所示。该电流传感器是一个霍尔式电流传感器。

图2-18　电流传感器

霍尔元件是一种采用半导体材料制成的磁电转换器件，其原理如图2-19所示。霍尔电势$U_H$的大小和控制电流$I_C$、磁通密度$B$的乘积呈正比，通过测量霍尔电势的大小，可以间接测量载流导体电流的大小。

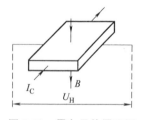

图2-19　霍尔元件原理图

② 维修开关　电动汽车所用的大多是高于300V的高压电，如果电路出现过载或短路，容易引起电气元件的损坏，如果操作不当，更易酿成电击危险。维修开关安装在电路大电流主干线上，通常位于动力电池组箱体的中间位置，如图2-20所示。

维修开关是保证电动汽车高压电气安全的关键部件，在紧急情况或进行高压系统和动力电池维护、维修、保养等操作时，应将其断开，以保障维修人员的安全。

③ 熔断器　熔断器是为了保护高压系统的安全，当高压系统出现短路时，熔断器将会断开，维修开关内装有电压500V（250A）熔断器，如图2-21所示。

④ 加热继电器和加热熔断器　加热继电器和加热熔断器用于动力电池热管理系统。加热熔断器与加热膜串接在一起，加热继电器受BMS控制，在温度低于设定值时接通，对动力电池系统进行加热，如图2-22所示。

图 2-20 维修开关

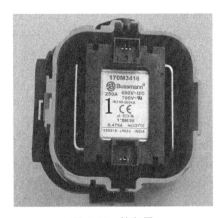

图 2-21 熔断器

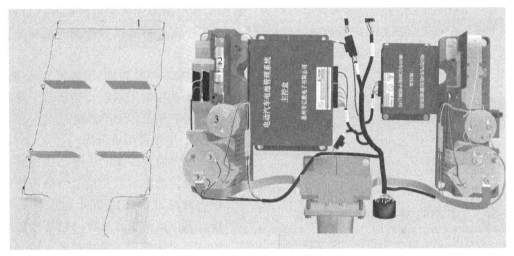

图 2-22 加热继电器和加热熔断器

1—加热膜片；2—加热熔断器；3—加热继电器

### 5. 继电器集成器

继电器集成器将高压正极继电器、高压负极继电器、预充电继电器和预充电阻进行了集成，如图 2-23 所示。

图 2-23 继电器集成器

1—预充电阻；2—高压正极继电器；3—预充电继电器；4—高压负极继电器

高压正极和负极继电器为主继电器，控制回路的通断。

预充电继电器和预充电阻由BMS控制闭合和断开，在充放电初期闭合进行预充电，当预充完成后断开。

### 三、BMS的工作原理

动力电池系统整体工作原理是将动力电池模组放置在一个密封并且屏蔽的动力电池箱里面，动力电池系统使用可靠的高压接插件与高压控制盒相连，然后输出的直流电由电机控制器转变为三相交流高压电，驱动电机工作；系统内的BMS实时采集各电芯的电压、各温度传感器的温度值、电池系统的总电压值和总电流值等数据，实时监控动力电池的工作状态，并通过CAN线与VCU或充电机之间进行通信，对动力电池系统充放电等进行综合管理。

其中BMS的主要工作原理可简单归纳为：数据采集电路首先采集电池状态信息数据，再由电子控制单元（ECU）进行数据处理和分析，然后根据分析结果对系统内的相关功能模块发出控制指令，并向外界传递信息，如图2-24所示。

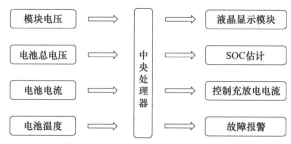

图2-24 BMS工作原理结构框图

BMS一般包括电池管理子系统、电压平衡控制子系统、热管理子系统和安全防护系统四个子系统。

#### 1. 电池管理子系统

电池管理系统的主要功能是通过电压检测等功能实现对动力电池系统的保护、对电池状态的估计和在线故障诊断。其中电池状态估计又包括电池剩余电量（SOC）和电池老化程度（SOH）两个方面。SOC是电池管理系统中最重要的一个指标，其工作原理是通过各类传感器采集电池的相关参数，包括电压、电流及温度等，然后由ECU对数据进行分析和处理，根据结果对SOC进行分析，并将结果传递到驾驶员仪表板上。

#### 2. 电压平衡控制子系统

电压平衡控制系统时主要是通过充电控制、自动均衡、继电器控制、SOC估算、充放电管理、均衡控制、故障报警及处理、与其他控制器通信功能等实现电压平衡控制。

#### 3. 热管理子系统

热管理系统是为了确保动力电池系统能在适宜的温度下工作，以保障动力电池系统的电性能和寿命，其主要功能包括：①电池温度的准确测量和监控；②电池组温度过高时的有效散热和通风；③低温条件下的快速加热；④有害气体产生时的有效通风；⑤保证电池组温度场的均匀分布。

#### 4. 安全防护系统

安全保护作为整个BMS重要的功能，主要包括：过电流保护、过充过放保护、过温保护和绝缘监测。

（1）过电流保护 由于电池有一定的内阻，当工作电流过大时，电池内部会产生热量，从而造成电池温度升高、热稳定性下降。BMS会通过判断采集的充放电电流值是否超过安全范围来采取相应的安全保护措施。

（2）过充过放保护　过充电会使电池正极晶格结构被破坏，从而导致电池容量减小，如果电压过高还会引发因正负极短路而造成的爆炸。过放电会导致放电电压低于电池放电截止电压，使电池负极上的金属集流体被溶解，电池被损坏，若继续给这种电池充电则有内部短路或漏液的危险。BMS 会判断采集的单体电池电压值是否超过充放电的限制电压，如果电压值超过限制，BMS 就会断开充放电回路从而保护电池系统。

（3）过温保护　动力电池的稳定运行需要适宜的温度。过温保护结合了热管理系统，BMS 在电池温度过高或过低时，禁止系统进行充放电。

（4）绝缘监测　动力电池系统的电压通常有几百伏，如果出现漏电，会对人员造成危险。BMS 会实时监测总正总负搭铁绝缘阻值，在该值低于安全范围时，上报故障，并断开高压电。

## 四、电池管理系统的要求

QC/T 8997—2011《电动汽车用电池管理系统技术条件》中规定了电池管理系统的一般要求和技术要求。

电池管理系统一般要求如下。

① 电池管理系统应能检测电池电和热相关的数据，至少应包括电池单体或者电池模块的电压、电池组回路电流和电池包内部温度等参数。

② 电池管理系统应能对动力电池的荷电状态（SOC）、最大充放电电流（或者功率）等状态参数进行实时估算。

③ 电池管理系统应能对电池系统进行故障诊断，并可以根据具体故障内容进行相应的故障处理，如故障码上报、实时警示和故障保护等。

④ 电池管理系统应有与车辆的其他控制器基于总线通信方式的信息交互功能。

⑤ 电池管理系统应用在具有可外接充电功能的电动汽车上时，应能通过与车载充电机或者非车载充电机的实时通信或者其他信号交互方式实现对充电过程的控制和管理。

电池管理系统的技术部分要求如下。

① 绝缘电阻　电池管理系统与动力电池相连的带电部件和其壳体之间的绝缘电阻值应不小于 $2M\Omega$。

② 绝缘耐压性能　电池管理系统应能经受绝缘耐压性能试验，在试验过程中应无击穿或闪络等破坏性放电现象。

③ 状态参数测量精度　电池管理系统所检测状态参数的测量精度要求如表 2-8 所示。

表 2-8　状态参数测量精度要求

| 参数 | 总电压值 | 电流值* | 温度值 | 单体(模块)电压值 |
|---|---|---|---|---|
| 精度要求 | ≤±2% FS | ≤±3% FS | ≤±2℃ | ≤±0.5% FS |

注："*"表示应用在具有可外接充电功能的电动汽车上时，电流值精度同时应满足≤±1.0A（当电流值小于30A时）。

④ SOC 估算精度　SOC 估算精度要求不大于 10%。

⑤ 过电压运行　电池管理系统应能在规定的电源电压下正常工作，且满足表 2-3 状态参数测量精度的要求。

⑥ 欠电压运行　电池管理系统应能在规定的电源电压下正常工作，且满足表 2-3 状态

参数测量精度的要求。

## 第三节 电动汽车动力电池系统的检修

以下以北汽 EV160/200 动力电池系统的检修为例进行介绍，其他车系参照进行。

### 一、动力电池系统简介

#### （一）结构组成

北汽 EV160/200 动力电池系统主要由动力电池模组、电池管理系统、动力电池箱及辅助元器件等四部分组成，如图 2-25 所示。电池管理系统结构组成如图 2-26 所示。

(a) 动力电池模组

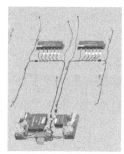
(b) 电池管理系统

(c) 动力电池箱

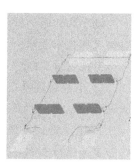
(d) 辅助加热装置

图 2-25 北汽 EV160/200 动力电池系统结构组成

1. 动力电池模组

（1）电池单体 构成动力电池模块的最小单元。一般由正极、负极、电解质及外壳等构成。可实现电能与化学能之间的直接转换。

（2）电池模块 一组并联的电池单体的组合，该组合额定电压与电池单体的额定电压相等，是电池单体在物理结构和电路上连接起来的最小分组，可作为一个单元替换。

（3）模组 由多个电池模块或单体电芯串联组成的一个组合体。

2. 电池管理系统

（1）BMS 的作用 电池保护和管理的核心部件，在动力电池系统中，它的作用就相当于人的大脑。它不仅要保证电池安全可靠的使用，而且要充分发挥电池的能力和延长使用寿命，作为电池和整车控制器以及驾驶员沟通的桥梁，通过控制接触器控制动力电池组的充放电，并向 VCU 上报动力电池系统的基本参数及故障信息。

（2）BMS 具备的功能 通过电压、电流及温度检测等功能实现对动力电池系统的过压、欠压、过流、过高温和过低温保护、继电器控制、SOC 估算、充放电管理、均衡控制、故障报警及处理、与其他控制器通信功能等功能；此外电池管理系统还具有高压回路绝缘检测功能，以及为动力电池系统加热功能。

（3）BMS 的组成 按性质可分为硬件和软件，按功能分为数据采集单元和控制单元。

# 第二章 电动汽车动力电池及管理系统

图 2-27 所示为北汽 EV160/200 电池管理系统（BMS）。

BMS 的硬件：主板、从板及高压盒，还包括采集电压线、电流、温度等数据的电子器件；

BMS 的软件：监测电池的电压、电流、SOC 值、绝缘电阻值、温度值，通过与 VCU、充电机的通信，来控制动力电池系统的充放电。

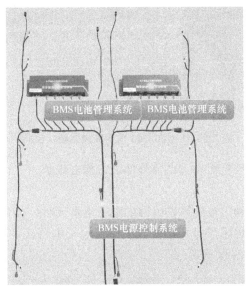

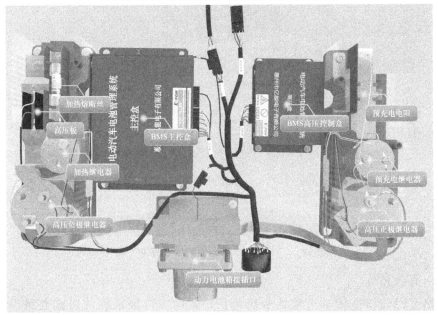

图 2-26　EV160/200 电池管理系统结构组成

### 3. 动力电池箱

动力电池箱体通常安装在车身底盘下方，有承载及保护动力电池组及电气元件的作用，制造材料通常包括具有绝缘作用的玻璃钢和高硬度耐磨的钢等。由于汽车的运行环境多变，因此动力电池箱散热、防水、绝缘等安全设计的要求很高。例如北汽 EV160/200 电池箱体的防护等级为 IP67。在使用过程中动力电池外部动力电池箱的好坏对动力电池内部具有较

 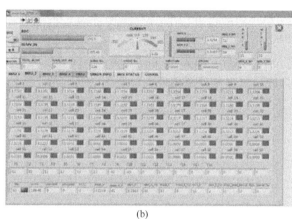

(a)　　　　　　　　　　　　　　(b)

图 2-27　EV160/200 电池管理系统（BMS）

大影响，所以在维护时，需要对动力电池外部进行检查维护。

**4. 辅助元器件**

辅助元器件主要包括动力电池系统内部的电子电器元件，如熔断器、继电器、分流器、接插件、紧急开关、烟雾传感器等，维修开关以及电子电器元件以外的辅助元器件，如密封条、绝缘材料等，如图 2-28 所示。

图 2-28　EV160/200 电池管理系统辅助元器件

**（二）工作原理**

以北汽 EV160/200 的动力电池系统为例，其动力电池系统的内部电路工作原理如图 2-29 所示。

一般来说，纯电动汽车设置有维修开关（紧急开关），断开维修开关才可对纯电动汽车进行维修。EV200 维修开关（图 2-30）在后排座椅下方，需要拆除后排座椅和地板胶才能看见，维修开关内有 250A 熔断器。

**1. 动力电池内部充电原理**

（1）充电之前加热　当充电初期，动力电池的从控盒监测到每个动力电池组的温度，并反馈给主控盒。主控盒接收来自从控盒反馈的实时温度，并计算出最大值与最小值，当

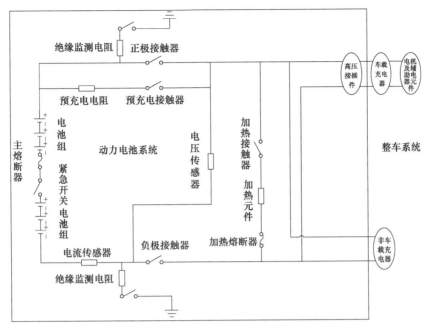

图 2-29 高压电路工作原理

图 2-30 EV200 维修开关

监测到电芯温度低于设定值时，主控盒控制加热继电器闭合，通过加热元件、加热熔断器接通电路，进行加热。加热途径路线如下。

① 慢充时：充电桩→车载充电机→高压插接件→加热继电器→加热元件→加热熔断器→高压插接件→车载充电机→充电桩，构成充电回路，进行加热，如图 2-31 所示。

② 快充时：非车载充电机→加热继电器（接触器）→加热元件→加热熔断器，构成充电回路，进行加热。

注意：有的动力电池组没有设置加热接触器、加热元件和加热熔断器。

（2）充电初期预充电　在充电初期，整车控制器唤醒 BMS，BMS 进行自检和初始化，完成后上报给整车控制器。整车控制器控制负极接触器闭合，BMS 控制预充继电器闭合，对各单体电芯进行预充电，确定单体电芯无短路后，BMS 将断开预充继电器，预充完成。预充电途径路线如下。

① 慢充时：充电桩→车载充电机→高压插接件→预充继电器→预充电阻→动力电池组→主熔断器→紧急开关（维修开关）→动力电池组→电流传感器→负极接触器→高压插接

件→车载充电机→充电桩，构成回路，进行预充，如图 2-32 所示。

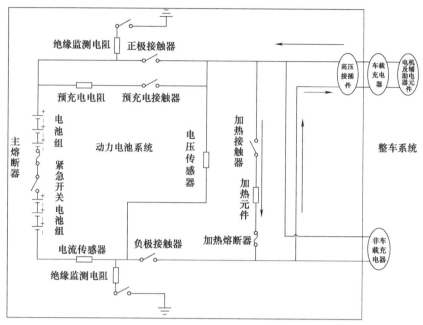

图 2-31 动力电池内部充电原理

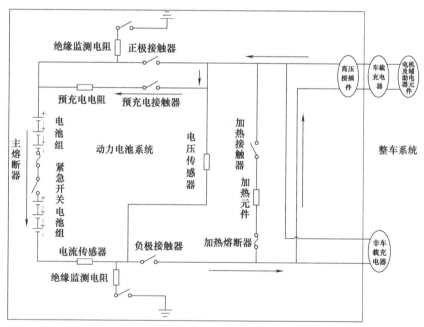

图 2-32 动力电池预充

② 快充时：非车载充电机→预充继电器→预充电阻→动力电池组→主熔断器→紧急开关→动力电池组→电流传感器→负极接触器→非车载充电机，构成回路，进行预充。

（3）充电　预充电完成之后，BMS 断开预充继电器，闭合正极接触器，对动力电池组进行充电。充电途径路线如下。

① 慢充时：充电桩→车载充电机→高压插接件→正极接触器→动力电池组→主熔断

器→紧急开关→动力电池组→电流传感器→负极接触器→高压插接件→车载充电机→充电桩，构成回路，进行慢充，如图 2-33 所示。

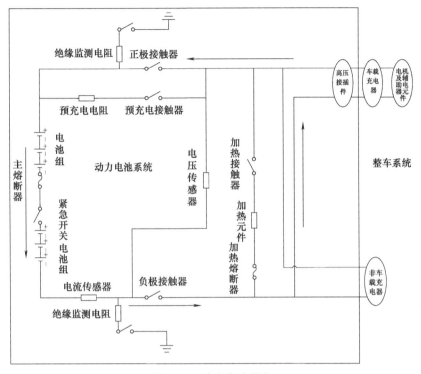

图 2-33　动力电池慢充

② 快充时：非车载充电机→正极接触器→动力电池组→主熔断器→紧急开关→动力电池组→电流传感器→负极接触器→非车载充电机，构成回路，进行快充，如图 2-34 所示。

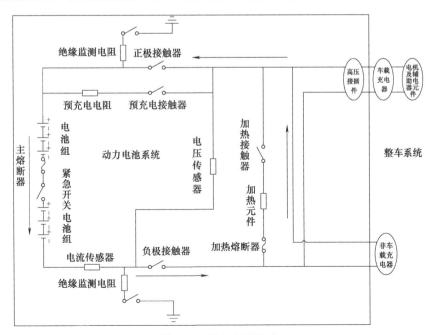

图 2-34　动力电池快充

## 2. 动力电池内部放电原理

BMS 被整车控制器唤醒后即进行自检和初始化，完成后上报回整车控制器。随后 BMS 根据整车控制器发出的高压供电指令，开始按顺序控制继电器的闭合和断开，进入放电状态。

（1）放电初期预充　由于电路中电机控制器和空调压缩机控制器等含有电容，如果用电容 $C$ 表示此时控制器电容，如图 2-35 所示，当主正、负接触器直接与电容 $C$ 闭合，此时电池组为几百伏的高压电，电容 $C$ 两端电压接近 0，负载电阻仅仅是导线及接触器触点电阻，相当于瞬间短路，主正、负接触器很容易烧坏。

因此在放电模式初期，BMS 先控制预充继电器闭合，用低压、小电流向各控制器电容预充电，当电容两端电压接近动力电池总电压时，断开预充继电器。预充途径路线如下。

动力电池组正极→紧急开关→主熔断器→电池组正极→预充电阻→预充继电器→高压插接件→车载充电机→电机及辅助电器元件→车载充电机→高压插接件→负极接触器→电流传感器→动力电池组负极。构成回路，完成预充。

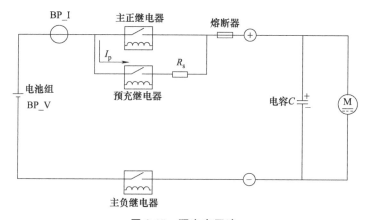

图 2-35　预充电回路

（2）放电　预充完成之后，BMS 断开预充继电器，并闭合主正接触器，动力电池组进行放电。放电途径路线如下。

动力电池组→紧急开关→主熔断器→动力电池组正极→主正继电器→高压插接件→车载充电机→电机及辅助电器元件→车载充电机→高压插接件→主负接触器→电流传感器→动力电池组负极。构成回路，完成放电。

## 3. 绝缘监测

动力电池 BMS 具有高压回路绝缘监测功能，监测动力电池组与箱体、车体等之间的绝缘状况，如图 2-36 所示。

监测途径路线如下。

① 动力电池组正极端→绝缘监测电阻→绝缘继电器→搭铁。

② 动力电池组负极端→绝缘监测电阻→绝缘继电器→搭铁。

# 二、动力电池系统的维护

## （一）动力电池相关要求

### 1. 运输

① 动力电池报废后，要根据其种类用符合国家标准的专门容器分类收集运输。

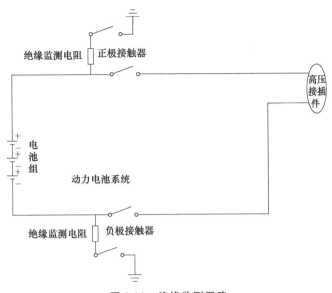

图 2-36　绝缘监测回路

② 对储存、装运动力电池的容器应根据动力电池的特性而设计，不易破损、变形，其所用材料能有效地防止渗漏、扩散。

③ 装有废旧动力电池的容器必须贴有国家标准所要求的分类标识。

④ 在废旧动力电池的包装运输前和运输过程中应保证其结构完整，不得将废旧动力电池破碎、粉碎，以防止电池中有害成分的泄漏污染。

**2. 储存**

① 禁止将废旧动力电池堆放在露天场地，避免废电池遭受雨淋水浸。

② 批量储存废弃锂离子电池，储存设施所使用的容器应确保满足其储存要求，保证废弃锂离子电池的外壳完整，避免对环境造成不利影响，建立安全管理和出现危险时的应急机制。

③ 储存于通风良好的干净环境。

④ 不可放置于阳光直晒区域。

⑤ 必须远离可使电池系统外部升温 60℃ 的热源。

⑥ 必须平放于包装箱内。

⑦ 勿摔落电池系统并避免表面撞击。

**3. 污染防治**

① 锂电池的收集、运输、拆解、再生冶炼等活动要严格遵守以上要求。

② 锂电池应当进行回收利用，禁止用其他办法进行处置。

③ 锂电池应当按照危险废物进行管理。

④ 锂电池在收集、运输过程中应当保持外壳的完整，防止发生液体泄漏对环境的污染。

**（二）动力电池系统的检查**

**1. 检查动力电池外观有无磕碰、损坏**

将车辆举升，目测动力电池底部有无磕碰、划伤、损坏的现象。

提示：如发现以上情况应及时予以修理或更换。

**2. 动力电池定期充放电、单体电池一致性测试**

定期对动力电池满充、满放一次。

使用专用检测仪对动力单体电池进行测试。

提示：如发现以上情况应及时予以修理或更换。

**3. 检查 BMS、绝缘电阻、接插件与紧固件情况**

使用专用检测仪器对动力电池 BMS、绝缘电阻进行测试。

目测动力电池高低压插接件变形、松脱、过热、损坏的情况。

提示：如发现以上情况应及时予以修理或更换。

**4. 固定螺栓力矩检测**

螺栓标准力矩：95～105N·m。

### （三）动力电池系统周期保养项目

**1. 绝缘检查（内部）**

目的：防止电箱内部短路；

方法：将电箱内部高压盒插头打开，用绝缘表测试总正、总负对地，阻值≥500Ω；

工具：绝缘表。

**2. 模组连接件检查**

目的：防止螺丝松动，造成故障；

方法：用做好绝缘的扭力扳手紧固（扭力：35N·m），检查完成后，做好极柱绝缘；

工具：扭力扳手。

**3. 电箱内部温度采集点检查**

目的：确保测温点工作正常，采集点合理；

方法：电脑监控温度与红外热像仪温度对比，检查温感精度；

工具：笔记本、CAN 卡、红外热像仪。

**4. 电箱内部除尘**

目的：防止内部粉尘较多，影响通信；

方法：用压缩空气清理；

工具：借助空压机。

**5. 电压采集线检查**

目的：防止电压采集破损，导致测试数据不准；

方法：目测检查电压采集线有无破损；

工具：无。

**6. 标识检查**

目的：防止标识脱落；

方法：目测；

工具：无。

**7. 熔断器检查**

目的：检查熔断器状态是否良好，遇事故时可正常工作；

方法：用万用表二极管挡测量通断；

工具：万用表。

**8. 电箱密封检查**

目的：保证电箱密封良好，防止水进入；

方法：目测密封条或更换密封条；

工具：无。

**9. 继电器测试**

目的：防止继电器损坏，车辆无法正常上高压；

方法：用监控软件启动关闭总正总负继电器；

工具：万用表、笔记本、CAN卡。

**10. 高低压接插件可靠性检查**

目的：确保接插件正常使用；

方法：目测检查是否有松动、破损、腐蚀、密封等情况；

工具：万用表、绝缘表。

**11. 其他电箱内零部件检查**

目的：保证辅助性的部件正常使用；

方法：检查是否有松动、破损、脱落等情况；

工具：螺丝刀、扭力扳手。

**12. 电池包安装点检查**

目的：防止电池包脱落；

方法：目测检查每个安装点焊接处是否有裂纹；

工具：无。

**13. 电池包外观检查**

目的：确保电池包未受到外界因素影响；

方法：目测检查电池包有无变形、裂痕、腐蚀、凹痕；

工具：无。

**14. 保温检查**

目的：确保冬季电池包内部温度；

方法：目测检查电池包内部边缘保温棉是否脱落、损坏；

工具：无。

**15. 电池包高低压线缆安全检查**

目的：确保电池包内部线缆无破损、漏电；

方法：目测电池包内部线缆是否有破损、挤压；

工具：无。

**16. 电芯防爆膜、外观检查**

目的：防止电芯损坏、漏电；

方法：目测检查电芯防爆膜、电芯外观绝缘是否破损；

工具：无。

**17. 电池包内部干燥性检查**

目的：确保电池箱内部无水渍；

方法：打开电池包，目测观察电池箱内部是否有积水，测量电池包绝缘性能；
工具：绝缘表。

**18. 电池加热系统测试**
目的：确保加热系统工作正常，避免冬季影响充电；
方法：电池箱通12V，打开监控软件，启动加热系统，目测风扇是否正常；
工具：12V电源、笔记本、CAN卡。

### 三、动力电池组的拆卸和安装

（一）拆卸前的准备

必须满足一些前提才允许对高电压动力电池单元进行有针对性的修理工作，这些前提条件既涉及人员安全，也包括对特殊工具的要求。

拆卸与分解高压电池单元最重要的特殊工具包括以下。

① 可移动总成升降台以及用于拆卸和安装高电压动力电池单元的适配接头套件。
② 高电压动力电池单元电池模块充电器。
③ 用于修理高电压动力电池单元后进行试运行的专用测试仪。
④ 用于拆卸和安装电池模块的起重工具。
⑤ 用于松开高电压动力电池单元内部卡子的塑料楔。
⑥ 隔离带。
⑦ 建议使用带发光条的黄色警示锥筒。

高电压动力电池单元修理工位必须洁净、干燥、无油脂、无飞溅火花。因此必须避免紧靠车辆清洗场所或车身修理工位。如有可能应使用活动隔板或隔离带进行隔离。警告：只允许具备高电压动力电池单元修理资质的维修人员进行这项工作，而且只有符合检测计划且满足"外部没有机械损伤"前提条件时，才能打开高压动力电池单元并根据检测计划更换损坏组件。

（二）安全注意事项

① 为了防止未经授权进入工位以及无法确保高电压本质安全或出现不明状态时，应使用隔离带。离开工作区域时，建议竖立发光黄色警告提示。
② 拆卸盖板前，应清除高电压动力电池单元盖板区域内的残留水分和杂质。
③ 进行每项工作步骤之前、之时和之后应对作业组件仔细进行直观检查。例如拆卸某一组件时，应检查由此松开的其他组件是否损坏。
④ 在拔下和插上电池管理单元（BMS）的绝缘监控导线时，因为在较细导线上存在高电压，必须特别小心。拔下插头时，须注意不要拉动导线，并注意插头是否正确锁止，如果未正确锁止，可能会无法识别绝缘故障。
⑤ 工作中断时，应盖上拆下的壳体端盖并通过拧入几个螺栓，以防止无意中被打开。
⑥ 在高电压组件、连接件上或在其附近时，不要使用带有尖锐刃口或边缘的工具或物体。例如禁止使用螺丝刀、侧面切刀、刀具等。允许使用装配楔（"鱼骨"）。在12V车载网络导线束上，允许使用侧面切刀打开导线扎带。
⑦ 不允许切开高电压导线上的扎线带。可以松开卡子或将高电压导线连同支架部件一起拆卸。

⑧ 拆卸和安装电池模块时，松开螺栓和进行拆卸时必须注意：不要松开电池模块上的塑料盖板。下面装有导电池接触系统。

⑨ 如果高电压动力电池单元内部有杂质时，明确原因后应对相关部位进行仔细清洁，允许使用以下清洁剂：酒精、风窗玻璃清洗液、玻璃清洗液、蒸馏水、带塑料盖的吸尘器。

⑩ 由于热交换器采用非常扁平的设计结构导致拆卸和安装时损坏风险较高，因此必须始终由两个人来拆卸和安装热交换器。进行热交换器操作时，必须非常谨慎，因为热交换器损坏（弯曲、凹陷）时无法确保能够对电池模块进行冷却。这样会使车辆可达里程和功率明显下降。重新安装前必须使用规定清洁剂清洁密封垫和密封面（排气单元、高电压插头、12V 插头、热交换器接口）。

⑪ 电解液的主要部分结合在固体阴极材料锂镍锰钴氧化物内和固体阳极材料石墨内。高电压动力电池单元内的自由电解液量非常小。出现泄漏情况时可能会释放电解液和溶剂蒸气。接触皮肤或眼睛后需用大量清水进行冲洗并马上就医。发生火灾时主要会产生易燃气体、污浊气体和对健康有害的物质，例如一氧化碳、二氧化碳、氢气和碳氢化合物。注意切勿吸入，应供给充足新鲜空气。呼吸停止时应进行人工呼吸并马上就医。发生火灾时应通知消防部门。立即清理区域并保护事故地点。在不造成人员伤害的情况下进行灭火并使用相应灭火剂（例如水）。

⑫ 穿戴好劳保用品。警告高压操作前，维修人员必须穿戴好劳保用品，戴好绝缘手套，穿好高压绝缘鞋。在戴绝缘手套前，必需要检查绝缘手套是否破损，确保手套绝缘有效。

a. 检查绝缘手套外观有无明显磨损痕迹。

b. 检查绝缘手套密封性：卷起手套边缘；折叠开口，并封住手套开口；向手套内吹气，确认有无空气泄漏；同样的方法检查第二只手套。

c. 确认密封良好后，佩戴绝缘手套。

### （三）北汽 EV160/200 动力电池拆装流程

**1. 动力电池组的拆卸**

① 拆卸电池前，应先断开高低压电，断电前应做好检查与维护的准备工作。

② 将电池举升车推至动力电池正下方，如图 2-37 所示，升起电池举升车，使台面中心与动力电池底部重心位置完全接触。

③ 按对角顺序拆卸动力电池的 10 只安装螺栓。注意：至少分三次使用扭力扳手拆卸螺栓，螺栓位置如图 2-38 所示标号所示。

④ 将拆卸后的动力电池放置到安全位置，不得有扔掷、挤压等造成动力电池系统损坏或人身意外伤害的行为。

**2. 安装步骤**

① 安装前需检查动力电池的外观和零部件（包括

图 2-37 动力电池举升车

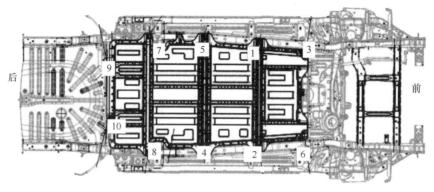

图 2-38 拆卸动力电池螺栓

电源线、插头、延长线、保护器、高低压插接件)是否有异常情况,如有异常情况,停止安装,并重新进行检修。

检查动力电池系统是否破裂损坏,是否漏电或进水;检查电源线、插头、延长线、保护器是否破裂、损坏,是否有过热、冒烟、冒火花或进水的迹象;检查动力电池高低压插接件是否与说明书一致,是否能正常对接。

图 2-39 解码仪检测故障码

② 安装步骤与拆卸步骤相反,螺栓标准力矩为 95~105N·m。

③ 安装完毕后,检查动力电池箱体螺栓是否还有松动,动力电池箱体是否有破损而严重变形,密封法兰是否完整。

④ 最后检查动力电池能否正常运行:将点火开关打开至 Start 挡,检查仪表盘有无异常报警;使用解码仪,检查有无故障码,如图 2-39 所示。若有故障码,需根据故障码的实际情况进行检修。

## 四、动力电池的检查与维护

### (一) 动力电池外部检查与维护

#### 1. 工具准备

安全防护设备、龙门式举升机、EV160/200 整车、车内外三件套、抹布、扭力扳手、绝缘测试仪、绝缘拆装工具。

#### 2. 高压安全防护准备

检查与维护高压部件之前应该先断开高低压电,断电流程如下。

① 关闭点火开关,拔下钥匙,并在车上放置工作牌,如图 2-40、图 2-41 所示。(警告:仪表板显示 READY 表示高压通电,此时切勿拆卸高压部件。)

② 拆下低压蓄电池负极,用绝缘胶带包好,如图 2-42、图 2-43 所示,断开整车低压控制电源。

③ 佩戴绝缘手套,断开车辆动力电池高压维修开关。操作流程如下。

# 第二章
## 电动汽车动力电池及管理系统

图 2-40　拔下钥匙

图 2-41　放置工作牌

图 2-42　拆下低压蓄电池负极

图 2-43　用绝缘胶布包裹

a. 拆卸后排座椅，取下后排座椅地垫，如图 2-44、图 2-45 所示；
b. 拆卸动力电池维修开关螺栓，如图 2-46 所示；
c. 拆卸动力电池维修开关，如图 2-47 所示。

图 2-44　拆卸后排座椅

图 2-45　取下地垫

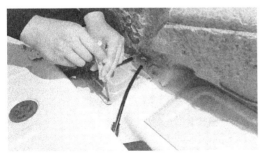

图 2-46　拆卸动力电池维修开关螺栓

图 2-47　拆卸动力电池维修开关

④ 然后静置车辆5min以上，让新能源汽车的高压电容器进行自放电。

⑤ 按举升机操作要求，举升车辆，在举升到需要高度时，锁止举升机，如图2-48所示。

图2-48 举升车辆并锁止

⑥ 佩戴绝缘手套，拆下动力电池总正、总负和低压线束插头，如图2-49、图2-50所示，注意先拆低压插接件。

图2-49 动力电池高低压插接件
1—高压插接件；2—低压插接件

(a) 拆卸动力电池低压插接　　　　　(b) 拆卸动力电池高压插接件

图2-50 拆卸动力电池高低压插接件

拆下动力电池高压插接件后要用万用表进行验电，检查母线侧和电池侧端子是否有残余电荷，如图2-51和图2-52所示。

图 2-51 动力电池母线进行验电

图 2-52 动力电池侧进行验电

如果母线侧有残余电荷，需用放电工具进行放电，如图 2-53 所示。放电完成后需再要验电，确保无残余电荷。

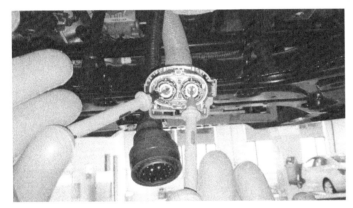

图 2-53 对母线侧进行放电

### 3. 检查与维护动力电池外观

做好高压安全防护准备，并用干布将动力电池箱表面清洁干净后，检查动力电池箱外观是否受到外界因素影响。外观检查与维护内容如下。

① 检查动力电池箱标识是否清晰，有无破损，如图 2-54 所示。

图 2-54 检查动力电池箱标识

② 检查动力电池箱上盖有无裂痕、磕碰、凹陷、凸起等。
③ 检查动力电池箱下托盘边缘有无变形、开裂，底部有无凹陷变形。
④ 检查动力电池箱下托盘压条螺钉有无松动，如图 2-55 所示。
⑤ 检查动力电池箱正、负极引出线附近螺栓有无断裂，如图 2-56 所示。

图 2-55　检查动力电池箱下托盘压条螺钉

图 2-56　检查动力电池箱正、负极引出线附近螺栓

⑥ 检查动力电池采样线接口有无破损。

**4. 检查与维护动力电池箱的密封性能**

目测检查动力电池箱密封条有无裂痕、变形、破损。

**5. 检查与维护动力电池紧固螺栓**

用扭力扳手按规定次序和力矩紧固螺栓，按维修手册要求的力矩紧固螺栓（95～105N·m），如图 2-57 所示。

**6. 检查与维护动力电池外部高低压插接件**

① 目测动力电池高低压插接件连接是否可靠，有无变形、松脱、过热、损坏的情况，如图 2-58 所示。

图 2-57　检查动力电池紧固螺栓

图 2-58　检查动力电池高低压插接件连接

② 检查动力电池高压插接件与高压控制盒输入插接件是否正常；检查动力电池高压插接件与高压控制盒输入插接件是否正常；用电器插件与线束插件是否对插到位、连接是否牢固；插件内插针是否出现退针、插针弯曲等异常现象，如图 2-59 所示。

**7. 检查与维护动力电池的外部绝缘性**

为了避免动力电池漏电，防止线路及内部短路，需要通过检查高压正极、负极搭铁的绝缘电阻来对动力电池高压母线的绝缘性能进行检查。

① 检查正极搭铁绝缘电阻　将绝缘表的黑表笔与车身接触，红表笔测量 1 端子，如图 2-60 和图 2-61 所示。正极绝缘状态为 550MΩ，大于标准值 1.4MΩ，正常；若不合格需修复或更换。

② 检查负极搭铁绝缘电阻　将绝缘表的黑表笔接于车身，红表笔测量 2 端子，如图 2-62 所示。负极绝缘状态为 550MΩ，大于标准值 0.1MΩ，正常；若不合格需修复或更换。

(a) 动力电池高压线束插件

(b) 动力电池高压输出电缆插件

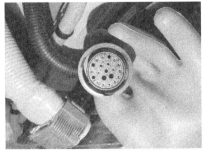
(c) 动力电池低压线束插件

(d) 动力电池低压插件

图 2-59　检查动力电池高低压插接件

图 2-60　动力电池高压输出电缆针脚定义

1—高压负极输出针脚；2—高压正极输出针脚

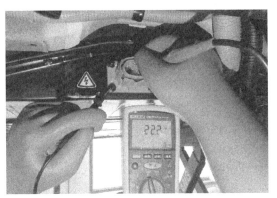

图 2-61　检查高压正极搭铁绝缘电阻

## 8. 检查与维护 CAN 电阻

用万用表欧姆挡测量新能源 CAN H 对新能源 CAN L 电阻，如图 2-63 所示，若阻值为 120Ω 左右，则 CAN 网络电阻正常，否则需要修复或更换。低压端子定义如图 2-64 所示。

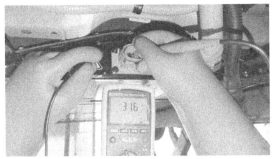

图 2-62　检查高压负极搭铁绝缘电阻

图 2-63　检查 CAN 电阻

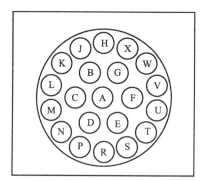

图 2-64 低压端子定义

A—未使用；B—BMS 供电正极；C—Wake Up；D—未使用；E—未使用；F—负极继电器控制；G—BMS 供电负极；H—继电器供电正极；J—继电器供电负极；K—未使用；L—HVIL 信号；M—未使用；N—新能源 CAN 屏蔽；P—新能源 CANH；R—新能源 CANL；S—动力电池内部 CAN H；T—动力电池内部 CAN L；U—快充 CANH；V—快充 CANH；W—动力电池 CAN 屏蔽；X—未使用

### （二）动力电池系统内部的检查与维护

#### 1. 清洁动力电池箱内部

动力电池箱内部粉尘较多，会影响正常通信。使用高压气枪清理动力电池箱内部粉尘。

#### 2. 检查熔断器

用万用表测量熔断器的通断，检查熔断器的状态是否良好，能否正常工作，如损坏应予以更换。

#### 3. 检查加热保险及电流传感器

检查加热保险及电流传感器工作性能，确保车辆正常通电。用万用表测量加热保险及电流传感器是否导通，如图 2-65 所示。如损坏则予以更换。

#### 4. 继电器线圈的检查

总正、总负继电器损坏会导致车辆无法正常通电，因此需对继电器线圈进行检查，如图 2-66 所示。

使用万用表欧姆档检测高压正极和负极继电器的线圈电阻，如损坏应予以更换。

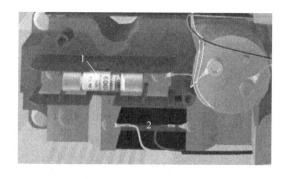

图 2-65 电流传感器与加热保险
1—加热保险；2—电流传感器

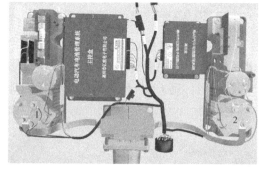

图 2-66 高压正极和负极继电器
1—高压负极继电器；2—高压正极继电器

#### 5. 预充电阻的检查

预充电阻能够限制预充电流的大小，避免电路短路，因此需要对其进行检查，以免直接影响动力电池的性能,如图 2-67 所示。用万用表欧姆挡检测预充电阻的电阻值是否正常,正常阻值为 40Ω 左右,如损坏应予以更换。

**6. 检查与维护内部线缆**

为防止动力电池内部线缆出现故障,影响电动汽车正常通电,检查动力电池插件线缆是否有破损、挤压、漏电等情况,如图 2-68 所示。如有异常,则修复或更换(注意:佩戴绝缘手套)。

图 2-67 检查预充电阻

图 2-68 动力电池内部高压线缆

**7. 检查与维护动力电池模组连接件和安装点**

检查动力电池模组各连接螺栓是否松动,并使用绝缘套筒及扭力扳手紧固,如图 2-69 所示。若未达到要求,则修复或更换。(注意:检查完成后需做好极柱绝缘)

**8. 检查与维护动力电池的保温性能**

检查动力电池内部边缘的保温棉是否有脱落、损坏,如图 2-70 所示。若损坏则需修复或更换。

图 2-69 检查动力电池模组连接件

图 2-70 检查动力电池内部保温性能

**9. 检查与维护动力电池内部干燥性**

目测动力电池箱内部是否有积水,并用绝缘表测量动力电池箱绝缘性能。

**10. 检查与维护电芯防爆膜及外观**

为防止电芯损坏导致漏电影响动力电池性能,检查电芯防爆膜、电芯外观绝缘是否破损,如图 2-71 所示,如有损坏应修复或更换。

**11. 对动力电池箱内部温度采集点检查**

用红外热像仪测量动力电池内部温度,并将该数据与 ECU 监控温度进行对比,检查温度传

图 2-71 检查电芯防爆膜

感器精度。

**12. 检查动力电池加热系统**

将动力电池箱接通 12V 电压,打开专用监控软件,启动加热系统,观察风扇能否正常工作。

**13. 检查动力电池内部绝缘性能**

打开动力电池箱内部高压控制盒插头,用数字绝缘表 DC 500V 挡测试总正、总负搭铁阻值,应大于等于 500Ω/V,若达不到则需要更换。

### 五、动力电池系统故障处理

(一)故障类别

三级故障:表明动力电池性能下降,电池管理系统降低最大允许充/放电电流。

二级故障:表明动力电池在此状态下功能已经丧失,请求其他控制器停止充电或放电;其他控制器应在一定的延时时间内响应动力电池停止充电或放电请求。

一级故障:表明动力电池在此状态下功能已经丧失,请求其他控制器立即(1s 内)停止充电或放电。如果其他控制器在指定时间内未作出响应,电池管理系统将在 2s 后主动停止充电或放电(即断开高压继电器)。

备注:其他控制器响应动力电池二级故障的延时时间建议少于 60s,否则会引发动力电池上报一级故障。

(二)典型故障

**【故障 1】 动力电池高压母线连接故障**

此故障的报出是由于 BMS 检测不到高低压互锁信号所致,所以排查步骤如下。

① 首先用万用表测量线束端的 12V 是否导通,若导通则进入②。

② 检查 MSD 是否松动,重新插拔后若问题依然存在,则进入③。

③ 插拔高压线束,看是否存在接触不良问题,若问题依然存在,则需联系电池工程师进行检测维修。

根据统计,此故障除了软件的误报之外,MSD 没插到位引起的故障占到 70%,高压线束端问题占到 20%,电池内部线束连接出问题的概率很小。

绝缘故障说明:无论电池自身还是电池外电路的高压回路上存在绝缘故障,电池都会上报,直接导致高压断开,在排查时要先断开动力电池与其他线的连接,然后用绝缘表一次测量各部件的绝缘值。建议排查顺序:高压盒、电机控制器、空调压缩机、PTC,如图 2-72 所示。

**【故障 2】 动力电池绝缘故障**

故障现象:仪表板提示动力电池绝缘故障。

排查步骤:首先需要说明,所有高压部分的绝缘性能都由动力电池检测,车控制系统没有高压绝缘检测功能。如果出现绝缘故障,首先需要用绝缘表检测动力电池绝缘性,如果动力电池绝缘阻值达不到规定值(500MΩ),需要进行动力电池维修。

**1. 动力电池绝缘检测方法**

用绝缘表的正极表笔与动力电池的 1 号端子充分连接(图 2-73),负极表笔与动力电池外箱体充分连接,测得的绝缘阻值应大于 500MΩ。再用同样方法测量 2 号端子,阻值同样

图 2-72 动力电池高压母线连接故障的排查

需要大于 500MΩ。

**2. 动力电池输出高压电缆绝缘检测方法**

将绝缘表的正极表笔分别与动力电池输出高压电缆内芯的 A、B 端子充分连接（图 2-74），负极表笔与动力电池高压电缆外壳体充分连接，测得的绝缘阻值均应大于 500MΩ。

**3. 电机控制器与高压控制盒连接电缆的绝缘检测方法**

找到电机控制器与高压控制盒连接的 4 芯电缆，将绝缘表的正极表笔分别与电缆内芯的 A、B 端子充分连接（图 2-75），负极表笔与电缆外壳充分连接，测得的绝缘阻值均应大于 500MΩ。

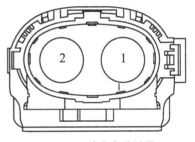

图 2-73 动力电池端子

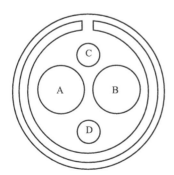

图 2-74 动力电池输出高压电缆端子

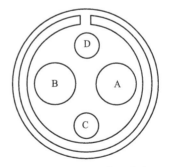

图 2-75 电机控制器高压电缆端子

**4. 电机控制器电缆正极绝缘检测方法**

将绝缘表的正极表笔与电机控制器高压电缆的正极内芯充分连接，将负极表笔与高压电缆的外壳充分连接（图 2-76），测得的绝缘阻值应大于 500MΩ，若低于 500MΩ 则应更换高压电缆。

**5. 电机控制器电缆负极绝缘检测方法**

将绝缘表的正极表笔与电机控制器高压电缆的负极内芯充分连接，将负极表笔与高压电缆的外壳充分连接，测得的绝缘阻值应大于 500MΩ，若低于 500MΩ 则应更换高压电缆。

**6. 高压控制盒 11 芯插件绝缘检测方法**

高压控制盒的 11 芯高压电缆是集成了空调压缩机、车载充电机、DC/DC 及 PTC 的高压线束总成。检测高压线束总成的绝缘阻值时，首先需要令高压线束与各用电器处于完全断开状态，否则无法确定高压线束总成绝缘阻值是否正常。检测时，同样要求各端子与外壳之间的阻值大于 500MΩ。高压控制盒 11 芯插件各端子定义如图 2-77 所示。

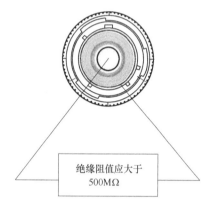

图 2-76　电机控制器电缆绝缘测量方法

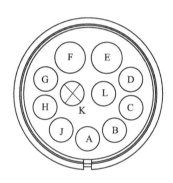

图 2-77　高压控制盒 11 芯插件各端子定义

A—DC/DC 电源正极；B—PTC 电源正极；C—压缩机电源正极；
D—PTC-A 组负极；E—充电机电源正极；F—充电机电源负极；
G—DC/DC 电源负极；H—压缩机电源负极；J—PTC-B 组负极；
K—互锁信号线；L—空引脚

**7. DC/DC 高压线束 4 芯插件绝缘检测方法**

将绝缘表的正极表笔与电缆内芯充分连接，负极表笔与电缆外金属壳充分连接（图 2-78），测得的阻值应大于 500MΩ。

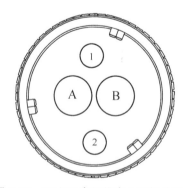

图 2-78　DC/DC 高压线束 4 芯插件端子

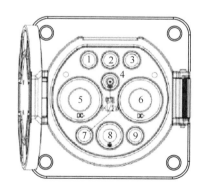

图 2-79　快充接口端子

**8. 快充线束绝缘检测方法**

将绝缘表的正极表笔分别与快充接口的 5、6 端子充分连接（图 2-79），负极表笔与车身搭铁充分连接，测得的绝缘阻值应大于 500MΩ，低于 500MΩ 则判定为绝缘不合格，需要更换快充线束总成。

9. 驱动电机 U、V、W 高压电缆绝缘阻值测量方法

① 车辆在充电或行驶中提示动力电池绝缘故障，在检测其他高压系统绝缘阻值正常的情况下，需检查驱动电机高压电缆绝缘阻值是否正常。检测时，将绝缘表的正极表笔分别与驱动电机的 U、V、W 端子充分连接（图 2-80），负极表笔与驱动电机壳体充分连接，测得的绝缘阻值应大于 500MΩ。如果确定驱动电机绝缘阻值过低，请维修电机。

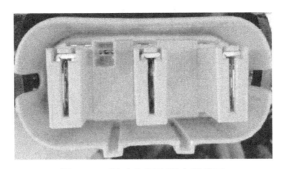

图 2-80 驱动电机高压电缆接口

② 以上绝缘阻值都检测合格后仍偶尔提示绝缘故障，请用上位机进行检查或开箱进行动力电池内部高压主板检测。

【故障 3】 动力电池断电故障检测

故障现象：启动车辆时，仪表板提示动力电池故障（图 2-81），或动力电池高压断开故障（图 2-82）。

图 2-81 动力电池故障灯

图 2-82 动力电池高压断开故障灯

排查步骤如下。

1. **读取故障码**

首先使用北汽新能源专用诊断仪读取故障码，再进行下一步检查。

2. **检查供电熔丝**

检查前舱电器盒内的动力电池低压供电熔丝是否熔断（图 2-83）。

3. **检查动力电池低压供电**

检查熔丝正常后，再进一步检查动力电池低压供电。具体检测方法是：将车辆升起，断开动力电池低压控制插件，打开点火开关至 ON 挡，随后用万用表负极接车身搭铁，正极分别测量动力电池低压控制插件 B、H、L 端子的供电电压（图 2-84），正常情况下应为 12V。

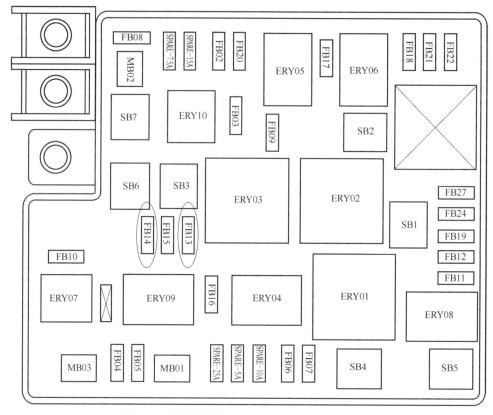

图 2-83 前舱电器盒动力电池低压供电熔丝位置

### 4. 检查电源线通断

如果以上测量无 12V 电源,则需要测量电源线是否有短路、断路现象。测量时,可以使用万用表的通断挡,分别测量动力电池低压控制插件 B、H、L 端子到前机舱电器盒对应端子的通断情况(图 2-85)。如果线束测量正常,则更换前机舱电器盒总成;如果线束有短路或断路现象,则更换低压电机线束。

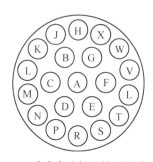

图 2-84 动力电池低压控制插件端子

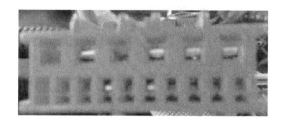

图 2-85 动力电池至前机舱电器盒连接插件

### 5. 检查低压电机与整车控制器的连接

如果动力电池负极继电器未吸合,则检查动力电池低压控制插件 F 端子与整车控制器(VBU)的 97 号端子之间的通断(图 2-86)。如果断路,需要更换低压电机线束;如果导通,则继续检查整车控制器(VBU)以及动力电池负极继电器。动力电池负极继电器的检测必须由动力电池厂家售后工程师进行,其他人员严禁私自拆解动力电池箱进行检查。

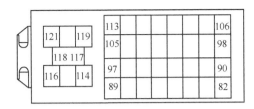

图 2-86 整车控制器的 97 号端子位置

**6. 检查低压唤醒线**

检查动力电池低压控制插件 C 端子与整车控制器（VBU）的 81 号端子之间的通断（图 2-87）。

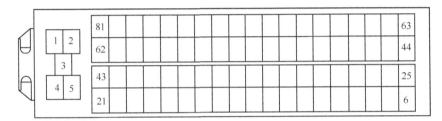

图 2-87 整车控制器的 81 号端子位置

**7. 检测动力电池内部预充电电阻**

将万用表调至电阻挡，两支表笔分别与动力电池低压控制插件的 P、R 端子充分连接，测得阻值应为 120Ω。如果阻值不正确，应联系动力电池厂家售后工程师进行维修。

**8. 检测动力电池低压控制插件搭铁线**

检测动力电池低压控制插件的 G 端子与车身搭铁间是否导通。如不导通，应检查车身搭铁是否锈蚀或虚接，如确定线束断路则需要更换线束。

**9. 检测动力电池低压继电器搭铁线**

检测动力电池低压控制插件的 J 端子与车身搭铁是否导通。如不导通，应检查车身搭铁是否锈蚀或虚接，如确定线束断路，则需要更换低压电机线束。如果线束正常，请联系动力电池厂家售后工程师。

**10. 检查动力电池维修开关和主熔断器**

如果以上整车线束及整车控制器（VBU）的检查都正常，则将动力电池拆下，检查维修开关是否松动。如果未松动，需将维修开关从动力电池上拆下，用万用表测量维修开关主熔断器是否熔断。如果熔断，应联系动力电池厂家售后工程师进行更换。

# 第三章　电动汽车充电系统

## 第一节　电动汽车充电系统的结构原理

电动汽车，特别是纯电动汽车的充电技术，最关键的问题是如何能实现高效率的快速充电。这关系到充电器的容量和性能、电网的承载能力和动力电池的承受能力等。随着动力电池本身充放电速度的不断提高，充电系统的性能也在不断地改进，以满足在多种不同应用情况下的快速充电需求。由于电力的储运和使用比汽油方便得多，充电设备的建造也呈现出多样性和灵活性，既可以为集中式的充电站，也可以设置在道路边、停车场、购物中心等任何方便停车的地方。除了固定充电装置以外，电动汽车还带有车载充电器，可以在夜间利用家里的市电插座进行充电，甚至还可以在用电高峰期把电力逆变后返送回电网。目前，根据不同的汽车动力电池电压和容量、充电速度要求，以及对电网供电容量等因素的考量，固定充电器的容量一般在15～100kW，输出电压一般为50～500V。车载充电器容量则在3kW左右。

### 一、电动汽车充电系统的结构组成

充电系统是动力汽车主要的能源补给系统。图3-1所示为动力汽车充电系统示意图。

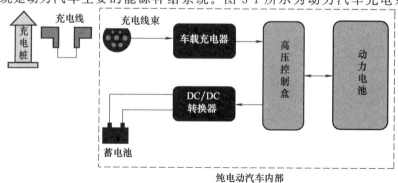

图3-1　充电系统示意图

动力汽车充电系统主要由充电桩、充电线束、车载充电器、高压控制盒、动力电池、DC/DC 转换器、低压蓄电池以及各种高压线束和低压控制线束等组成。

对于纯电动汽车和插电式混合动力汽车，高电压蓄电池充电系统是不可缺少的子系统之一，其功能是将电网的电能转化为车载高电压蓄电池的电能，当高电压蓄电池充满后自动停止充电。高电压蓄电池充电系统主要由充电器、充电设备和车载充电接口三部分组成。

1. **充电器**

充电器是指将电网提供的交直流电能转化为车载高电压蓄电池所需的直流电能的装置（即 AC/DC、DC/DC 整流器）。纯电动汽车和插电式混合动力汽车充电器分为车载充电器（安装在车内）和非车载充电器（安装在充电桩内）两种。

车载充电器是指将 AC/DC 整流器安装在插电式混合动力或纯电动汽车上，采用地面交流电网或车载电源对高电压蓄电池组进行充电的装置，如图 3-2 所示。车载充电器负责与交流电网建立连接并满足车辆充电电气安全要求，此外还通过控制导线与车辆建立通信。这样可以安全启动充电过程并在车辆与车载充电器之间交换充电参数（例如最大电流强度）。

2. **充电设备**

充电设备是指为满足纯电动汽车或插电式混合动力汽车充电而配备的户外使用型供电设备，可固定在停车场、广场及其他便于新能源汽车停靠的地点。充电设备给纯电动汽车或插电式混合动力汽车提供单相或三相交流电源，使用标准非接触式智能卡控制充电开始和结束，并提供过压、欠压、过流、过温、防雷等系统保护功能。

（1）移动充电包　所谓的移动充电包，就是一条充电线，任何有普通电源插口的地方都可以充电，体积和重量均较小，所以使用非常方便，如图 3-3 所示。可将移动充电包放在发动机室盖下方的移动充电包盒内或者后备箱内。由于使用普通家用插座将移动充电包连接到交流电压网络上，因此限制了最大充电电流强度。在我国针对该交流电压网络提供的相关产品型号可使用最大电流强度 16A 或最大充电功率 3.7kW，属于车载慢充系统，从计算角度来说，使之前完全放电的插电式混合动力与纯电动汽车高电压蓄电池重新充满电大约需要持续 7h。为减少数小时计的最大充电功率使用时间，不允许以最大充电电流进行充电。因此实际充电持续时间更长。

图 3-2　车载充电器

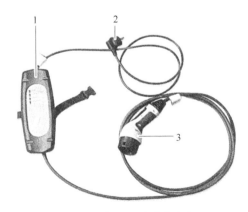

图 3-3　宝马 i3 移动充电包

1—电动车辆供电设备（集成型，又称"集成式电缆箱"）；
2—用于连接家用插座的插头；3—用于连接车辆的插头

需要注意的是使用家用插座为新能源汽车充电时，也需要考虑插座及线路的承受能力，如果采用一些伪劣产品的插座，也可能导致充电插座烧毁、线路烧熔等安全隐患。

（2）固定充电桩　插电式混合动力与纯电动汽车供电设备型号根据其尺寸和电气要求必须以固定方式进行安装，例如客户屋内或车库内；在公共场所（例如停车场）也可以设立这种充电桩。固定安装式充电桩设备（又称为"充电桩"）分为交流电充电桩和直流电充电桩。

交流电充电桩可通过两相（在美国普及）或三相（在德国普及）方式将交流电充电桩连接至交流电压网络，但始终通过单相方式与新能源汽车充电接口进行连接。在我国，固定安装式交流电充电桩包括落地式和挂壁式两种，如图 3-4 所示。与移动充电包不同，在此最大电流强度可为 32A，最大充电功率可为 7.4 kW，这些最大值由电气安装所用导线横截面大小所决定。进行安装时，电气专业人员根据导线横截面进行充电桩配置，从而确保可通过控制信号将相应最大电流传输至车辆。

(a) 落地式充电桩

(b) 挂壁式充电桩

图 3-4　固定式交流电充电桩

在美国，充电电缆与交流电充电站之间不允许使用插接连接件。因此客户无法断开充电电缆与交流电充电站的连接。

直流电充电桩是固定安装式充电桩的另一种形式。与交流电充电桩不同，在直流电充电桩内已将交流电压转化为直流电压。因此在新能源汽车上无需通过车载充电器将交流电压转化为直流电压。直流电充电桩通常可提供远高于交流电充电桩的充电功率，因此通过直流电充电桩可更加迅速地为高电压蓄电池充电。

3. 车载充电接口

插电式混合动力与纯电动汽车车载充电可分为快充和慢充，为了保证充电迅速且高效，使用特定的充电接口进行充电，像在传统车辆上必须打开燃油箱盖一样，按压充电接口盖或操作遥控钥匙开锁按钮从而使充电接口盖开锁。此外，充电时需要保证整车防水密封性要求，通过另一个端盖防止真正的充电接口受潮或弄脏，如图 3-5 所示，并且要保证车载充电接口能够承受瞬时大电流的充电过程。

车载充电接口一般设置在车辆的侧面（原加油口位置）和前面（车标后面），不同厂家在充电接口位置设置时略有不同。比亚迪 E6 电动汽车车载充电接口安装在左侧面外板上，如图 3-6 所示。可以用直流充电桩给汽车进行充电，以 100A 或 30A 的充电电流给高压蓄电池充电（连接图中左侧充电接口）；也可以用充电桩或家用 220V 交流充电（连接图中右侧充电接口）。

图 3-5　充电口防潮保护装置

## 二、电动汽车充电方法与充电模式

### (一) 电动汽车充电方法及特点

电动汽车充电方式主要有常规充电方式、快速充电方式、电池更换方式、无线充电方式及未来其他前沿技术等。

#### 1. 常规充电方式

常规充电方式采用恒压、恒流的传统充电方式对电动汽车进行充电,相应充电机的工作和安装成本相对比较低,电动汽车家用充电设施(车载充电机)和小型充电站多采用这种充电方式。

车载充电机是电动汽车的一种最基本的充电设备,如图 3-7 所示。充电机作为标准配置固定在车上或放在后备厢里。由于只需将车载充电机的插头插到停车场或家中的电源插座上即可进行充电,因此充电过程一般由客户自己独立完成,直接从低压照明电路取电,充电功率较小,由 220V/16A 规格的标准电网电源供电。典型的充电时间为 810h(SOC 值达到 95% 以上)。这种充电方式对电网没有特殊要求,只要能够满足照明要求的供电质量就能够使

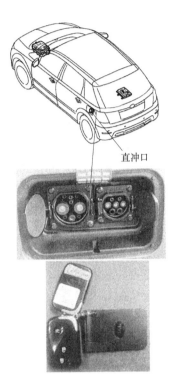

图 3-6 比亚迪 E6 车载充电接口

用。由于在家中充电通常是晚上或者是在用电低谷期,有利于电能的有效利用。

小型充电站是电动汽车的一种最重要的充电方式,如图 3-8 所示,充电桩设置在街边、超市、办公楼、停车场等处。采用常规充电电流给电动汽车充电,驾驶员只需将车停靠在充电站指定的位置上,接上电线即可开始充电。计费方式是投币或刷卡,充电功率一般在 5~10kW,采用三相四线制 380V 供电或单相 220V 供电。其典型的充电时间是:补电 1~2h,充满 5~8h(SOC 值达到 95% 以上)。

图 3-7 车载充电机充电方式

图 3-8 小型充电站充电方式

常规充电方式主要优点:充电技术成熟,技术门槛低,使用方便,容易推广普及;充电设施配置简单,占地较小,投资少;电池充电过程缓和,电池能够深度充满;充电时电池发热温和,不易发生高温短路或爆炸危险,安全性较高;接口和相关标准较低;充电功率相对低,对配电网要求降低,基础设施配套需求小,一般选择夜间充电可避开傍晚用电

高峰期,节能效果较好。

常规充电方式主要缺点:充电时间长,续驶里程有限,使用受到限制;用于有慢速充电需求的停车场所,如住宅小区停车场、社会公共停车场等。

**2. 快速充电方式**

快速充电方式以150~400A的高充电电流在短时间内为蓄电池充电,与常规充电方式相比,安装成本相对较高。快速充电也可称为迅速充电或应急充电,其目的是在短时间内给电动汽车充满电,大型充电站(机)多采用这种充电方式。

大型充电站(机)的快速充电方式如图3-9所示,它主要针对长距离旅行或需要进行快速补充电能的情况进行充电,充电机功率很大,一般都大于30kW,采用三相四线制380V供电。其典型的充电时间是10~30min。这种充电方式对电池寿命有一定的影响,特别是普通蓄电池不能进行快速充电,因为在短时间内接受大量的电量会导致蓄电池过热。快速充电站的关键是非车载快速充电组件,它能够输出35kW甚至更高的功率。由于功率和电流的额定值都很高,因此这种充电方式对电网有较高的要求,一般应靠近10kV变电站附近或在监测站和服务中心中使用。

图3-9 大型充电站(机)的快速充电方式

快速充电方式主要优点:技术较为成熟,接口标准要求较低,充电速度快,能够增加电动汽车长途续航能力,是一种有效的补充方案。

快速充电方式主要缺点:充电功率较大,接口和用电安全提高,电池散热成为重要因素;电池不能深度充电,一般为电池容量的80%左右,容易损害电池寿命,需要承担更多的电池折旧成本;短时用电消耗大,对配电网要求较高,基础设施配套需求巨大。

**3. 更换电池充电方式**

除了以上几种充电方式外,还可以采用更换电池组的方式,即在蓄电池电量耗尽时,用充满电的电池组更换已经耗尽的电池组。电动汽车用户把车停在一个特定的区域,然后用更换电池组的机器将耗尽的蓄电池取下,换上已充满电的电池组。由于电池更换过程包括机械更换和蓄电池充电,因此有时也称它为机械"加油"或机械充电。电池更换站同时具备正常充电站和快速充电站的优点,也就是说可以用低谷电给蓄电池充电,同时又能在很短的时间内完成"加油"过程。通过使用机械设备,整个电池更换过程可以在10min内完成,与现有的燃油车加油时间大致相当。

电池更换方式主要优点:电池更换时间接近传统的加油站加油;用户只需购买裸车,

电池采用租赁的方式,大幅降低了车辆价格;采用适合的充电方式保证电池的健康以及电池效能的发挥,电池集中管理便于集中回收和维护,减小环境污染;选择夜间用电低谷时段慢速充电,降低服务机构运行成本,对电网起到"错峰填谷"作用。

电池更换方式主要缺点:基础设施建设成本较高,占用场地大电网配套要求高;需解决电动汽车更换电池方便的问题,如电池设计安装位置、电池拆卸难易程度等;需要电动汽车行业众多标准的严格统一,包括电池本身外形和各项参数的标准化,电池和电动汽车接口的标准化,电池和外置充电设备接口的标准化等;电池更换容易导致电池接口接触不良等问题,对电池及车辆接口的安全可靠要求提高;电池租赁带来的资产管理、物流配送、计价收费等一系列问题,运作复杂性和成本提高。

### 4. 无线充电方式

无线充电方式包括电磁感应式、磁场共振式、无线电波式三种方式。电动汽车非接触充电方式的研究目前主要集中在感式充电方式,不需要接触即可实现充电。目前,日产和三菱都有相关产品推出,其原理是采用可在供电线圈和受电线圈之间提供电力的电磁感应方式,即将一个受电线圈装置安装在汽车的底盘上,将另一个供电线圈装置安装在地面,当电动汽车驶到供电线圈装置上,受电线圈即可接收到供电线圈的电流,从而对电池进行充电。

相对于电动汽车的有线充电而言,无线充电具有使用方便、安全、可靠,没有电火花和触电的危险,无积尘和接触损耗,无机械磨损,没有相应的维护问题,可以适应雨、雪等恶劣的天气和环境等优点。无线充电技术用于电动汽车充电可以降低人力成本、节省空间、不影响交通视线等。如果可以实现电动汽车的动态无线充电,则可以大幅减少电动汽车配备的动力电池容量,从而减轻整车重量,降低电动汽车的运行成本。

有了无线充电技术,公路上行驶的电动汽车或双能源汽车可通过安装在电线杆或其他高层建筑上的发射器快速补充电能。电费将从电动汽车上安装的预付卡中扣除。

电动汽车无线充电示意图如图 3-10 所示。

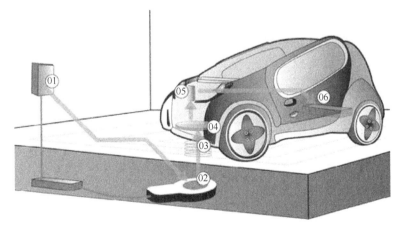

图 3-10 电动汽车无线充电示意图

### 5. 移动式充电方式

对电动汽车蓄电池而言,最理想的情况是汽车在路上巡航时充电,即所谓的移动式充电(MAC)。这样,电动汽车用户就没有必要去寻找充电站、停放车辆并花费时间去充电了。MAC 系统埋设在一段路面之下，即充电区，不需要额外的空间。

接触式和感应式的 MAc 系统都可实施。对接触式的 MAc 系统而言，需要在车体的底部装一个接触拱，通过与嵌在路面上的充电元件相接触，接触拱便可获得瞬时高电流。当电动汽车巡航通过 MAc 区时，其充电过程为脉冲充电。对于感应式的 MAc 系统，车载式接触拱由感应线圈所取代，嵌在路面上的充电元件由可产生强磁场的高电流绕组所取代。很明显，由于机械损耗和接触拱的安装位置等因素的影响，接触式的 MAc 系统对人们的吸引力不大。

（二）电动汽车常见充电模式

充电是电动汽车使用过程中必不可少的环节，充电快慢影响着电动车使用者的出行规律。根据电动车动力电池组的技术特性和使用性质，在国际标准 IEG61851-1 中（IEG 为国际电工委员会）规定了不同的充电模式。表 3-1 汇总了各种充电模式的重要参数。

表 3-1 电动汽车充电模式

| 充电类型 | 充电模式 | 额定电压电流 | 与车辆通信 | 充电插头连接 |
| --- | --- | --- | --- | --- |
| 交流充电 | 充电模式一 | 220V AC/16A | 无 | 插座 |
|  | 充电模式二 | 220V AC/（8～16A） | 通过充电电缆内的模块 | 插座 |
|  | 充电模式三 | 220V AC/（16～63A） | 通过充电站内的模块 | 交流充电桩 |
| 直流充电 | 充电模式四 | 380V AC/（30～300A） | 通过充电站内的模块 | 非车载充电机(柜) |

根据充电电流大小及充电方式的异同，交流充电可以分为三种充电模式，各厂家不同模式对应不同的充电导线或不同颜色的插头。

1. 充电模式一

由于家用充电插座内不带控制导线和接近导线，充电模式一（图 3-11）无法与车辆建立通信，充电时无法限制，且无法确认最大电流强度，所以大部分厂家都不采用。

图 3-11 充电模式一

1—普通家用插座；2—用于普通家用插座的插头；3—保护开关；
4—充电电缆；5—充电插头；6—车辆上的充电接口

2. 充电模式二

纯电动汽车与插电式混合动力汽车车载充电器负责与交流电压网络建立连接并满足车辆充电电气安全要求，此外还通过控制导线与车辆建立通信。这样可以安全启动充电并在车辆与车载充电器之间交换充电参数（例如最大电流强度）。采用随车配备的便携式移动充电包进行充电，一般采用充电模式二（图 3-12），可使用家用电源或厂家专用充电桩电源。

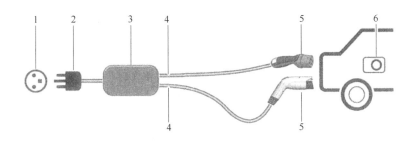

图 3-12 充电模式二

1—普通家用插座；2—用于普通家用插座的插头；3—集成式电缆箱；4—充电电缆；
5—充电插头（欧规和美规）；6—车辆上的充电接口

充电电流较小一般在 8~16A 左右，电流可两相交流电和三相交流电，因此依据电池组容量大小，充电时间为 5~8h。

由于使用普通家用插座将集成式电缆箱连接到交流电压网络上，因此限制了最大充电电流强度。值得注意的是，一般家用插座为 10A，16A 插头并不通用，需要用电热水器或空调的插座。电源线上的插头有标明该插头是 10A 或 16A。充电模式二适用非常广泛，可设立在家里、公共停车场与公共充电站等地方。因充电时间较长，可满足白天运作、晚上休息的车辆。

3. 充电模式三

在充电站还没有全面普及的情况下，公共充电桩或厂家充电机很大程度上解决了纯电动汽车或插电式混合动力汽车在公共场合充电难的问题。通过厂家充电机或充电桩进行交流充电时，一般采用充电模式三（图 3-13）。

交流充电桩充电需要通过充电模式三的充电插头进行车辆连接（图 3-14）。在美国充电电缆与交流电充电站/充电桩之间不允许使用插接连接件。因此用户无法断开充电电缆与交流电充电站/充电桩的连接。

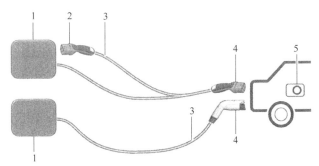

图 3-13 充电模式三

1—充电机或充电桩；2—充电插头（欧规）；3—充电电缆；
4—用于连接车辆的充电插头（欧规和美规）；5—车辆上的充电接口

4. 充电模式四

直流充电桩主要用于对纯电动汽车进行快速充电，需要通过充电模式四的充电插头进行车辆连接（图 3-15）。直流充电桩实质上为应急充电模式，其目的是短时间内给电动汽车充电。高功率、高电压的工作条件使得直流充电桩仅存在大型充电站或公路旁作为应急使

图 3-14 交流充电桩充电

图 3-15 直流充电桩（充电模式四）

用。总体使用层面来说，并不建议常使用直流充电桩进行充电。直流充电桩仅部分车型支持，如特斯拉、比亚迪 E6、北汽新能源 E150/200、启辰晨风和荣威 E50。快速充电模式的电流和电压一般在 150～400A 和 200～750V，充电功率大于 50kW。此种方式多为直流供电方式，地面的充电机功率大，输出电流和电压变化范围宽。

虽然快速充电的充电速度非常高，其充电时间接近内燃机注入燃油的时间。可是充电设备安装要求和成本非常高，并且快速充电的电流电压较高，短时间内对电池的冲击较大，容易令电池的活性物质脱落和电池发热，因此对电池散热方面要求更高，并不是每款车型都可快速充电。无论电池再完美，长期快速充电终究影响电池的使用寿命。

（三）充电连接装置及连接方式

电动汽车充电时，连接电动汽车和电动汽车供电设备的组件，除电缆外，还可能包括供电接口、车辆接口、缆上控制保护装置和帽盖等部件。充电连接装置示意图如图 3-16 所示。

连接方式指的是使用电缆和连接器将电动汽车接入电网（电源）的方法。

### 1. 连接方式 A

将电动汽车和交流电网连接时，使用和电动汽车永久连接在一起的充电电缆和供电插头，如图 3-17 所示。

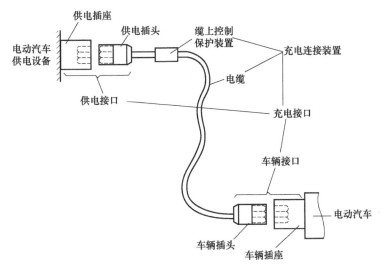

图 3-16 充电连接装置示意图

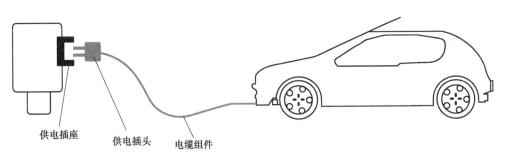

图 3-17 连接方式 A

注：电缆组件是车辆的一部分。

## 2. 连接方式 B

将电动汽车和交流电网连接时，使用带有车辆插头和供电插头的独立的活动电缆组件，如图 3-18 所示。

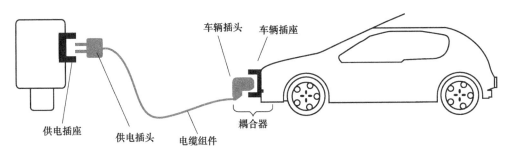

图 3-18 连接方式 B

注：可拆卸电缆组件不是车辆或者充电设备的一部分。

## 3. 连接方式 C

将电动汽车和交流电网连接时，使用和供电设备永久连接在一起的充电电缆和车辆插头，如图 3-19 所示。

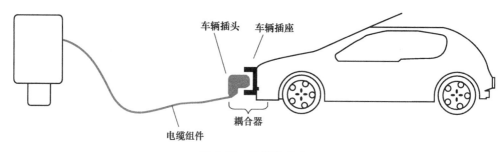

图 3-19 连接方式 C

注：电缆组件是充电设备的一部分。

连接方式 A、连接方式 B、连接方式 C 适用于模式三。仅连接方式 C 适用于模式四。

### 三、电动汽车充电系统的工作原理

以北汽新能源 EV 系列电动汽车为例，介绍充电系统的结构组成与工作原理。

#### （一）充电系统低压设计的功能

纯电动汽车充电系统低压部分主要是用于低压供电及控制信号。

**1. 车载充电器相关低压部分**

12V 电源（低压蓄电池）供电：供充电过程中 BMS、VCU、仪表等用电。

CAN 通信：BMS 通过 CAN 通信控制车载充电器工作状态。

CAN 网络系统，如图 3-20 所示。

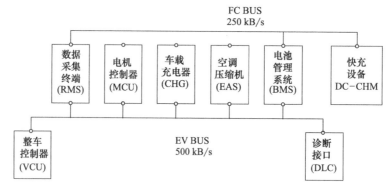

图 3-20 充电系统相关的 CAN 网络结构示意图

**2. DC/DC 转换器低压部分**

通过使能控制 DC/DC 转换器开关机，12V 电源提供整车低压系统用电。

低压充电系统控制方式，如图 3-21 所示。

**3. 其他相关的低压部分**

如充电接口相关低压部分等。

#### （二）慢充和快充控制策略

**1. 充电系统控制过程**

作为纯电动汽车的核心，动力电池的充电过程由 BMS 进行控制及保护。

车载充电器工作状态及指令均由 BMS 发出的指令进行控制，包括工作模式指令、动力

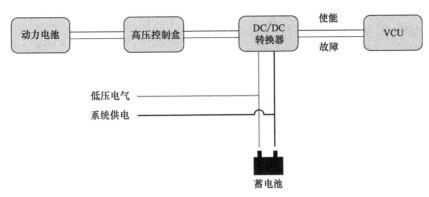

图 3-21 低压充电系统控制方式

电池允许最大电压、充电允许最大电流、加热状态电流值。

快充和慢充的流程均为：采用恒流—恒压充电方法，在不同温度范围内以恒定电流充电至动力电池组总电压或最高单体电压达到此温度条件下的规定电压值，以恒定电压充电至电流小于0.8A后停止充电。

慢充控制顺序，如表3-2所示。

表3-2 慢充控制顺序

| 顺序 | 车载充电器 | 动力电池及BMS | VCU、仪表及数据采集终端 |
|---|---|---|---|
| 1 | 220V上电 | 待机 | 待机 |
| 2 | 12V低压供电等待指令 | 唤醒 | |
| 3 | 接收指令并执行加热流程 | BMS检测电池状态并发送加热指令 | 唤醒 |
| 4 | 接收指令并停止工作 | BMS监控电池温度并发送停止指令 | |
| 5 | 接收指令并执行充电流程 | BMS待充电器反馈后发送充电指令 | |
| 6 | 接收指令并停止工作 | BMS监控电池状态并发送完成指令 | |
| 7 | 完成后1min控制充电桩结算 | 待机 | 待机 |

**2. 充电温度与充电电流的要求**

快充采用地面充电桩充电，快充充电温度与充电电流要求（非车载充电器模式下充电要求），如表3-3所示。

表3-3 快充充电温度与充电电流要求

| 温度 | <5℃ | 5~15℃ | 15~45℃ | >45℃ |
|---|---|---|---|---|
| 可充电电流 | 0A | 20A | 50A | 0A |
| 备注 | | 恒流充电至343V/3.5V以后转为恒压充电方式 | | |

慢充充电温度与充电电流要求（车载充电器模式下充电要求），如表3-4所示。

表3-4 慢充充电温度与充电电流要求

| 温度 | <0℃ | 0~55℃ | >55℃ |
|---|---|---|---|
| 可充电电流 | 0A | 10A | 0A |
| 备注 | | 当电芯最高电压高于3.6V时，降低充电电流到5A；当电芯电压达到3.7V时，充电电流为0A，请求停止充电 | |

**（三）快充模式充电系统组成和原理**

**1. 快充模式充电系统组成**

在快充模式下，充电系统主要由充电桩（直流快充桩）、快充接口、高压控制盒、动力电池、整车控制器、高压线束和低压控制线束等组成。

**2. 快充模式充电系统结构原理**

快充模式充电系统结构原理,如图3-22所示。

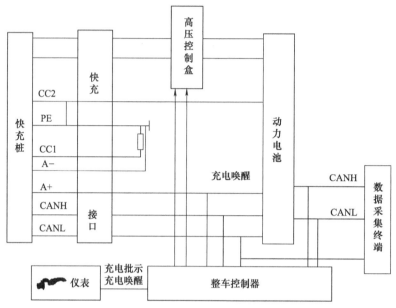

图3-22 快充模式充电系统结构原理

整车控制器是快速充电功能的主控模块。将快速充电接口由充电桩连接至车辆快充接口以后,整车控制器通过CC线判断充电接口已经正确连接,并启用唤醒线路唤醒车辆内部充电系统电路及部件。整车控制器通过输出高压接触器接通指令至高压控制盒,实现快速充电桩与动力电池之间高压电路的接通。接通并实现充电时,整车控制器向仪表输出正在充电的显示信息。

**3. 充电条件要求**

① 充电线连接确认信号正常。

② BMS供电电源正常(12V)。

③ 充电唤醒信号输出正常(12V)。

④ 充电桩、VCU、BMS之间通信正常(主继电器闭合、发送电流强度需求)。

⑤ 动力电池电芯温度在5~45℃。

⑥ 单体电池最高电压与最低电压之差小于0.3V(300mV)。

⑦ 单体电池最高温度与最低温度之差小于15℃。

⑧ 绝缘阻值大于20MΩ。

⑨ 实际单体最高电压不高于额定单体电压0.4V。

⑩ 高、低压电路连接正常(远程开关处于关闭状态)。

**(四)慢充模式充电系统组成和原理**

**1. 慢充模式充电系统组成**

在慢充模式下,充电系统主要由供电设备(充电桩)、慢充接口、车载充电器、高压控制盒、动力电池、整车控制器(VCU)、高压线束和低压控制线束等组成。

**2. 慢充模式充电系统结构原理**

慢充模式充电系统结构原理，如图 3-23 所示。

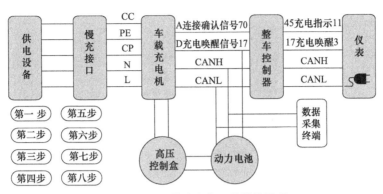

图 3-23 慢充模式充电系统结构原理

充电枪连接通过车载充电机（充电器）反馈到整车控制器，再唤醒仪表显示连接状态（负触发）；充电机同时唤醒整车控制器和动力电池管理模块（正触发），整车控制器唤醒仪表起动显示充电状态（负触发）；正、负主继电器由整车控制器发出指令，并由动力电池管理模块控制闭合。

慢充模式充电系统工作电路，如图 3-24 所示，充电桩通过 CC 连接确认信号后，把 S1 开关从 12V 端切换到 PWM 端；当检测点 1 电压降到 6V 时，充电桩 K1/K2 开关闭合，输出电流。

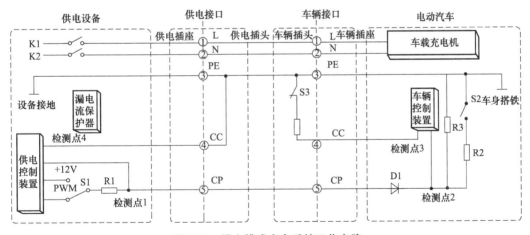

图 3-24 慢充模式充电系统工作电路

**3. 充电控制流程**

充电控制流程如图 3-25 所示。

① 交流供电。

② 充电唤醒。

③ BMS 检测充电需求。

④ BMS 给车载充电机发送工作指令并闭合继电器。

⑤ 车载充电机开始工作，进行充电。

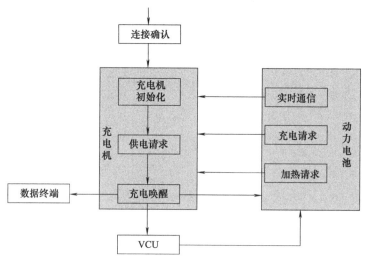

图 3-25　慢充模式充电控制流程

⑥ 电池检测充电完成后，给车载充电机发送停止指令。

⑦ 车载充电机停止工作。

⑧ 电池断开继电器。

**4. 充电条件要求**

① 充电线连接确认信号正常。

② 充电机供电电源正常（含 220V 和 12V）及充电机工作正常。

③ 充电唤醒信号输出正常（12V）。

④ 充电机、VCU、BMS 之间通信正常（主继电器闭合、发送电流强度需求）。

⑤ 动力电池电芯温度在 0~45℃。

⑥ 单体电池最高电压与最低电压之差小于 0.3V（300mV）。

⑦ 单体电池最高温度与最低温度之差小于 15℃。

⑧ 绝缘阻值大于 20MΩ。

⑨ 实际单体最高电压不高于额定单体电压 0.4V。

⑩ 高、低压电路连接正常（远程控制开关处于关闭状态）。

## 第二节　电动汽车充电系统的检修

### 一、北汽新能源汽车充电系统简介

EV160/200 充电系统主要包含外部的充电桩、充电线和充电枪，还有纯电动汽车内部的车载充电机、高压控制盒、动力电池和 DC/DC 变换器等，其框架结构如图 3-26 所示。

（一）充电方式

充电系统是新能源汽车主要的能源补给系统，充电方式通常有慢充、快充以及再生制

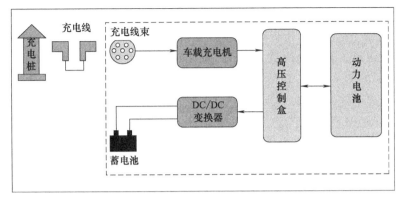

图 3-26 北汽 EV160/200 充电系统结构框图

动时的能量回收等几种方式，图 3-27 所示为对电动汽车进行充电的示意图、车辆慢充接口插座和车辆快充接口插座。

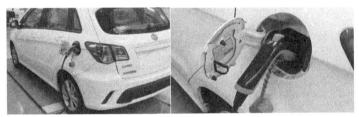

(a) 电动汽车进行充电示意图

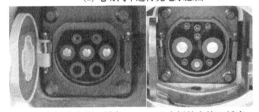

(b) 车辆慢充接口插座　　(c) 车辆快充接口插座

图 3-27 充电示意图和接口插座

北汽新能源汽车依靠外接电网（电源）进行充电的时候，充电系统有常规充电和快速充电，也称为慢充和快充。

**1. 慢充系统**

慢充系统构成简图如图 3-28 所示。

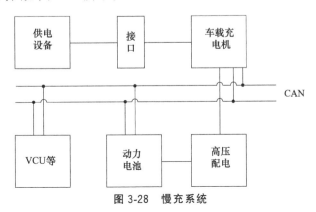

图 3-28 慢充系统

慢充系统是纯电动汽车充电系统的核心之一，动力电池的充电过程由 BMS 进行控制及保护。车载充电机工作状态及指令均由 BMS 发出的指令进行控制，包括工作模式指令、动力电池允许最大电压、充电允许最大电流、加热状态电流值。慢充系统低压与控制方式如图 3-29 所示。

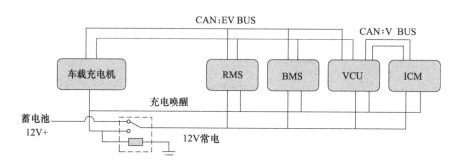

图 3-29　慢充系统低压与控制方式

低压充电系统控制方式如图 3-30 所示。

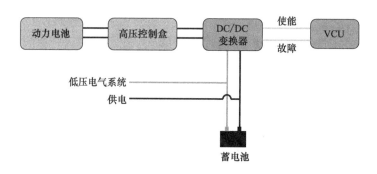

图 3-30　低压充电系统控制方式

**2. 快充系统**

快充系统构成简图如图 3-31 所示。

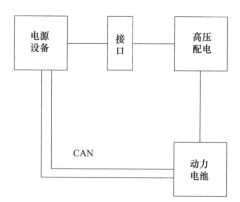

图 3-31　快充系统构成简图

（二）车载充电机

车载充电机（On-board Charger）是指固定安装在电动汽车上，将公共电网的电能变换为车载储能装置所要求的直流电，并给车载储能装置充电的装置。EV160/200 车载充电机如图 3-32 所示。

电动汽车车载充电机是采用高频开关电源技术，主要功能是将交流 220V 市电转换为高压直流电给动力电池进行充电，保证车辆正常行驶。同时车载充电机提供相应的保护功能，包括过压、欠压、过流、欠流等多种保护措施，当充电系统出现异常时及时切断供电。

车载充电机，相对于传统工业电源，具有效率高、体积小、耐受恶劣工作环境等特点。

EV160/200 车载充电机外形及技术参数如图 3-33 所示。

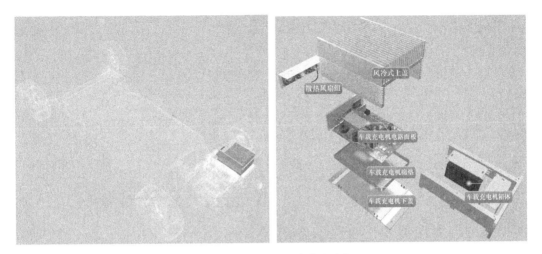

图 3-32　EV160/200 车载充电机

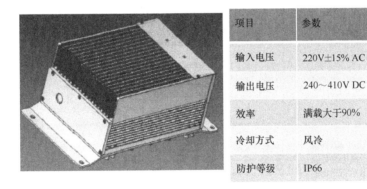

| 项目 | 参数 |
|---|---|
| 输入电压 | 220V±15% AC |
| 输出电压 | 240～410V DC |
| 效率 | 满载大于90% |
| 冷却方式 | 风冷 |
| 防护等级 | IP66 |

图 3-33　EV160/200 车载充电机外形及技术参数

车载充电机由交流输入接口、功率单元、控制单元、直流输出接口等部分组成，充电过程中由车载充电机提供电池管理系统、充电接触器、仪表盘、冷却系统等低压用电电源，如图 3-34 所示。

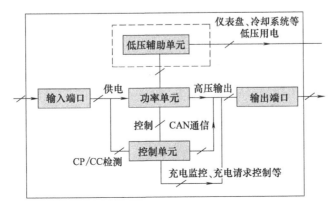

图 3-34　车载充电机的基本构成

北汽 EV160/200 车载充电机及其相关部件电路连接原理如图 3-35 所示。

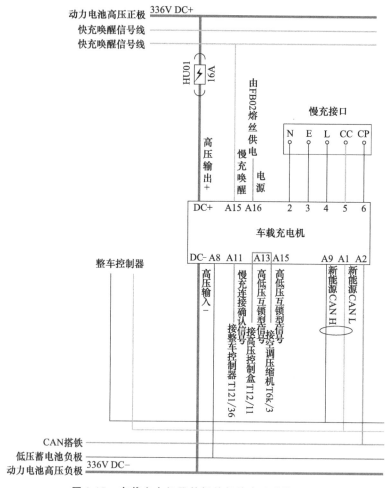

图 3-35 车载充电机及其相关部件电路连接原理

## （三）高压部件

DC/DC 变换器（DC/DC converter），有的简称 DC/DC。直流电用英文字母 DC（direct current）来表示，交流电用英文字母 AC（alternating current）来表示。DC/DC 变换

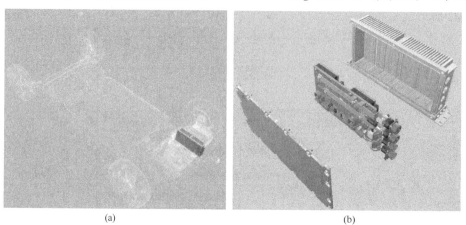

图 3-36 EV160/200 DC/DC 的位置和结构

器的功用是将一定电压的直流电转换为另一种电压的直流电。对于纯电动汽车来说，DC/DC 变换器的功用相当于传统车的发电机，将动力电池的高压电转为低压电，给蓄电池及低压系统供电，具有效率高、体积小、耐受恶劣工作环境等特点。EV160/200 DC/DC 的位置和结构如图 3-36 所示，其外形及性能参数如图 3-37 所示。

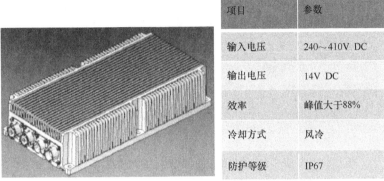

| 项目 | 参数 |
| --- | --- |
| 输入电压 | 240～410V DC |
| 输出电压 | 14V DC |
| 效率 | 峰值大于88% |
| 冷却方式 | 风冷 |
| 防护等级 | IP67 |

图 3-37　EV160/200 DC/DC 变换器的外形及性能参数

EV160/200 DC/DC 保护功能如表 3-5 所示。

表 3-5　EV160/200 DC/DC 保护功能

| 项　目 | 备　注 |
| --- | --- |
| 输入欠压 | 保护点：(190±10)VDC，恢复点：(210±10)VDC |
| 输入过压 | 保护点：(430±10)VDC，恢复点：(410±10)VDC |
| 输出欠压 | 6～7VDC，关机保护。可自动恢复 |
| 输出过压 | 17.5～18.5VDC，关机保护。可自动恢复 |
| 过温保护 | 内部温度达到(85±2)℃，开始降额输出；温度超过(100±5)℃，关机；温度低于(85±2)℃，可自动恢复 |
| 过流保护 | (110±10)A |
| 输出短路保护 | 关机。故障解除，可自动恢复 |
| DC/DC 内部故障 | 关机锁死 |

## 1. DC/DC 线路连接及端子定义

EV160/200 DC/DC 的线路连接如图 3-38 所示。

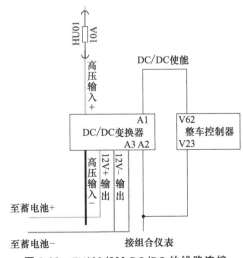

图 3-38　EV160/200 DC/DC 的线路连接

EV160/200DC/DC 的端子定义如图 3-39 所示。

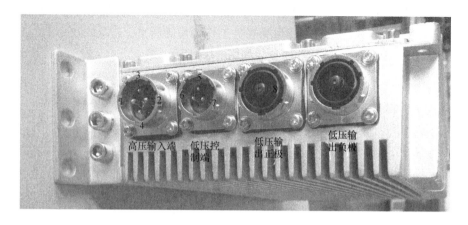

图 3-39 EV160/200 DC/DC 的端子定义

1—高压输入端（电源正极）；2—高压输入端（电源负极）；3、4—高压互锁短接端子；5—低压控制端，控制电路电源正兼使能（直流 12V 启动，0～1V 关机）；6—电源状态信号输出（故障线，故障：12V 高电平；正常：低电平）；7—控制电路电源

### 2. DC/DC 工作流程

EV160/200 纯电动汽车 DC/DC 工作流程如下。

① 整车 ON 挡上电或充电唤醒上电。
② 动力电池完成高压系统预充电流程。
③ VCU 发给 DC/DC 变换器使能信号。
④ DC/DC 变换器开始工作。

### 3. 整车高压线束分布

北汽新能源 EV200 纯电动汽车整车共分为 5 段高压线束。

（1）动力电池高压电缆　连接动力电池到高压控制盒之间的线缆，如图 3-40 所示。

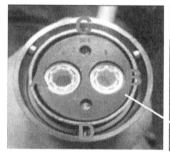　　

(a) 接高压控制盒端　　　　(b) 中间互锁端子　　　　(c) 接动力电池端

图 3-40 动力电池电缆

A—电源负极；B—电源正极；C—互锁线短接；D—互锁线短接

1—电源负极；2—电源正极

（2）电机控制器电缆　连接高压控制盒到电机控制器之间的线缆，如图 3-41 所示。

 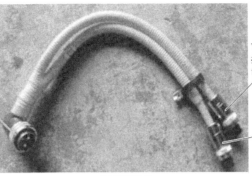

(a) 接高压控制盒端　　　　　　　　(b) 单芯插件

图 3-41　电机控制器电缆

A—电源负极；B—电源正极；C—互锁线短接；D—互锁线短接

（3）快充线束　连接快充口到高压盒之间的线束，如图 3-42 所示。

接整车线束脚的含义：

1 脚：A－（低压辅助电源负极）；

2 脚：A＋（低压辅助电源正极）；

3 脚：CC2（充电连接器确认）；

4 脚：S＋（充电通信 CAN＿H）；

5 脚：S－（充电通信 CAN＿L）；

6 脚：空。

接高压控制盒的针脚含义：

1 脚：电源负极；

2 脚：电源正极；

□：互锁端子。

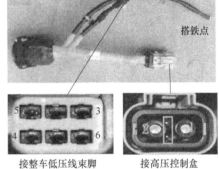

图 3-42　快充线束

（4）慢充线束　连接慢充口到车载充电器之间的线束，如图 3-43 所示。

图 3-43　慢充线束

（5）高压附件线束（高压线束总成）　连接高压控制盒到 DC/DC、车载充电器、空调压缩机、空调 PTC 之间的线束，如图 3-44 所示。

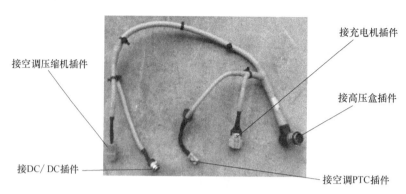

图 3-44　高压附件线束

高压附件线束接高压盒插件接口如图 3-45 所示。
高压附件线束接车载充电器插件接口如图 3-46 所示。

图 3-45　高压附件线束接高压盒插件接口

A—DC/DC 电源正极；B—PTC 电源正极；C—压缩机电源正极；D—PTC-A 组负极；E—充电器电源正极；F—充电器电源负极；G—DC/DC 电源负极；H—压缩机电源负极；J—PTC-B 组负极；K—空引；L—互锁信号线

图 3-46　高压附件线束接车载充电器插件接口

A—电源负极；B—电源正极；□—中间互锁端子

高压附件线束接空调压缩机插件接口如图 3-47 所示。
高压附件线束接 DC/DC 插件接口如图 3-48 所示。
高压附件线束接空调 PTC 插件接口如图 3-49 所示。

  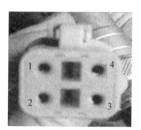

图 3-47　高压附件线束接空调压缩机插件接口

1—电源正极；2—电源负极；□—中间互锁端子

图 3-48　高压附件线束接 DC/DC 插件接口

A—电源负极；B—电源正极；1—互锁信号输入；2—互锁信号输出

图 3-49　高压附件线束接空调 PTC 插件接口

1—PTC-A 组负极；2—PTC-B 组负极；3—电源正极；4—互锁信号线

## 二、北汽新能源汽车充电系统的检修

### （一）EV160/200 模式二的充电

**1. 充电操作注意事项**

① 由于动力电池的特性以及检测精度的问题，有时候动力电池包充至满电状态时，SOC 表的指针并未指示在 100%，这个指示的范围可能是在 98%~100%。所以可以认为当 SOC 表的指针指示在 98% 以上时（包括 98%），动力电池包已经充满电。

② 在充完电拔下充电接头以后，如果没有及时查看 SOC 表的充电状态，而是过了几个小时或者更长的时间才进行查看，这时由于动力电池的特性，SOC 表指针可能指示在 98% 以下，但这并不意味着动力电池包出现了故障。

③ 动力电池包的可用能量会随着使用时间的延长而逐步衰减。如果动力电池包的使用时间已经很长，充满电时 SOC 表指针也不会指示在 100% 附近。

④ 动力电池包充电过程中，电池管理系统会自动控制充电电流的大小，当动力电池包充至满电状态时，电池管理系统会自动终止对动力电池包的充电。

⑤ 当环境温度太低时，插上充电接头以后，电池管理系统会自动先对电池包进行加热，当温度合适以后才对电池包进行充电。

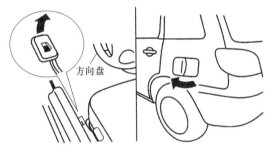

图 3-50 充电口位置及开关

**2. 充电前的准备**

（1）确认充电口 充电口位置及开关如图 3-50 所示。

（2）打开充电盖板 将汽车电源开旋到 OFF 挡以后，打开充电口盖，充电盖板位于车辆左后翼子板处，在驾驶员座椅左侧的板上有一扣手，将扣手向上扳起，充电盖板打开。

（3）找到充电线 充电线装在充电包内中，随车放在车厢内。随车充电线如图 3-51 所示。

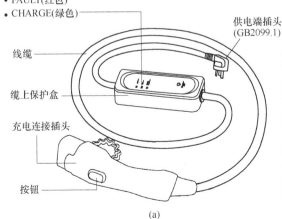

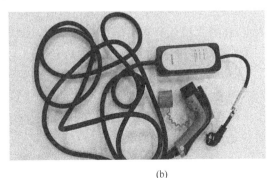

图 3-51 随车充电线

3. 充电步骤

① 取出充电线，将供电插头牢牢地插入供电插座中，如图 3-52 所示。10A 以下控制盒可使用 10A 插座，10A 以上控制盒必须使用 16A 插座。

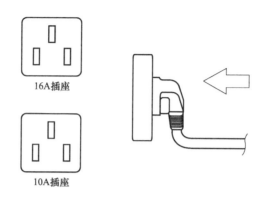

图 3-52　将供电插头插入供电插座中

② 轻拉取下保护盖，将车辆端插头完全插入车辆接口，如图 3-53 所示。

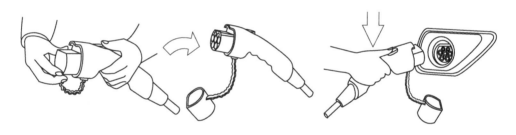

图 3-53　将车辆端插头完全插入车辆接口

③ 充电装置自动运行。CHARGE（绿色）灯闪烁（闪烁时间间隔 1s，如图 3-54 所示）。充电过程中汽车组合仪表中的充电指示灯"🔌"一直处于点亮状态，只有拔下充电插头并关闭充电门板之后，充电指示灯才会熄灭。

4. 停止充电

① 从插座上拔出电源插头，如图 3-55 所示。
② 按住按钮将充电插头从充电插座中拔出，如图 3-56 所示。
③ 合上车端充电口保护盖，然后盖好充电插头保护套，如图 3-57 所示。
④ 将充电线装入专用充电包内，如图 3-58 所示。

（二）充电口盖开关状态的检测

提示：如果充电口盖出现问题，车辆无法正常启动。

检测方法如下。

① 当充电口盖板打开时，仪表充电指示灯应常亮；当关闭充电口盖时，仪表充电指示灯应熄灭，如图 3-59 所示。

② 检查充电口盖能否正常开启或关闭，如图 3-60 所示。

图 3-54　控制盒指示灯

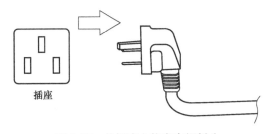

图 3-55　从插座上拔出电源插头

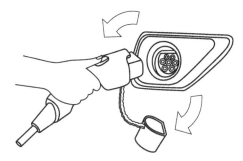

图 3-56　按住按钮将充电插头从充电插座中拔出

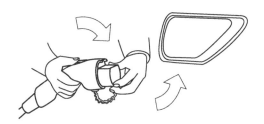

图 3-57　合上车端充电口保护盖

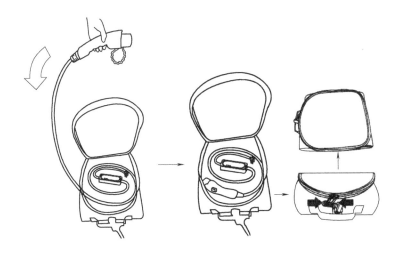

图 3-58　将充电线装入专用充电包内

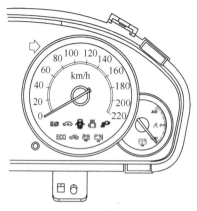

图 3-59 仪表指示灯

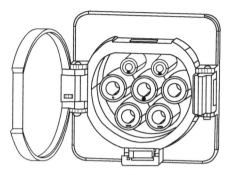

图 3-60 充电口盖

### (三) 随车充电线的检测

#### 1. 外观的检查

随车充电线外观应无破损、脏污；充电接口应无水滴、油污等。

#### 2. 随车充电线线路的检查

用万用表检测随车充电线充电接口 CC 端子与 PE 端子（图 3-61）之间的阻值，阻值应符合表 3-6 中的阻值要求（注意：GB/T 18487.1—2011 和 GB/T 18487.1—2015 标准的差别）。

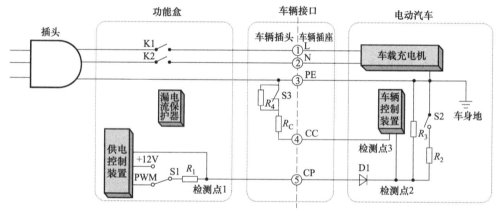

图 3-61 充电连接电路原理图

表 3-6 车辆接口状态及 RC 的电阻值

| 状态 | $R_C$ | $R_4$ | S3 | 车辆接口连接状态及额定电流 |
|---|---|---|---|---|
| A | — | — | — | 车辆接口未完全连接 |
| B | — | — | 断开 | 机械锁止装置处于解锁状态 |
| C | 1.5kΩ/0.5W | — | 闭合 | 车辆接口已完全连接，充电电缆容量为 10A |
| C′ | 1.5kΩ/0.5W | 1.8kΩ/0.5W | 断开 | 车辆接口处于半连接状态 |
| D | 680Ω/0.5W | — | 闭合 | 车辆接口已完全连接，充电电缆容量为 16A |
| D′ | 680Ω/0.5W | 2.7kΩ/0.5W | 断开 | 车辆接口处于半连接状态 |
| E | 220Ω/0.5W | — | 闭合 | 车辆接口已完全连接，充电电缆容量为 32A |
| E′ | 220Ω/0.5W | 3.3kΩ/0.5W | 断开 | 车辆接口处于半连接状态 |
| F | 100Ω/0.5W | — | 闭合 | 车辆接口已完全连接，充电电缆容量为 63A |
| F′ | 100Ω/0.5W | 3.3kΩ/0.5W | 断开 | 车辆接口处于半连接状态 |

注：电阻 $R_C$、$R_4$ 的精度为 ±3%。

## 3. 检查随车充电线控制盒指示灯状态

控制盒指示灯状态说明如表 3-7 所示。

表 3-7 控制盒指示灯状态说明

| 工作状态 | 指示灯状态 | | |
| --- | --- | --- | --- |
| | 电源指示灯（绿色）<br>Power | 故障指示灯（红色）<br>Fault | 充电指示灯（绿色）<br>Charge |
| 初始模式 | 常亮<br>On | 亮(0.5s)<br>On(0.5s) | 亮(0.5s)<br>On(0.5s) |
| 等待充电 | 常亮<br>On | 灭<br>Off | 常亮<br>On |
| 正常工作模式 | 常亮<br>On | 灭<br>Off | 闪烁(1s)<br>Blink(1s) |
| 充电完成 | 常亮<br>On | 灭<br>Off | 灭<br>Off |
| 检测到故障 | 常亮<br>On | 闪烁<br>Blink | 灭<br>Off |

### （四）车载充电机的检修

**1. 车载充电机的检查与维护**

（1）检查车载充电机工作状态　操作之前要设置隔离，放置警示标识，穿戴好防护用品。对车辆进行充电，检查指示灯是否正常，如图 3-62 所示。

图 3-62 车载充电机指示灯

"POWER" 灯是电源指示灯，当接通交流电后，电源指示灯亮起；"RUN" 灯是充电指示灯，当充电机接通动力电池进入充电状态后，充电指示灯亮起；"FAULT" 灯是警告灯，当充电机内部有故障时，警告灯亮起。

检查车载充电机的工作状态是否正常的方法如下。

当充电正常时，"POWER" 灯和 "RUN" 灯亮起；当启动半分钟后仍只有 "POWER" 灯亮，有可能是动力电池无充电请求或已充满；当 "FAULT" 灯亮时，说明充电系统出现异常；当所有指示灯都不亮，要检查充电桩、车载充电机以及充电线束。

（2）检查与维护车载充电机外观　车载充电机工作状态检查完成之后，将电源开关至于 OFF 挡，钥匙放安全处，断开蓄电池负极，负极电缆蓄电池桩头用绝缘胶布包好。拆下维修开关，并放好。静置车辆 5～10min。举升车辆，断开动力电池低压线束和高压线束。验电，如果有电需放电，确保高压母线无电才可进行下一步操作。

检查并清洁车载充电机外表面,外表面应无异物和灰尘,如图3-63所示,以确保其能够及时散热。检查车载充电机有无变形、有无碰撞痕迹,必要时进行更换。

(3) 检查与维护车载充电机连接线束　检查车载充电机各连接线束有无破损、裂纹,检查高低压接线端子是否牢固,有无松动。

(4) 检查与维护车载充电机紧固螺栓　检查车载充电机紧固螺栓有无锈蚀,螺栓紧固力矩是否合适。车载充电机的紧固螺栓的力矩应为 $(45\pm5)$ N·m,如图3-64所示。

图3-63　检查并清洁车载充电机外表面

图3-64　检查程序车载充电机螺栓紧固力矩

(5) 检查车载充电机风扇　检查车载充电机风扇转动是否灵活,挡风圈上有无异物,必要时,清洁外表面。

(6) 检查车载充电机的绝缘性能　拆下车载充电机上的输出高压线束插头,将绝缘测试仪表笔负极与电缆外壳或车身搭铁点充分有效连接,正表笔分别测量车载充电机高压接口端子,按下绝缘测试仪测试键,测得绝缘电阻,与标准值进行比较,判断其绝缘性能是否正常。在工作温度 $(23\pm2)$ ℃和相对湿度为45%~75%RH时,车载充电机正负极输出与车身(外壳)之间的绝缘电阻≥1000MΩ。

注:也可以拔下高压控制盒11芯插头,将绝缘测试仪黑表笔接于车身,红表笔逐个测量高压控制盒11芯插头的E(正极)和F端子(负极)。

**2. 车载充电器的拆装**

以下步骤适用于2012—2014款北汽E150EV和2014—2015款北汽EV160、EV200,其他车型参照维修手册。

(1) 操作前注意事项

拆装工具、万用表、绝缘表、防护工装、绝缘手套等准备齐全;翼子板护罩、警示标牌、隔离栏等放置妥当。

(2) 规范标准提示

① 车辆维修防护器具配置到位;

② 车辆检测、维修工具配备齐全。

(3) 拆卸规范标准提示

① 按照高压系统维修安全操作流程执行下电、放电、检测、维修操作;

② 高低压插接件拆卸过程中避免破坏针脚;

③ 固定螺栓齐全、完好,螺孔无破损。

(4) 拆卸步骤

① 打开前机舱盖拔下钥匙；

② 支起前机舱盖将翼子板护垫铺好，避免损坏车辆；

③ 断开低压 12V 蓄电池负极线并用绝缘胶带进行包裹，防止与蓄电池正极接触；

④ 将动力电池维修开关取下并妥善保管，放置高压安全警示牌，戴好高压防护装备；

⑤ 打开快充充电口；

⑥ 使用放电工具放电；

⑦ 用万用表测量电压确认无电；

⑧ 关闭快充充电口；

⑨ 拔掉 4 个连接线束插头，松开并取下 6 个螺栓，拿下 DC/DC 转换器（仅 2012～2014 款北汽 E150EV）；

⑩ 拔下车载充电器 3 个线束插头，松开并取下 4 个车载充电器固定螺栓，取下车载充电器，并检查固定螺栓及螺孔状态。

(5) 安装步骤（根据拆卸相反步骤执行）

① 将新充电器进行更换，按标准力矩（20～25N·m）将充电器固定螺栓拧紧；

② 将高压系统及低压系统进行恢复，并对车辆进行充电，测试正常后填写表单；

③ 对现场及举升机进行清理，检查工具并保持环境清洁。

(6) 安装提示

① 按要求规定力矩装配；

② 高低压插接件安装过程确保插件对接到位，无松动；

③ 确保现场清洁、无油污，工具无遗漏、丢失。

(五) DC/DC 的检查与维护

**1. 检查与维护 DC/DC 外观**

做好高压安全防护准备之后，检查并清洁 DC/DC 外表面，外表面应无异物，散热齿上无杂物、灰尘等，以保证散热时风道畅通。检查 DC/DC 外壳有无变形、碰撞痕迹，如图 3-65 所示。

**2. 检查与维护 DC/DC 连接线束**

检查 DC/DC 各连接线束有无破损、裂纹，高低压接线端子连接是否可靠，有无松动。

**3. 检查与维护 DC/DC 紧固螺栓**

检查 DC/DC 紧固螺栓有无锈蚀，检查紧固力矩是否合适，紧固力矩为（25±5）N·m。

图 3-65 检查与维护 DC/DC 外观

**4. 检查 DC/DC 功能**

① 将电源开关置于 OFF 挡，断开所有用电器并拔出钥匙。

② 按压低压蓄电池锁压件，打开盖板并裸露出低压蓄电池正极。

③ 使用专用万用表电压挡位测量低压蓄电池的电压（并记录此电压值）。

④ 将车钥匙置于 ON 挡位置。

图 3-66 检查 DC/DC 功能

⑤ 使用专用万用表电压挡位测量低压蓄电池的电压，这时所测的这个电压值是 DC/DC 输出的电压，如图 3-66 所示。

DC/DC 正常输出电压为 13.2～13.5V（或 13.5～14V）之间（关闭车上的用电设备的情况下）。

造成所测值低于规定值时可能有以下几点原因。

① 车上用电设备未关闭。

② 专用工具万用表测量值有误差。

③ DC/DC 故障。如是 DC/DC 故障，则应更换 DC/DC。

**5. 检测 DC/DC 绝缘性能**

① 设置隔离，放置警示标识，穿戴好防护用品。

② 将电源开关至于 OFF 挡，钥匙放安全处，断开蓄电池负极，负极电缆蓄电池桩头用绝缘胶布包好。

③ 拆下维修开关，并放好；静置车辆 5～10min。

④ 举升车辆，断开动力电池低压线束和高压线束。

⑤ 验电，如果有电需放电，确保高压母线无电才可进行下一步操作。

⑥ 拔下 DC/DC 变换器上的高压线束插头，如图 3-67 所示。

注意：当拆卸高低压线束时，应先旋松线束插头上的锁扣，然后拔下线束插头。禁止粗暴操作。当安装线束时，应对准线束插头与对应插件上的定位位置，将线束插头插入到底，然后旋紧线束插头上的锁扣，听到"咔哒"的清脆声响即表示安装到位。

将绝缘测试仪负表笔（黑表笔）与电缆外壳或车身搭铁点充分有效连接，正表笔（红表笔）分别测量端子 A、端子 B（图 3-68），按下测试键，读出并记录读数，将测试值和标准值进行比较，判断其绝缘性能是否正常。在工作温度为 -20～65℃ 和工作湿度 5%～85%RH 环境下，高压输入与车身（外壳）绝缘电阻 ≥20MΩ。

图 3-67 DC/DC 变换器高低压线束

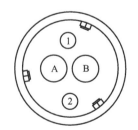

图 3-68 DC/DC 高压插件针脚定义

**（六）充电系统常见故障与检修**

**1. 仪表故障指示灯说明**

北汽新能源 EV 系列汽车仪表充电系统相关的故障指示灯如表 3-8 所示。

表 3-8 充电系统故障指示灯说明

| 序号 | 显示 | 名称 | 指标说明 | |
|---|---|---|---|---|
| 1 |  | 充电线连接指示灯 | 点亮表示充电线连接,信号来源是 VBU 给出的硬线信号 | |
| 2 |  | 充电提醒灯 | 电量过低时点亮,信号来自 VBU 的 CAN 信号 | |
| 3 |  | 剩余电量表 | 当前 SOC 范围 | 剩余电量表 LED 点亮数目 |
| | | | SOC＞82% | 5 |
| | | | 82%≥SOC＞62% | 4 |
| | | | 62%≥SOC＞42% | 3 |
| | | | 42%≥SOC＞22% | 2 |
| | | | 22%≥SOC＞5% | 1 |
| | | | SOC≤5% | 0 |

**2. 车载充电器常见的故障与检修**

车载充电器故障信息将通过 CAN 总线报至总线上,通过 CAN 总线可以找出发生的故障信息。

车载充电器常见的故障如下。

(1) 12V 低压供电异常　当充电器 12V 模块异常时,BMS、仪表等由于没有唤醒信号唤醒,无法与充电器进行通信。

当 12V 未上电,最简单的判断方式就是交流上电的时候,电池没有发出继电器闭合的声音,一般都是 12V 异常。需要检查低压熔断丝盒内充电唤醒的熔断丝及继电器,以及充电器端子是否出现退针的情况。

(2) 充电器检测的电池电压不满足要求　在充电过程中,BMS 可以正常工作,但充电器工作开始前需要检测动力电池电压,当动力电池电压在工作范围内,车载充电器可以正常工作,否则充电器认为电池不满足充电的要求。此情况常见原因为:高压插件端子退针或高压熔断丝熔断,或者电池电压超过工作范围。

(3) 充电器检测与充电桩握手不正常　充电器工作过程中会检测与充电桩之间的握手信号,当判断到 CC 的开关断开,充电器认为此时将要拔掉充电枪,此时会停止工作,防止带电插拔,以延长充电枪端子寿命。若充电枪未插到位,可能出现此情况。

(4) 充电桩输入电压正常,由于施工时电源线不符合标准所引起的无法充电故障　车辆在低温环境下,充电桩与充电器连接正常,由于车辆动力电池低温下需将电芯加热至 0～5℃时,才能进行正常充电。加热时,负载较小,电压下降并不多,进入充电过程时,负载加大,输入电压下降,充电桩为充电器提供的电源电压低于 187V 时,充电器无法正常工作,充电器停止工作后,负载减小,测量时电压又恢复正常。针对这种情况,一定要在充电器进入充电过程时准确测量当时的电压,以找到故障所在。

**3. 快充常见故障与检修**

(1) 充电桩显示车辆未连接的解决方案

① 检查快充口 CC1 端与 PE 端是否有 1000Ω 电阻。

② 检查快充口导电层是否脱落。

③ 检查充电枪 CC2 端与 PE 端是否导通。

（2）动力电池继电器未闭合的解决方案

① 检查充电桩输出正极唤醒信号是否正常。

② 检查充电桩输出负极唤醒信号与 PE 是否导通。

③ 检查充电桩 CAN 通信是否正常。

（3）电池继电器正常闭合，但无输出电流的解决方案

① 检查充电桩与动力电池 BMS 软件版本是否匹配。

② 检查高压连接器及线缆是否正确连接。

③ 用诊断仪查看充电监控状态，北汽新能源 EV 系列车辆充电监控状态如表 3-9 所示。

表 3-9　充电监控状态表

| 名称 | 当前值 | 名称 | 当前值 |
| --- | --- | --- | --- |
| 动力电池充电请求 | 请求充电 | 动力电池加热状态 | 停止加热 |
| 动力电池加热状态 | 未加热 | 充电机当前充电状态 | 正在充电 |
| 动力电池当前充电状态 | 充电状态 | 充电机输出端电流/A | 7.5 |
| 动力电池允许最大充电电流/A | 10.0 | 充电机输出端电压/V | 3353.0 |
| 动力电池加热电流请求值/A | 6.0 | 充电机输出端过压保护故障 | 正常 |
| 动力电池允许最高充电端电压/V | 370.00 | 充电机输出端欠压保护故障 | 正常 |
| 剩余充电时间/min | 0 | 充电机输出电流过流保护故障 | 正常 |
| CHG 初始化状态 | 已完成 | 充电机过温保护故障 | 正常 |

（4）DC/DC 转换器不工作的解决方案

① 检查连接器是否正常连接。

② 检查高压熔断丝是否熔断。

③ 检查使能信号输入是否正常（12V）。

**4. 慢充常见故障与检修**

在新能源纯电动汽车（EV160/200）充电过程中，慢充系统最容易出现的故障为车载充电机与充电桩连接故障。凡是涉及到此故障的情况，首先应该确保充电桩状态良好，符合相关国家标准，与北汽新能源各款电动车进行过调试并通过；其次，确认充电桩提供的工作电压范围在 187～253V 以内；再次，检查充电枪和充电口的各连接端子无烧蚀和损坏现象；最后，连接好充电线后，查看车载充电机指示灯状态。

车载充电机的指示灯有三种情况：三个指示灯（电源、工作、故障）都不亮；车载充电机的电源指示灯和工作指示灯点亮，无充电电流；对车载充电机的数据进行分析，数据中没有动力电池发送数据。

（1）指示灯都不亮的检修方法　当出现车载充电机的电源灯、工作状态灯和故障灯均不亮时，可按照下述方法及步骤进行检修。

① 测量充电桩端充电枪的 N 脚和车辆端的 N 脚导通，阻值应小于 0.5Ω，否则应更换充电线总成。

② 测量充电桩端充电枪的 L 脚和车辆端的 L 脚导通，阻值应小于 0.5Ω，否则应更换充电线总成。

③ 测量充电桩端充电枪的 PE 脚和车辆端的 PE 脚导通，阻值应小于 0.5Ω，否则应更换充电线总成。

④ 测量充电桩端充电枪的 CP 脚和车辆端的 CP 脚导通，阻值应小于 0.5Ω，否则应更换充电线总成。

⑤ 测量充电桩端充电枪的 CP 脚和 PE 脚的导通，阻值应小于 0.5Ω，否则应更换充电线总成。

⑥ 测量充电线车辆端充电枪的 CC 脚和 PE 脚的阻值，16A 充电线阻值应为 680Ω（1±3%），32A 充电线阻值应为 220Ω（1±3%），否则应更换充电线总成。需要注意的是：在测量充电线阻值时，充电枪的解除锁止按键需保持在弹起状态。

⑦ 如果充电线状态正常，但启动充电程序后，充电机指示灯仍旧都不亮，应首先检查插接件端子无烧蚀、虚接故障，继续对充电线束进行检测，测量充电口 L 脚与充电线束充电机插接件 1 脚应导通，阻值应小于 0.5Ω，如果不符合标准则应更换充电线束。

⑧ 测量充电口 N 脚与充电线束充电机插接件 2 脚应导通，阻值应小于 0.5Ω，如果不符合标准则更换充电线束。

⑨ 测量充电口 PE 脚与充电线束充电机插接件 3 脚应导通，阻值应小于 0.5Ω，如果不符合标准则更换充电线束。

⑩ 测量充电口 CC 脚与充电线束充电机插接件 5 脚应导通，阻值应小于 0.5Ω，如果不符合标准则更换充电线束。

(2) 无充电电流的检修方法　当出现车载充电机的电源指示灯和工作指示灯均正常点亮，但无充电电流的故障现象时，应检查动力电池的状态。首先确保高压线束插接件连接牢固，在充电状态下，连接诊断仪，并进入动力电池充电状态监控系统，根据动力电池充电状态界面显示的数据进行以下检查和分析。

① 检查车辆端充电枪解除锁止按钮是否卡滞，是否完全复位。

② 检查高压控制盒内的车载充电机的熔断器是否损坏（第四个熔丝），如损坏则更换。

③ 检查高压线束高压控制盒插接件 E 脚和车载充电机插接件 B 脚的导通情况，在正常情况下，其对应阻值应小于 0.5Ω，如不符合标准则更换慢充线束总成。

④ 检查高压线束高压控制盒插接件 F 脚和车载充电机插接件 A 脚的导通情况，正常情况下，其阻值应小于 0.5Ω，如不符合标准则更换慢充线束总成。

⑤ 恢复车辆高压线束，在确保安全的情况下，测量充电时高压线束车载充电机插接件 A-B 脚之间的电压，如果电压与动力电池低压一致，则说明车载充电机损坏，应更换。

(3) 无动力电池数据的检修方法　对车载充电机的数据进行分析时，如果系统中没有显示动力电池的数据，则应检测充电唤醒信号及仪表充电指示灯是否点亮。

① 如果充电指示灯不点亮，则检查前机舱低压电器盒 FB02 熔丝是否损坏。如损坏，则需对低压电机线束进行检测；如未损坏，则检查熔丝低压供电。

② 如果低压供电无电压，则测量熔丝盒的供电端子与 FB02 熔丝。如不导通更换低压电器盒，导通则检查低压主保险。

③ 如果低压供电有电压，则检测 FB02 熔丝与熔丝盒背面 A6 插接件的 A8 端子导通情况。如果不导通，则更换低压电器盒；导通则检查低压电机线束。

④ 检测低压电机线束前机舱低压电器盒黑色插接件 J6 的 A8 脚与车载充电机的低压插接件 16 脚的导通情况。如果不导通，则检查线束，进行线束修复或更换；如果导通并插接件端子良好，则继续检测唤醒信号。

⑤ 检测低压线束车载充电机的低压插接件 15 脚与正常控制器 VCU 插接件的 113 脚的导通情况。如果不导通，则检查线束，必要时进行修复或更换；如果导通并插接件端子良好，则继续检测唤醒信号。

⑥ 连接好低压线束，在充电状态下测量 VCU 插接件 113 脚的电压情况。如果无电压，则更换充电机；如果 VCU 插接件 113 脚有电压，且线束恢复后，仍然没有充电指示，则检查充电连接确认信号。

⑦ 连接好低压线束，在充电状态下测量 VCU 插接件 36 脚的电压情况，正常情况下，该电压应低于 0.5V，否则，应检查充电线束和车载充电机。

⑧ 检查动力电池唤醒信号，检测整车控制器插接件 81 脚与动力电池低压插接件 C 脚的导通情况。如果不导通，则检查线束，必要时进行修复或更换；如果导通，则继续检查线束。

⑨ 检查动力电池总负继电器控制信号，检测整车控制器插接件 97 脚与动力电池低压插接件 F 脚的导通情况。如果不导通，则检查线束，必要时进行修复或更换；如果导通，则继续检查线束。

⑩ 线束安装好，在充电状态下，检测动力电池低压插接件 C 脚的唤醒信号电压，正常情况下该电压值应为 12V（与低压蓄电池电压一致）。否则，应检查整车控制器供电，读取整车控制器故障码。如果动力电池低压插接件 C 脚无唤醒信号电压，则更换整车控制器测试。

### 5. 故障检修实例

（1）北汽 EV200 新能源汽车无法使用慢充系统给车辆充电

① 故障现象　一辆北汽 EV200 新能源汽车无法使用慢充系统给车辆充电，同时，连接车辆慢充线束后，接通电源开关发现动力电池断开，警示灯点亮。

② 故障分析与排除　根据维修经验，动力电池断开警示灯点亮表明该车高压电气系统存在故障，整车高压回路被断开。动力电池断开警示灯在车辆进行慢充充电时点亮，初步判断可能是慢充系统故障引发的汽车高压电气系统故障。

连接车外充电器，220V 电源灯点亮，说明外接电源供电正常。在电源开关断开的情况下，仪表盘上的慢充线束连接指示灯点亮，但充电指示灯却未被点亮。慢充线束连接指示灯点亮说明慢充电线束连接正常，否则报"请连接充电枪"；充电指示灯未点亮说明该车未进入充电状态。接通电源开关，动力电池断开，警示灯点亮，则确认慢充系统故障已经引发汽车高压电气系统断开故障。

打开汽车前舱盖，观察车载充电机指示灯，发现 Power 电源红色指示灯点亮；Charge 充电指示灯和 Error 充电机内部故障报警指示灯均未亮起。查阅维修手册发现如下信息："Power 灯为电源指示灯，当接通交流电后，电源指示灯亮起；Charge 灯是充电指示灯，当充电机接通电池进入充电状态后，充电指示灯亮起；Error 灯是充电机内部故障报警指示灯，当充电机内部有故障时亮起。"由此可知，慢充线束供电电源确定为正常，但动力电池未进入充电状态，Error 灯未亮起说明车载充电机不存在故障，排除了车载充电机本身有故障的可能。

点开电源开关后重新接通电源开关，仔细地听动力电池正负继电器的吸合声，未发现"咔嗒"的吸合声，这表明动力电池继电器没有闭合的动作。查阅维修手册发现如下信息：

"动力电池继电器未闭合的解决方案是,检查连接器是否正常连接,检查充电机输出唤醒是否正常。"由于慢充电线束连接指示灯未点亮,说明慢充充电连接器已正常连接,则可以判定车载充电机输出唤醒系统存在问题。

故障诊断至此,问题变得比较明朗,故障范围已经指向了慢充电系统的输出唤醒系统。查找该车电路图。由于厂家只提供了一张电路总图,于是便自行绘制了一张该车的慢充系统的拆分图(图3-69)。从图中发现北汽EV200新能源汽车慢充电系统的唤醒信号是通过车载充电机的端子A15传输给集成控制器(VCU)的端子113,从而实现集成控制器(VCU)的慢充唤醒信号的激活,完成慢充电系统的连接。因此,检测可以从集成控制器(VCU)的端子113开始,如果端子113有信号电压则说明VCU损坏。由于Error报警指示灯未亮起,说明车载充电机工作正常,所以如果端子113无信号电压,则可以判定该线路或连接状况存在问题。

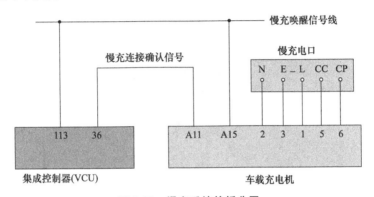

图3-69 慢充系统的拆分图

在慢充充电连接器正常连接的情况下,接通电源开关后,慢充电线束连接指示灯未点亮,说明车辆慢充线束已经连接好,由于慢充线束存在互锁关系,可以先排除慢充电口上CP信号通信及其他(N、E、L、CC线路)线路存在问题的可能性。

断开电源开关,拔下集成控制器(VCU)121端子导线连接器(VCU导线连接器为左边较小的),找到集成控制器(VCU)端子113。重新接通电源开关,测得端子113的电压为0V,这说明车载充电机端子A15未能将唤醒信号传输到集成控制器(VCU)处。

断开电源开关,拔下车载充电机端子16导线连接器,测量集成控制器(VCU)端子113与车载充电机端子A15之间的线路电阻,结果为∞,说明该线路确实发生断路故障。

更换该线束后试车,每次都能顺利充电,确认故障排除。

③ 故障总结 该故障的第1个关键判断点是动力电池断开,故障警示灯点亮是慢充电系统引起的故障而非真正的动力电池故障;第2个关键判断点是诊断人员是否注意到接通电源开关的瞬间,动力电池正负继电器没有发出"咔嗒"的吸合声,无吸合声说明动力电池没有开启充电模式;第3个关键判断点在于诊断人员是否观察到车载充电机指示灯Error未亮起,说明无需怀疑车载充电机本身故障。

(2) 北汽EV160纯电动汽车无法行驶

① 故障现象 一辆北汽EV160纯电动汽车,行驶3930km,事故修复后(左前侧碰撞)车辆无法行驶,动力电池断开故障灯和整车系统故障灯报警。

② 故障分析与排除 钣金工拆下机舱内所有高压部件和二次支架及机舱线束,进行钣

金校正和外围部件更换,线束和高压部件外壳未变形受损。更换主副安全气囊,更换安全气囊电脑板。

当我们到修理厂时,该车的钣金工作和装配工作已完成。通过目测机舱内低压线束和高压线束(包括保险盒)没有破损、变形和挤压,高压部件(MCU、DC/DC、高压控制盒、车载充电机)外观没有受损、挤压、变形现象。

据修理工描述,该车修复好之后在厂内开了很小一段距离后,就无法行驶了,动力电池断开故障灯和整车系统故障灯都点亮了。经检查发现将加速踏板踩到底仪表会黑屏或不规律闪烁、电动真空助力泵常转。修理工认为剩余电量不足,于是进行慢充。

修理工说他们在充电时还观察了机舱的情况,打开发动机盖观察车载充电机,发现充电机散热风扇不转。用手触摸车载充电机散热片(图 3-70)时能明显感觉到发热现象,表明无法充电。

图 3-70 车载充电散热片

随后修理工打开高压控制盒后,进行高压保险测量。发现车载充电机的高压保险并没有烧毁,而其余的三个高压保险全部烧毁,在 PTC 控制器电路板上有一处 IC 芯片也被烧毁(图 3-71)。

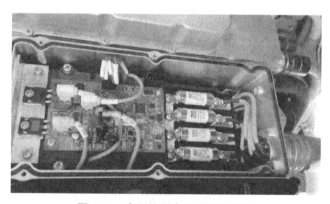

图 3-71 高压控制盒内烧坏的原件

维修工开始对与烧毁保险相连接的高压部件进行逐一拆解检查,接着又对 DC/DC 进行拆解,拆开后发现 DC/DC 电路板上有一蓝色的圆片(图 3-72)插件已烧毁,模块也有烧灼的迹象。所有烧毁的部件除了电子空调压缩机外都替换了新的部件试车,结果车辆还是不能行驶。

图 3-72 DC/DC 模块内部烧坏

我们到现场后对车辆进行了仔细观察，并询问了维修情况，怀疑高压部件烧毁可能与维修时不正确操作有关。随后检查了高压系统（B 类电压系统）所有的连接插头，插头紧实牢固，极性全都正确。得知点火开关可以打到 ON 挡，低压系统（A 类电压系统）可以供电时，马上对该车辆进行专用检测电脑读码，发现除了安全气囊电脑可以与检测仪建立通信外，其余模块均无法通信。在清除安全气囊电脑故障码后，故障码并没有再出现。

（3）故障总结　由于检测电脑与 VCU 和动力电池无法建立通信，故对低压总保险和保险盒进行了检测，与同款正常车辆对比，除了真空助力泵的保险拔出外（因为常出现故障，修理工在车辆不能走之后就把其保险拔出了，此故障为常见故障，发生概率比较高，一般情况下更换真空罐压力开关就可以修复此故障）其他都良好（图 3-73）。后经逐步检查，发现点火开关各挡位、VCU 供电均正常，15 号线继电器工作也正常，网络 CAN 线也无短路或断路现象。由于 VCU 在整车控制策略里权位最高、优先级最高，因此判断故障原因是 VCU 损坏。

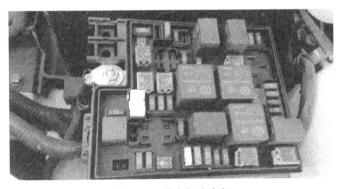

图 3-73 所有保险良好

# 第四章　电动汽车空调系统

## 第一节　电动汽车空调系统结构原理

汽车空调的功能是把车厢内的温度、湿度、空气清洁度及空气流动性保持在使人感觉舒适的状态。在各种气候环境中，车厢内均应保持舒适状态。特别是炎热的夏季和寒冷的冬季，空调能极大地降低驾驶员的疲劳感，降低交通事故发生的概率。

普通燃油汽车加满油一次可行驶 800～1000km，而电动汽车充满电的续驶里程通常只有 100～300km，甚至更短，且充电时间长达 8～9h，甚至更长。空调作为电动汽车辅助系统中耗能最大的部分（约 70%～80%），会对电动汽车的行驶里程产生很大影响。

因此，开发新型节能空调对提高电动汽车的行驶里程有一定帮助。对电动汽车空调而言，电池冷却也是一个问题，电池只有在恒定温度下工作才能保证较高的能量密度与使用寿命，因此必须有一部分能量用于冷却电池。同时，由于电动汽车电机运转效率高，可以利用的余热非常少，因此电动汽车空调的制热也是一个重要问题。

传统燃油汽车的空调系统主要由制冷和制热系统两部分组成。制冷系统采用的是由发动机提供动力的蒸汽压缩式制冷，制热系统主要是通过将冷却液的热量引入到车内制热。

电动汽车夏季制冷时，空调压缩机是由电动机来驱动的，然而冬季没有发动机余热，所以需要采用其他方法来解决供暖问题。电动汽车空调制冷系统与传统汽车区别的是压缩机驱动方式发生了变化。电动汽车空调压缩机采用电驱动的方式，而传统汽车绝大多数采用发动机皮带驱动。如图 4-1 所示。

对于电动汽车以及其他拥有高压电源的汽车来说，均可以采用电动压缩机制冷空调系统。该系统的基本原理：电池组的直流电经逆变器为空调压缩机驱动电动机供电，空调电动机带动压缩机旋转，从而形成制冷循环，产生制冷效果。电动压缩机制冷空调系统相对于传统汽车空调系统的改变量最小，在结构上只是压缩机驱动动力源由发动机变为驱动电动机。

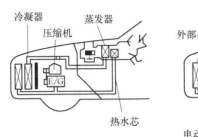 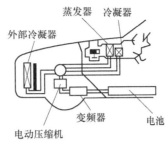

(a) 传统汽车空调系统　　　　(b) 电动汽车空调系统

图 4-1　传统汽车空调与电动汽车空调结构对比

电动空调是为电动汽车开发的，与传统汽车空调压缩机最大的区别是自带电机结构驱动和采用控制器进行控制，只需接入电源和控制信号，动力来源于电动汽车电池。

## 一、传统汽车空调制冷系统的结构原理

### 1. 结构组成

传统内燃机汽车空调制冷系统的制冷原理如图 4-2 所示，主要由制冷剂、压缩机、冷凝器、蒸发器、节流装置、冷冻机油和辅助控制装置组成。

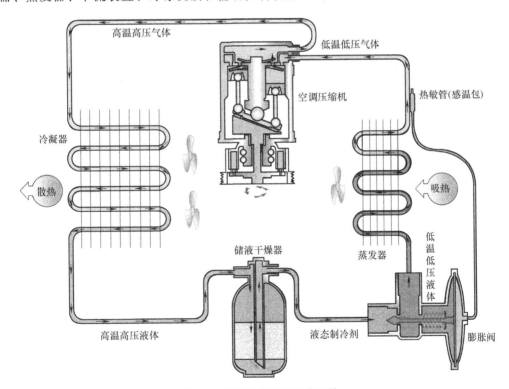

图 4-2　传统汽车空调制冷系统

（1）制冷剂　制冷剂（俗称冷媒）是制冷系统中的一种工作介质，通过自身的"相态"的变化来实现热交换，从而达到制冷的目的。现在绝大部分汽车使用的是 R134a 制冷剂。

（2）压缩机　压缩机是汽车空调制冷装置的心脏、动力元件，用来压缩和输送制冷剂。

（3）冷凝器　冷凝器是换热管、换热片组合一体的换热装置。它的作用是把来自压缩机的高温高压气态制冷剂通过管壁和翅片将其中的热量传递给冷凝器周围的空气，从而使高压高温的气态制冷剂冷凝成高压中温的液体。

（4）蒸发器　蒸发器也是一种热交换器，汽车空调蒸发器置于车内，它属于直接风冷式结构，它利用低温低压的液态制冷剂蒸发时需吸收大量的热量的原理，把它周围空气中的热量带走，变成冷空气送入车厢，从而达到车内降温的目的。

（5）节流装置　节流装置有热力膨胀阀、节流孔管等类型，是汽车制冷中的重要部件，起到节流降压、调节流量、防止"液击"和防止异常过热的控制作用。

① 节流降压，将从冷凝器出来的中温高压液态制冷剂进行节流降压，成为容易蒸发的低温低压雾状物后再进入蒸发器，即分离了制冷剂的高压侧与低压侧，但制冷剂的液体状态没有改变。

② 调节流量，由于制冷负荷的改变以及压缩机转速的改变，要求流量作相应调整，以保持车内温度稳定，制冷剂正常工作。膨胀阀自动调节进入蒸发器的制冷剂流量，以满足制冷剂循环要求。

③ 控制流量、防止"液击"和异常过热，所谓"液击"就是这种过饱和气体在压缩机中因压缩升温，而导致其中所含的液滴迅速蒸发膨胀，使汽缸中压力骤增，活塞阻力突然加大，致使活塞像受到重击一样而损坏。膨胀阀以感温包作为感温元件控制流量大小，保证蒸发器尾部有一定的过热度，从而保证蒸发器总容积的有效利用，避免液态制冷剂进入压缩机而造成"液击"现象，同时又能将过热度控制在一定范围内，从而防止异常过热现象的发生。

（6）辅助控制元件　主要包括储液干燥器（或气液分离器、储液罐）、控制电路板、各种阀、各种开关、管路、视窗以及各种指示器和控制仪表等。它们的作用是提供必要的条件保证系统得以正常的工作。

（7）冷冻机油　为空调压缩机运动部件提供润滑，此外还有部分冷冻机油与制冷剂混合在一起在空调系统内循环。

### 2. 工作过程

制冷工作过程可分为压缩过程、冷凝过程、干燥过滤过程、节流过程、吸热过程五个阶段。

（1）压缩过程　汽车空调制冷系统工作时，空调压缩机将蒸发器过来的低温低压气态制冷剂，压缩为高温高压气态制冷剂。

（2）冷凝过程　高温高压气态的制冷剂流经冷凝器，在这里通过与冷凝风扇吹过的空气进行热交换，把热量散发出去，制冷剂变为高温高压的液态制冷剂。

（3）干燥过滤过程　热交换后的制冷剂变为高温高压的液体，液态的制冷剂经过储液干燥器吸收水分和过滤杂质。

（4）节流过程　液态的制冷剂流经节流减压装置膨胀阀，在其节流的作用下，急剧降压降温，气化膨胀，变为低温低压的气液混合体（雾状）。

（5）吸热过程　低温的制冷剂随后在蒸发器吸收流经蒸发器周围空气中的热量，空气温度降低，并被吹入车厢内，从而产生制冷效果。气态的制冷剂又被吸进压缩机，开始下一个循环的工作。

将上述各部分装置部分或全部有机地组合在一起并安装在汽车上，便组成了汽车空调系统。

## 二、电动汽车空调制冷系统的结构原理

新能源汽车空调制冷系统与传统汽车制冷系统的组成与工作原理大致相同,主要区别是压缩机的驱动方式,纯电动汽车的空调采用电动方式来驱动压缩机(机电一体式压缩机),这有别于传统汽车通过内燃机曲轴皮带驱动的形式,另外还增加了电气系统的空调驱动器。

电动汽车空调制冷系统的示意图如图4-3所示,电动汽车的空调制冷系统工作原理如图4-4所示。

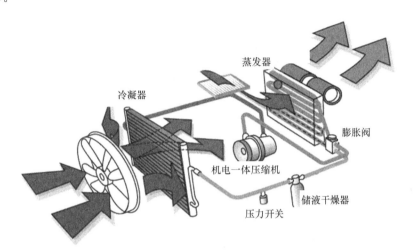

图4-3 电动汽车空调制冷系统结构示意图

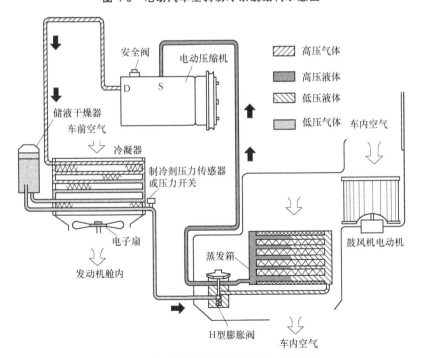

图4-4 电动汽车空调制冷系统工作原理

### (一) 电动汽车制冷方式

电动汽车可采用的制冷方式有电动压缩机制冷、热电式制冷、余热制冷等。

## 1. 电动压缩机制冷空调系统

电动压缩机制冷系统利用电池组的直流电，经逆变器为空调压缩机驱动电机供电（图 4-5），带动压缩机旋转，形成制冷循环，产生制冷效果。电动压缩机制冷空调系统相对于传统汽车，只是在结构上，驱动压缩机的动力由发动机改变为由电机驱动。对于传统汽车空调与电动汽车空调系统结构上的不同，参见图 4-6 及图 4-7。

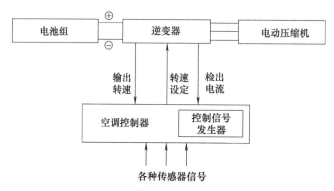

图 4-5　电动压缩机驱动回路

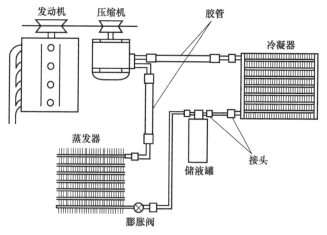

图 4-6　由发动机驱动的传统汽车空调压缩机

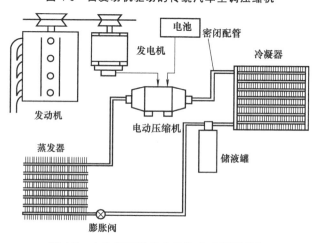

图 4-7　由电机驱动的电动汽车空调压缩机

图 4-8 所示为轿车的电动空调系统运行流程,丰田普锐斯作为全电动空调系统的一个实例,其制冷原理如图 4-9 所示,该车全电动空调制冷系统由 ES18 型电动变频压缩机、冷凝器、储液干燥器、膨胀管、蒸发器及连接管路等组成。制冷系统工作时,空调变频器提供交流电驱动电动变频压缩机工作,电动变频压缩机从低压管路吸入低温低压的气态制冷剂,压缩成高温高压气态制冷剂(压缩过程),再通过高压管道进入冷凝器,经冷凝器的冷却后,变为高温高压的液态制冷剂(冷凝过程),被送往储液干燥器,经过干燥过滤后,通过高压管道流入膨胀管,经膨胀管小孔节流,变成低温低压雾状的液/气态混合物(降温降压),送入蒸发器中,制冷剂在其内膨胀蒸发吸收大量的热量,汽化成低温低压的气态制冷剂(蒸发吸热过程),重新被电动变频压缩机吸入进行再循环,在此过程中,鼓风机不断地将蒸发器表面的冷空气吹入车内,达到制冷的目的。

大客车电动空调系统较为复杂,其典型工作流程如图 4-10 所示。

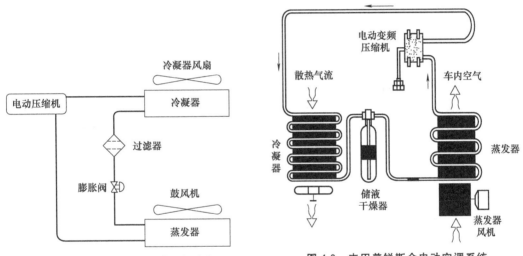

图 4-8 轿车的电动空调系统运行流程　　图 4-9 丰田普锐斯全电动空调系统

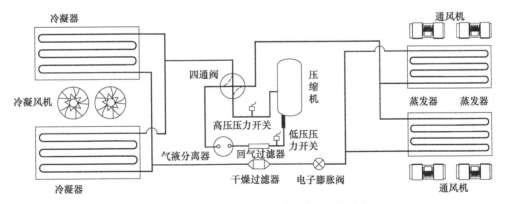

图 4-10 大客车电动空调系统的典型工作流程

## 2. 热电制冷器

热电制冷器也称为珀尔帖制冷器,是一种以半导体材料为基础、可以用作小型热泵的电子元件。通过在热电制冷器的两端加载一个较低的直流电压,热量就会从元件的一端流到另一端。此时,制冷器的一端温度就会降低,而另一端的温度就会同时上升。

国内马国远等人曾为电动汽车设计了太阳能辅助热电空调系统,该系统采用热电制冷系统进行降温,利用高效 PTC 加热元件进行采暖、对挡风玻璃进行除雾/霜。热电制冷空调系统,在体积小、适于微型化方面,比传统的机械压缩式制冷优越,但也存在着不足,如热电材料的优值系数较低,制冷性能不够理想,并且构成热电元件的主要成分为铋、碲,另有少量的硒、锑,但碲元素的可用产量有限,因此热电空调在大量生产的汽车上的应用受到碲产量的制约。

**3. 余热制冷空调系统**

目前利用余热制冷技术的空调主要有氢化物制冷空调、固体吸附式制冷空调以及吸收式制冷空调,其工作原理、特点、系统组成不尽相同。对于利用燃料电池汽车废热的吸收式制冷空调系统的可行性,国内虽有同济大学的贺启滨等人进行了研究,但余热制冷空调系统体积大、系统复杂,对燃料电池汽车整车以及电池管理系统要求较高,需定期除垢,并且其仅仅匹配在余热热源比较稳定的燃料电池电动汽车上才具有可行性,不具有解决电动汽车空调系统问题的通用性。

## (二) 电动压缩机驱动方式

汽车电动空调压缩机的驱动有以下几种方案。

**1. 电机(电池)+内燃机混合驱动方式**

电机(电池)+内燃机混合驱动方式的空调压缩机如图 4-11 所示,特点是内燃机通过带轮驱动压缩机、电池通过电机驱动压缩机,这种有两个驱动源的混合压缩机,能够实现带轮驱动侧和电机驱动侧独立或同时运转。带来的优点是,如果需要最大制冷的时候,带轮侧、电机侧同时运转;电机侧驱动时,能够选择效率最好的运转领域,在怠速(发动机停止)的情况下,仍能保持满意的工作,并在所有的驾驶条件下满足空调需求,降低功率消耗。这种空调压缩机仅适用于仍保留内燃机的混合动力汽车。

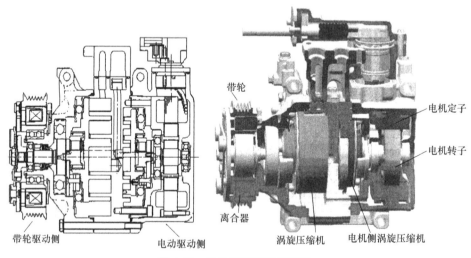

图 4-11 混合驱动空调压缩机

根据行驶工况,汽车在发动机驱动模式和电机驱动模式之间切换。在发动机模式下,压缩机由发动机通过带轮驱动。在汽车临时停车(比如遭遇交通堵塞时)或持续减速时切换到电驱动模式,由电池组提供能量。

## 2. 独立式全电动驱动方式

独立式全电动空调压缩机中，电机与压缩机泵体封闭在同一个密封壳体内，直接使用电动汽车上的电池供电，结构紧凑。考虑到如果电动压缩机需要另配逆变器，成本昂贵，空间利用率也比较低。日本三电（SANDEN）公司开发了电动压缩机与逆变器一体化、压缩机构高效化及小型轻量化等的全电动压缩机，如图4-12所示。

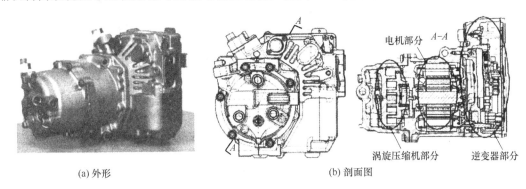

图 4-12　日本三电（SANDEN）全电动压缩机

独立式全电动空调系统具有以下优点。

① 空调压缩机由电动机直接驱动，可通过压缩机的转速调节制冷量。

② 空调与行走驱动电机的运转各自独立，空调的运转不受汽车行驶状况影响。即使"熄火"，空调仍可以正常制冷。

③ 减少制冷剂的泄漏，采用电动机内置的封闭式结构，避免了轴封处及其他连接部位处因难以密封，造成的制冷剂泄漏。同时，可以用金属管替代易渗透的制冷剂橡胶软管，大大减少制冷剂的泄漏。汽车空调普遍使用的HFC134a，一旦泄漏，不仅增加汽车空调的运行成本，还会给环境带来不利的影响。

④ 不需要电磁离合器控制压缩机运转，消除了离合器吸合、脱开时产生的噪声，也消除了周期性离合对空调吹出温度的波动，如图4-13所示，且开机后迅速达到设定温度，然后转入低速节能运行，保持温度稳定，提高了舒适性。

⑤ 安装灵活，压缩机安装位置不受限制，可根据整车总体布置、车室的噪声、振动及空调系统的配置，灵活布管，提高了整车布置的自由度。

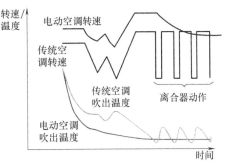

图 4-13　温度波动曲线

⑥ 体积小、重量轻，有利于降低车辆整备质量。

## 3. 非独立式全电动驱动方式

非独立式全电动空调系统，指空调制冷压缩机通过主牵引电机驱动，如图4-14所示，压缩机运行工况的控制可通过电磁离合器的接合、分离来实现，此时压缩机虽然也是电驱动，但与车辆行驶相关。早期的戴克燃料电池大客车曾采用此方案，但现在基本不被采用。

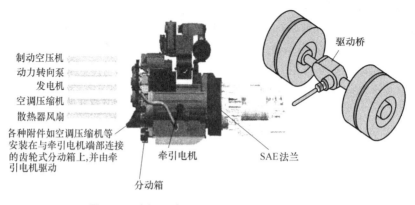

图 4-14 空调制冷压缩机通过主牵引电机驱动

### （三）机电一体式空调压缩机

空调制冷压缩机是空调制冷系统的核心，其性能直接决定系统的性能和车辆的经济性。对于电动大客车空调压缩机，除了需要直接用电力驱动外，由于整个空调系统全部置顶，压缩机的外形尺寸、振动强度等都是选择压缩机的关键因素。全封式涡旋压缩机与诸多其他类型压缩机相比，具有振动小、噪声低、效率高、体积小、重量轻、转速高、外形尺寸小等特点，适合电动汽车空调使用要求，为目前大多数电动汽车所采用。全封式涡旋式压缩机由电动机来驱动，且电动机一般与压缩机组装为一体，形成全封闭的结构，其如图 4-15 所示。这种结构形式灵活方便，可装在发动机室的任何位置，而且电动机与压缩机可采取同轴驱动，不会出现传统驱动方式的皮带打滑、压缩机转速与发动机转速不同步的现象。由于电动机同轴驱动压缩机，可通过调节电动机转速改变压缩机转速，实现空调压缩机排量及制冷量的灵活控制。封闭式的驱动结构中，只有电源线及进出气管与外部联系，泵气装置运行的可靠性较高，故障率较低。

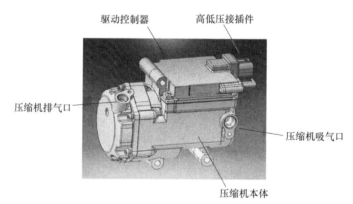

图 4-15 机电一体式空调压缩机

图 4-16 所示为 EV160/200 空调压缩机及其分解图。

#### 1. 基本结构工作原理

涡旋式压缩机包括一个定涡盘（静盘）和一个动涡盘（动盘），如图 4-17 所示。这两个相互啮合的涡盘，其线型是相同的，它们相互错开 180°安装在一起，即相位角相差 180°。涡旋式压缩机的工作原理如图 4-18 所示，其定涡盘是固定在机架上的，而动涡盘由电机直

(a) 压缩机线束接口　　　　　　　　(b) 分解后的压缩机

图 4-16　EV160/200 空调压缩机

1—低压线束接口；2—高压线束接口；3—压缩机壳体及电机定子；
4—压缩机控制器（驱动器）；5—侧盖；6—电机转子；7—动涡盘；8—定涡盘

接驱动。动涡盘是不能自转的，只能围绕定涡盘作很小回转半径的公转运动。当驱动电机旋转带动动涡盘公转时，制冷气体通过滤芯吸入到定涡盘的外围部分，随着驱动轴的旋转，动涡盘在定涡盘内按轨迹运转，使动、定涡盘之间形成由外向内体积逐渐缩小的六个腔（图 4-18）：A 腔、B 腔、C 腔、D 腔、E 腔和 F 腔，制冷气体在动、定涡盘所组成的六个月牙形压缩腔内被逐步压缩，最后从定盘中心孔通过阀片将被压缩后的制冷气体连续排出。

图 4-17　定涡盘与动涡盘

在压缩机整个工作过程过程中，所有工作腔均由外向内逐渐变小且处于不同的压缩状况，从而保证了涡旋式压缩机能连续不断地吸气、压缩和排气。虽然涡旋式压缩机每次排出制冷剂的气量较小，其排出量约为 $27\sim30\,cm^3$，但由于其动涡盘可作高达 $9000\sim13000\,r/min$ 的公转，所以它的总排量足够大，能满足车辆空调制冷的需求，压缩机的功耗也较大，可达 $4\sim7\,kW$。

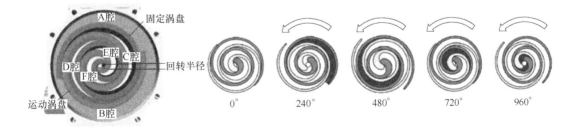

图 4-18　涡旋式压缩机的基本原理

**2. 涡旋式压缩机的优缺点**

涡旋式压缩机的优点如下。

① 涡旋式压缩机不需要吸气阀,能够简化压缩机结构,并且消除打开气阀的压力损失,提高压缩效率。

② 涡旋压缩没有余隙容积,被吸入的气体可以完全被排出,容积效率可以达到98%。活塞压缩机由于活塞头与汽缸底之间存在间隙,产生余隙容积,容积效率只有70%。

③ 压缩过程平稳,从吸气到压缩再到排气要用三圈完成,而且在任何角度都有三个腔同时工作,吸气、压缩、排气同时进行,所以它排气连续,工作平稳,振动小,噪声低;而活塞压缩机吸气行程和排气行程功耗少,压缩行程功耗大,运转不平稳,且活塞作往复运动有阀片敲击,振动和噪声大。

涡旋式压缩机的缺点如下。

① 其运动机件表面多呈曲面形状,这些曲面的加工及其检验均较复杂,有的还需要专用设备,因此制造成本较高。

② 其运动机件之间或运动机件与固定机件之间,需保持一定的运动间隙,气体通过间隙势必引起泄漏,因此难以获得较大的压缩比。

尽管有这些缺点,但涡旋式汽车空调压缩机仍被认为是取代传统汽车空调压缩机的较好产品。

**3. 空调压缩机的驱动控制**

驱动电动汽车空调压缩机运转的是三相永磁同步电机,而向空调三相电机供电的则应是三相高压交流电。电动汽车的电池只能提供直流电,空调变频器可以将电池直流电转换为交流电,向三相永磁同步电机供电。

电动汽车空调的三相永磁同步电机,其定子需要通入三相交流电,但电动汽车上只有高压直流电池,所以需要变频器将直流电转化为交流电。电动空调的变频器使用了6个IGBT场效应管,它们是绝缘栅双极型晶体管,属于电压控制类器件,其特点是栅极的驱动功率小而饱和压降低,在电力系统和变流技术上广泛使用。IGBT管的导通或截止受控于其栅极电压,能造成IGBT的源极与漏极间的通路或断路状况。如图4-19所示,当6个IGBT的栅极按一定规律轮流加上占空比脉冲调制控制电压时,就会让电池的直流高压电流经过变频器,在输出端形成三相正弦交流电流,利于三相永磁同步电机平稳运转,

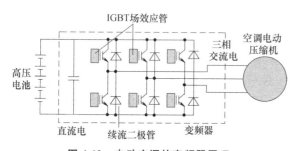

图 4-19 电动空调的变频器原理

产生转矩以驱动空调压缩机。图4-19中与IGBT管并联的二极管是电机三相绕组的续流二极管,起保护IGBT管的作用。

通过控制永磁同步电机定子各相绕组的通电频率及电流大小,可高精度调节电机转子的转速与转矩,并能直接控制压缩机的转速,达到调节制冷剂的排量,以适合汽车运行对空调系统的不同工况要求。图4-20所示为输入电机的三相交流电的波形,图4-20(a)表示三相交流电的频率高,这会使得驱动电机的转速上升,电压的幅值大则会使电机的驱动转矩更大。而图4-20(b)则反之,电机的转速与输出转矩均较低。

空调压缩机驱动电机变频器,其功能是控制空调的三相驱动电机运作,其内部各个电

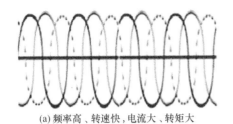
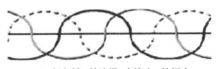

(a) 频率高、转速快,电流大、转矩大　　(b) 频率低、转速慢,电流小、转矩小

图 4-20　空调电机转速与转矩

路（图 4-21）的作用如下。

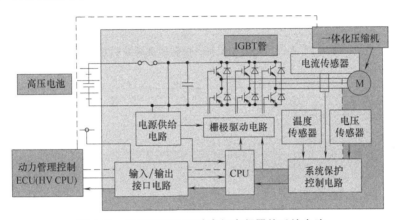

图 4-21　空调压缩机驱动电机变频器的系统电路

① 栅极驱动电路　用于接收处理器 CPU 的信号，对各 IGBT 管的栅极进行控制，当进行 PWM 脉冲调制时，将使输出电路得到正弦波的电压。通过 IGBT 管的通断频率还可控制空调压缩机的变速，同时它还受保护电路的监控。

② 系统保护控制电路　用于接收输出电流、电压和空调温度等传感信号，不让其在过流、过压及超温状态下工作，用于对整个系统运行的保护。

③ 中央处理器 CPU　根据空调的目标温度和蒸发器实际温度计算压缩机的目标转速，控制空调变频器栅极驱动电路的工作。而空调蒸发器的目标温度是由驾驶员设定的温度、车外温度传感器、车内温度传感器、日照传感器以及 PTC 温度传感器决定的。另外，车内湿度传感器会产生 CPU 的校正信号，提高了乘座的舒适性。

④ 输入/输出接口电路　负责对外部电路（如对动力管理系统电路）进行通信联系。

⑤ 电源供给电路　负责向 CPU 和栅极电路进行供电。

（四）电动空调的控制原理

**1. 空调控制方式**

在某电动汽车车型中，由整车控制器来控制其功能的开启与关闭。点火开关，旋至 ON 挡后，按下 A/C 按钮，表示空调制冷功能请求输出，此时整车控制器会接到 A/C 请求信号，同时开关上的指示灯点亮，整车控制器根据内部程序，控制制冷系统工作，图 4-22 所示为由整车控制器控制的空调控制方式。

还有的电动车型由空调控制器来控制空调系统工作。图 4-23 所示为由空调控制器控制的空调控制方式。

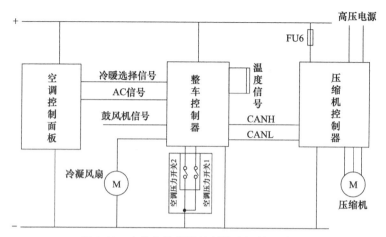

图 4-22 由整车控制器控制的空调控制方式

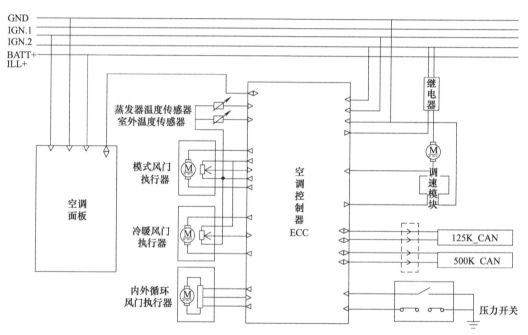

图 4-23 由空调控制器控制的空调控制方式

## 2. 与空调系统有关的控制器通信

以某电动汽车为例,讲述空调系统的内部通信原理。

(1) 空调控制器与 PTC 控制器通信　某车型空调控制器与 PTC 控制器通过 500K_CAN 网络进行信息交互,通信原理如图 4-24 所示。

图 4-24 空调控制器与 PTC 控制器通信原理

根据 CAN 报文协议,在冷暖调节(即屏幕显示)至暖风四挡时,空调控制器发出的PTC控制是使能命令；当环境温度大于35℃时，不允许PTC控制器加热器工作；收到整车控制器停机命令后，不允许启动PTC控制器加热，若已经启动，即时停止PTC控制器工作；在PTC控制器启动状态下，若乘员关闭空调，则风机延时5s后停机，同时，风向调整至吹足，此时延时状态仅用于PTC控制器散热，显示屏在关机时刻即关闭。

（2）空调控制器与压缩机控制器之间的通信　空调控制器与压缩机控制器通过500K_CAN网络进行信息交互。在按一下A/C制冷功能按键后，指示灯点亮；此功能启动后自动联动内循环；仅在冷暖调节至相应区间后可启动电动压缩机；指示灯表示目前处于制冷状态，不能指示实际电动压缩机工作状态（即电动压缩机由于蒸发温度、管路压力、故障、移出相应冷暖调节区间、整车控制器停机命令等因素停机或暂时停机时，此按键指示灯不熄灭），直至成员手动关闭；在待机状态操作时按键可唤醒空调，同时启动制冷功能。

（3）空调控制命令　根据CAN报文协议，控制电动压缩机需同时发出使能、目标转速两项命令。目标转速根据制冷程度分别选择3500r/min（最冷）、2500r/min、2000r/min、1500r/min，冷暖调节为中间状态或制暖状态时，压缩机停机；蒸发温度目标值上下限分别为1℃、4℃；当环境温度低于5℃时，不允许电动压缩机工作；收到整车控制器停机命令后，不允许启动电动压缩机，若已经启动，应及时停止电动压缩机的工作。

### 三、电动汽车空调暖风系统

#### （一）电动汽车暖风系统结构组成

汽车暖风系统是将冷空气送入热交换器，吸收某种热源的热量，提高空气的温度，并将热空气送入车内。汽车暖风系统的作用如下。

① 与蒸发器一起将空气调节到使人感到舒适的温度。

② 在寒冷的冬季向车内供暖，提高车内空气的温度。

③ 当车窗结霜，影响驾驶员和乘客的视线而不利于行车安全时，可通过暖风装置吹出的热风除霜。

电动汽车暖风系统由风机调速电阻、电子开关模块、风机、轮式换风器、PTC加热器、温度传感器、出风风道、出风口等元件构成，电子开关模块包括场效应管（MOSFET）、光电耦合器等部件。PTC加热器作为加热元件，通过动力蓄电池为其供电，由电子开关模块控制其通电发热。风机和轮式换风器用来实现暖风的输送及风向的改变。暖风热源采用PTC电阻加热器，安全可靠，能自行调整驾驶室内的温度，如图4-25所示。

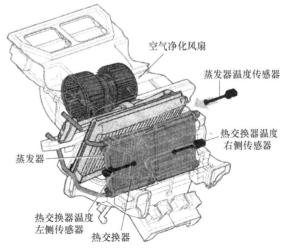

图4-25　电动汽车暖风系统

## （二）电动汽车暖风系统的加热方式

燃油汽车空调系统的暖风热源主要由发动机冷却液提供，而电动汽车的暖风系统与之不同。电动汽车空调暖风系统常见的加热方式如下。

### 1. 热泵

热泵空调系统以电动机为动力来驱动空调压缩机运转，利用制冷循环可逆转的特点，集制冷与制热为一体，具有结构紧凑、高效、环保等优点。热泵是一种可以将低位热源的热能强制转移到高位热源的空调装置，类似可以将低处的"水泵"转移到高处的"水泵"。使用四通换向阀可以使热泵空调的蒸发器和冷凝器功能互换，改变热量转移方向，从而达到夏天制冷、冬天制热的效果。热泵的理论基础来源于热力学逆卡诺循环，热泵型空调系统的制冷和制暖均采用专用的电动压缩机驱动制冷或制热循环，其中冬季采暖时不再像现有电动空调这样只采用PTC制热，而是使用电动压缩机驱动实现制热。

由传动带驱动的直流无刷电动机的电动汽车热泵式空调系统工作原理如图4-26所示。空调系统的制冷/制热模式由四通换向阀转换，实线箭头表示制冷工况，虚线箭头表示制热工况。从原理上讲，该系统与普通的热泵空调并无区别，但是用于电动汽车上，其专门开发了双工作腔滑片压缩机、直流无刷电动机和逆变器控制系统。在热泵工况下，系统从融霜模式转为制热模式时，风道内换热器上的冷凝水将迅速蒸发，并在风窗玻璃上结霜，会影响驾驶的安全性。

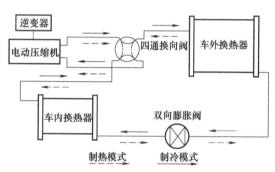

图4-26 电动汽车热泵式空调系统原理

### 2. PTC电加热器

PTC电加热器是以PTC热敏电阻元件为发热源的一种加热器。PTC热敏电阻通常是用半导体材料制成的，它的电阻值会随湿度改变而急剧变化，当外界温度降低时，PTC电阻值随之减小，发热量反而会相应增加。PTC元件的温度与电阻的特性如图4-27所示。刚开始对元件通电时，其电阻值会随着温度的升高而呈现缓慢下降的趋势，其常温下的发热量较低；而当温度超过"居里温度"时，它的电阻值会随着温度的升高呈阶跃性的增高，在狭窄的温度范围内，电阻变得极大，如达到250℃温度时，其电阻值会急剧增加几个至十几个数量级，这就是所谓非线性PTC效应。吹出气体的温度最高可达85℃，完全可满足空调制热的要求，如果高于85℃则PTC电阻变得极大，实际表现为自动停止工作。

PTC热敏电阻按材质可以分为陶瓷PTC热敏电阻和有机高分子PTC热敏电阻。用于空调辅助电加热器的是陶瓷PTC热敏电阻。PTC热敏电阻元件因具有随环境温度高低的变化，其电阻值随之增加或减小的变化特性，所以PTC加热器具有

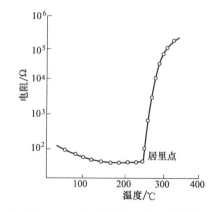

图4-27 PTC元件的温度-电阻特性曲线

节能、恒温、安全和使用寿命长等特点。因作为加热用的陶瓷 PTC 元件具有自动恒温的特性，故可省去一套复杂的温控线路，而且其工作电压可高达 1000V，可直接由电池的高压供电。

空调辅助电加热器可以分为粘接式陶瓷 PTC 加热器和金属 PTC 管状加热器。粘接式陶瓷 PTC 加热器是将多个陶瓷 PTC 芯片及铝波纹散热片用耐高温树脂胶粘接在一起的加热器，其散热性好、电气性能稳定。其中粘接式陶瓷 PTC 加热器又分为加热器表面带电型加热器和加热器表面不带电型加热器。

金属 PTC 管状加热器采用进口镍铁合金丝为发热材料，发热管外镶铝散热片，其散热效果非常好。加热器配有温度控制器和热熔断器，使产品使用更安全可靠。这种加热器具有 PTC 材料的良好特性，一些常见空调均采用此类加热器作为辅助加热装置。

PTC 加热器内部结构，如图 4-28 所示。

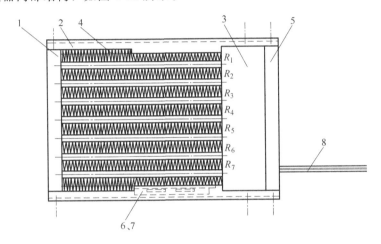

图 4-28　PTC 加热器内部结构

1—左基座；2—上下基座；3—右基座；4—PTC 加热器；5—盖板；6—熔断器底座；7—盖板；8—导线

EV200 PTC 加热器布置位置如图 4-29 所示，PTC 加热器实物如图 4-30 所示。

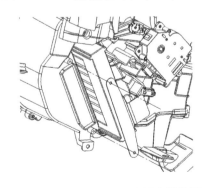

图 4-29　EV200 PTC 加热器布置位置

图 4-30　PTC 加热器实物

EV200 PTC 加热电阻由高压供电，由整车控制器或空调控制器控制搭铁回路。PTC 加热电阻的电路原理如图 4-31 所示。

EV200 暖风系统中，PTC 内部由两组电热丝并联组成，单独控制。PTC 上有温度传感

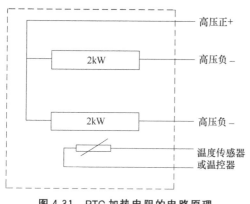

图 4-31　PTC 加热电阻的电路原理

器，可以实时监测 PTC 导通和切断。高压控制盒内有 PTC 熔断器，用来防止 PTC 失控而发生火灾。

在有些车型上，PTC 加热电阻的工作由专门的控制模块来控制，PTC 加热器控制原理如图 4-32 所示。PTC 控制模块采集加热请求，同时根据整车控制器或压缩机控制器控制信号、PTC 总成内部传感器温度反馈等信号综合控制 PTC 通断。PTC 控制模块采集的信息包括风速、冷暖程度、设置、出风模式、加热器启动请求和环境温度。

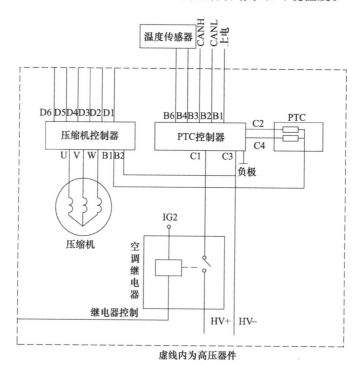

图 4-32　PTC 加热器控制原理

### 3. 余热 + 辅助 PTC

利用大功率器件（功率变换、驱动电机、电机控制器等）工作时产生的热量，对车内环境进行热交换。当热量不足时，启用辅助 PTC 加热器。

新能源汽车冷却液的作用：一方面是给汽车上的容易发热的元件（如电机等）散热；另一方面是在温度较低的情况下提供热能来供驾驶室采暖。纯电动汽车没有传统汽车的发动机，因此没有足够的热源，这样一来在温度较低的情况下仅靠电动汽车上的电器元件工作的热量来加热冷却液是远远不够的，无法给驾驶室提供足够的温度。

为保证在温度较低的情况下，给车内提供足够的温度，冷却液循环系统上安装了一个加热装置，如图 4-33 所示。该装置串联在冷却液循环系统中，用来加热冷却液，使冷却液达到合适的温度，加热器一般包括控温器和限温器。控温器一般都设置在插入水中的金属管内，其最高控制温度一般都设定在合适的温度区域，这样就可保证加热器有较大的蓄热量。为了避免控温器失灵时加热冷却液温度过高而影响车辆的工作性能，热水器上安装了限温器，其限温值设定在略高于控温器的最高控制温度，一旦加热温度达到设定值时，限温器便立即切断电源，避免了因加热失控而影响整车性能。

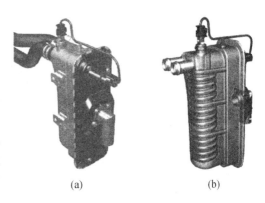

图 4-33　冷却液加热装置

加热装置的工作状态如下。

① 冷却液温度较低时的工作状态如图 4-34 所示，加热丝导通。

② 冷却液温度较高时的工作状态如图 4-35 所示，加热丝断开。

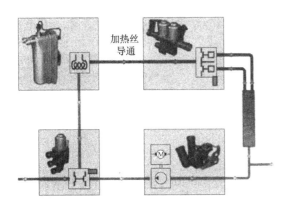

图 4-34　冷却液（温度较低）加热装置工作状态

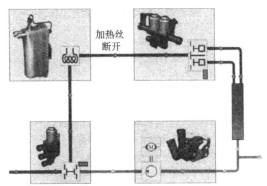

图 4-35　冷却液（温度较高）加热装置工作状态

新能源汽车空调能耗占整车能耗 15% 以上，PTC 热电阻加热供暖方式能耗很大。热泵技术节能效果明显，成为替代 PTC 的应用趋势。国外的宝马、三菱、日产都开始采用电动涡旋压缩机的技术，目前国内现在也有部分车型采用，但是现在的技术水平还是处于单机的水平。

对于热泵技术，进一步提升功率密度、降低最低工作温度是下一步研发的重点，也是节能重要的手段。

### 四、典型电动汽车空调系统构造

（一）荣威 E50 暖风与空调系统

暖风、通风与空调系统控制车辆内部温度及空气分配。该车安装有电子控制空调系统，其进气温度、出气温度、空气分配及鼓风机速度等都是手动选择的。配置的暖风、通风与空调系统使用的是电动压缩机和电加热器，如图 4-36 所示。

空调（A/C）制冷系统布置如图 4-37 所示。空调控制系统布置如图 4-38 所示。暖风和通风部件布置如图 4-39 所示。

图 4-36 电动压缩机与电加热器

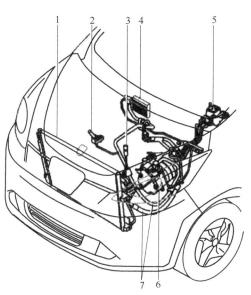

图 4-37 制冷系统布置

1—冷凝器；2—低压维修接头；3—高压维修接头；4—蒸发箱；5—电池冷却器（Chiller）；6—压缩机；7—空调管路

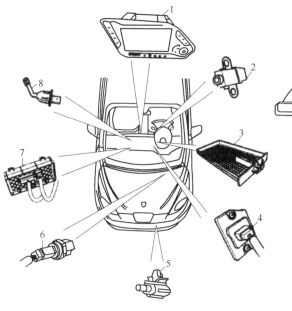

图 4-38 空调控制系统布置

1—空调与娱乐控制面板；2—室内温度传感器；3—加热器温度传感器；4—功率管；5—环境温度传感器；6—空调压力传感器；7—ETC控制器总成；8—蒸发器芯子温度传感器

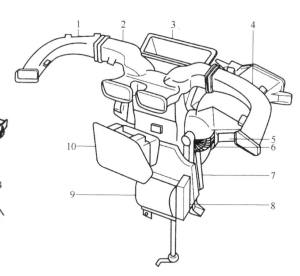

图 4-39 暖风和通风部件布置

1—左仪表板出风管；2—中央出风风道；3—前挡风玻璃出风口；4—右仪表板出风管；5—空调控制器总成；6—循环控制风门；7—乘客舱空气滤清器；8—空调箱加热模块；9—空调箱；10—空调与娱乐控制面板

空调箱总成的作用：按控制面板上所选择的模式控制温度，分配并引导进来的新鲜空气或循环空气。其部件包括鼓风机、电加热模块、蒸发器芯体及控制风门，安装在仪表板与发动机舱壁之间，如图 4-40 所示。

鼓风机安装在空调箱总成内，如图 4-41 所示。鼓风机由控制面板上的按键控制，实质是通过位于发动机舱熔丝盒内的鼓风机继电器及鼓风机调速电阻进行控制。

图 4-40　空调箱总成

图 4-41　鼓风机总成

高压电加热器和控制器采用高压 PTC 空气加热器，安装在空调箱总成内，如图 4-42 所示。

图 4-42　电加热模块

空调（A/C）制冷系统主要部件有电动压缩机、冷凝器、蒸发器、热力膨胀阀，其结构分别如图 4-43～图 4-46 所示。

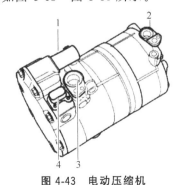

图 4-43　电动压缩机

1—高压线束连接器；2—进气口；
3—出气口；4—低压线束连接器

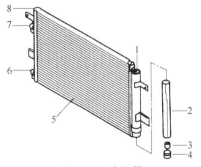

图 4-44　冷凝器

1—调节腔室；2—干燥剂；3—过滤器；4—堵塞；
5—热交换器；6—出液口；7—进气口；8—端部腔室

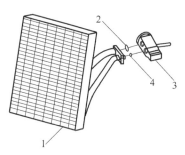

图 4-45 蒸发器

1—蒸发器主体；2—膨胀阀（TXV）低压侧 O 形密封圈；
3—膨胀阀（TXV）；4—膨胀阀（TXV）高压侧 O 形密封圈

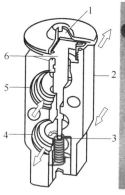

图 4-46 热力膨胀阀

1—膜片；2—壳体；3—计量阀；4—蒸发器的进口通道；5—蒸发器的出口通道；6—热敏管

① 电动压缩机安装在变速器的安装支架下，通过高压电机驱动。
② 冷凝器的作用是去除制冷剂中的湿气及固态颗粒，并作为液态制冷剂的容器。
③ 蒸发器安装在暖风机总成的进气口中。
④ 热力膨胀阀通过计量阀的限制使制冷剂的压力及温度降低，同时将制冷剂从固体粒子流变为精细的喷雾流，以改善蒸发效果。

离开蒸发器的制冷剂的温度和压力会作用在膜片及热敏管上，使膜片及热敏管移动，调节计量阀开度，从而控制通过蒸发器的制冷剂的量。

空调箱总成上带常闭电磁阀的热力膨胀阀如图 4-47 所示。

电池冷却器总成上带常开电磁阀的热力膨胀阀如图 4-48 所示。

图 4-47 热力膨胀阀安装位置（空调箱总成上）

图 4-48 热力膨胀阀安装位置（电池冷却器总成上）

膨胀阀的实车测试情况如表 4-1 所示。

表 4-1 膨胀阀实车测试情况

| 项目 | 不通电时 | 通电时 | 20℃时电磁阀电阻值/Ω |
|---|---|---|---|
| 空调箱上膨胀阀 | 两端相通 | 两端不通 | 23.7 |
| 电池冷却器上膨胀阀 | 两端不通 | 两端相通 | 23.7 |

电子空调控制系统（ETC）主要部件 ETC ECU 安装于乘客舱右侧熔丝盒附近（图 4-49），以高速 CAN 网络与其他控制器相互通信，同时以 LIN 线与电动压缩机和 PTC

图4-49 电子空调控制系统

加热模块进行通信,与BCM通过CAN通信,以控制后风窗加热器,通过与网关模块通信连接诊断系统,接收来自前保险杠上的环境温度传感器的信息。

(二)宝马i3空调系统

**1. 电动空调压缩机**

宝马i3使用的是一种电动空调压缩机。利用高压驱动空调压缩机(电气),因此可以提供所需的功率。即使在关闭发动机后的停车状态下,也可以利用空调压缩机(电气)驱动空调。

冷暖空调控制单元(IHKA)是主控制单元。冷暖空调控制单元通过LIN总线与空调压缩机(电气)的电子控制装置进行通信。电子控制装置和变压器均整合在空调压缩机的壳体之中,通过流经的制冷剂对这两者进行冷却,在电子控制装置中分析冷暖空调控制单元的请求,变压器将直流电压转变成交流电压,利用交流电压驱动空调压缩机。空调压缩机(电气)中的电子控制装置根据主控制单元(冷暖空调控制单元)的请求控制交流电机的转速。交流电机(外转子,同步)用于驱动空调压缩机。由多个永久磁铁构成转子的磁场。在一定的转速范围内(例如2000~8600r/min)驱动交流电机,可以连续调节转速。

用于压缩制冷剂的是螺旋压缩机(也称作涡旋压缩机)。螺旋压缩机基于排挤原理工作。螺旋压缩机由2个相互嵌套的螺旋构成。外螺旋固定不动,交流电机通过轴驱动内螺旋作偏心运动。通过偏心运动使得两个螺旋反复接触,在螺旋之内形成多个逐渐变小的腔室,从而通过固定外螺旋中的开口吸入气态制冷剂。旋转大约2圈之后(例如旋转720°之后)将吸入的制冷剂进行压缩。在随后的变化过程中(例如旋转960°之后)制冷剂通过外螺旋中的中间开口流向冷凝器。

如果空调压缩机(电气)中变压器的温度升高到110℃以上,冷暖空调控制单元就会关闭电动空调压缩机。可以预先采取不同的措施(例如提高转速以实现自我冷却)来限制温度。

用于高压触点监测装置的检测导线经过高压组件的所有插头。在一些插头中安装了一个电桥。检测导线呈环形(类似于MOST环形结构)。环路中的下列控制单元用来分析检测导线的测试信号(如具有一定频率的矩形波信号):电机电子伺控系统(EME)、存储器电子管理装置(SME)。

如果断开检测导线的电路,则EH/IE控制单元或者SME控制单元就会切断高压车载网络的供电。只有当检测导线的电路重新闭合后,才会给高压车载网络重新提供电压。

存储器电子管理系统（SME）用于生成测试信号。当启动高压车载网络时，存储器电子管理系统就会将测试信号馈入到检测导线之中。

图 4-50 所示为电动空调压缩机（电气）结构图，以 F04 车型为例。

空调压缩机（电气）通过五针插头连接与高压车载网络相连。空调压缩机（电气）通过七针插头连接与传统型车载网络（12V）和 LIN 总线相连。其电气连接如图 4-51 所示。

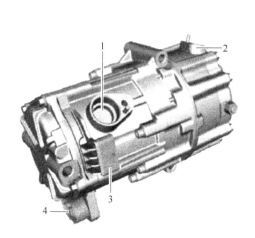 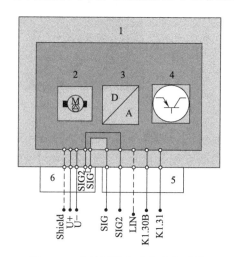

图 4-50　电动压缩机结构图
1—连接制冷剂管路（吸管）；2—连接制冷剂管路（高压管路）；3—七针插头连接（连接到传统型车载网络上）；4—五针高压连接（交流电机的供电）

图 4-51　电动压缩机内部电气连接
1—空调压缩机（电动）；2—交流电机；3—变压器（DC-AC 转换器）；4—电子控制装置；5—用于传统型车载网络的插头连接；6—用于高压车载网络的插头连接（用于具有高压触点监测装置的电桥）

高压连接线脚布置（五针插头连接）如表 4-2 所示。

表 4-2　高压连接线脚布置

| 线脚 $P_{in}$ | 说明 |
|---|---|
| 屏蔽 | 屏蔽 |
| SIG | 利用电桥将高压触点监测装置(输入端)连接至 SIG2 |
| SIG2 | 利用电桥将高压触点监测装置(输出端)连接至 SIG |
| U+ | 高压连接,正极 |
| U− | 高压连接,负极 |

连接到传统型车载网络以及 LIN 总线上（七针插头连接）的线脚布置如表 4-3 所示。

表 4-3　线脚布置

| 线脚 $P_{in}$ | 说明 | 线脚 $P_{in}$ | 说明 |
|---|---|---|---|
| 总线端 K1.30B | 总线端 K1.30B 基础运行 | SIG | 连接高压触点监测装置(输入端) |
| K1.31 | 总线端 K1.31 接地 | SIG2 | 连接高压触点监测装置(输出端) |
| LIN | LIN 总线 | | 2 个线脚未使用 |

空调压缩机（电气）标准值如表 4-4 所示。

表 4-4　空调压缩机（电气）标准值

| 参数 | 标准值 | 参数 | 标准值 |
|---|---|---|---|
| 供电电压 | 120V | 最大工作压力 | 30bar(1bar=$10^5$Pa) |
| 额定功率,转速 | 4.5kW,6500r/min | | |

## 2. 电控辅助加热器

在电控辅助加热器中，以电动方式将加热循环回路内的冷却液加热到客户希望的温度。电控辅助加热器是一个单独的部件，工作原理与电动直通式加热器一样。电控辅助加热器借助加热螺旋体按需加热循环回路中的冷却液。此时，以间歇方式控制加热螺旋体。通过局域互联网总线、电控辅助加热器将出口的冷却液温度以及电流消耗输出至冷暖空调的控制单元。在冷暖空调控制单元中，根据不同的信号（例如脚部空间温度传感器的温度信号）生成一个针对电控辅助加热器的百分比功率请求，并将其传输到局域互联网总线。

图4-52所示为电控辅助加热器，以I01车型为例。

电控辅助加热器连接在高压车载网络上。加热螺旋体是并联的。冷暖空调的控制单元控制电控辅助加热器。该控制单元内部电路连接如图4-53所示。

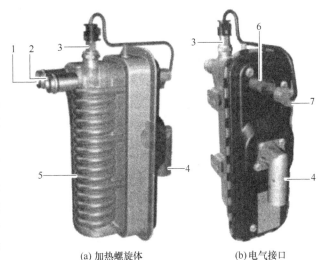

(a) 加热螺旋体　　　　(b) 电气接口

图4-52　电控辅助加热器接口分布

1—冷却液入口（来自附加冷却液泵）；2—冷却液出口（至车厢内部的暖风热交换器）；3—冷却液温度传感器（在暖风热交换器的冷却液出口上）；4—高压车载网络上的接口；5—加热螺旋体（3个加热螺旋体并联）；6—12V车载网络上的接口；7—冷却液温度传感器接口

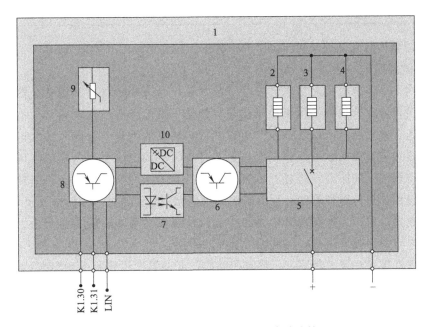

图4-53　电控辅助加热器内部电路连接

1—电控辅助加热器；2—加热螺旋体Ⅰ；3—加热螺旋体Ⅱ；4—加热螺旋体Ⅲ；5—电源开关；6—电子控制装置Ⅰ；7—光耦合器；8—电子控制装置Ⅱ；9—冷却剂温度传感器；10—DC-DC转换器

电控辅助加热单元部件安装位置与接口端子如图 4-54 所示。

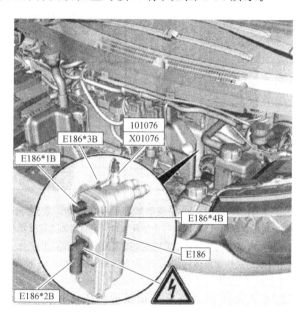

图 4-54　部件安装位置与接口端子

电控辅助加热器相关参数的标准值如表 4-5 所示。

表 4-5　电控辅助加热器相关参数的标准值

| 参　　数 | 标　准　值 | 参　　数 | 标　准　值 |
|---|---|---|---|
| 低压侧供电电压 | 9～18V | 主动式加热运行温度 | 不超过 105℃ |
| 高压侧供电电压 | 180～430V | 温度范围 | -40～120℃ |
| 额定电压为 280V 时的电功率 | 不超过 5.5kW(±10%) | 最大电流消耗 | 21A |

电控辅助加热器失灵时，预计会出现冷暖空调控制单元的故障记录。

### 3. 热泵控制器

在电动汽车中，电机和大功率电力电子装置上仅会产生少量可利用的余热，因此不值得安装附加设备将此余热有效用于加热供暖。即使车辆配备有增程设备，也不会利用发动机的余热。出于重量原因，一般不提供增程设备与热泵的组合。为使电动汽车的行驶距离不会因电子暖风装置而明显缩短，可由热泵通过冷暖空调提供车厢内部的暖风。热泵可视为采用冷暖空调的反向原理。热泵可将热能通过高温的制冷剂改道进入热泵热交换器，从而用于车厢内部加热，否则冷却运行中的热能将毫无用处地通过冷凝器排放至外界环境中。

热泵控制器以模拟方式实现执行器的控制以及热泵回路中的传感器分析。热泵控制器可将模拟信号转换为数字信号，以及进行相反的转换。

下列部件连接在热泵控制器上：热泵回路中的 3 个温度传感器；2 个制冷剂压力温度传感器；3 个制冷剂单向阀；3 个调节式膨胀阀；辅助冷却液泵。

局域互联网总线用作热泵控制器和冷暖空调（IHKR 和 IHKA）控制单元之间的通信数据总线。热泵控制器安装位置如图 4-55 所示。

热泵控制器通过一个 41 芯插头连接进行连接。热泵控制器通过局域互联网总线连接在冷暖空调的控制单元上。

如果车辆配备有热泵，则由热泵控制器来控制附加冷却液泵，否则将由车身域控制器（BDC）控制。热泵控制器失灵时，预计将在冷暖空调控制单元（自动恒温空调、手动恒温空调）中出现故障记录。

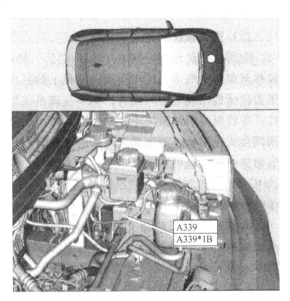

图 4-55　热泵控制器安装位置

## 第二节　电动汽车空调系统的检修

电动汽车空调系统采用机电一体化压缩机制冷及 PTC 制热模式采暖。与传统车型的空调系统相比，主要设计的区别是电动压缩机及 PTC 制热。下面以北汽 EV160/200 电动汽车为例介绍电动汽车空调系统的检修方法，其他电动车系可参考进行。

### 一、汽车空调的维修基本方法

汽车空调系统故障包括电器故障、功能部件的机械故障、制冷剂和冷冻机油引起的故障等，集中表现为系统不制冷、制冷不足、不制热、制热不足或异响等。

1. **基本判断**

基本方法是指根据看、听、摸等方式直观感觉故障部位。

① 看

a. 首先查看仪表板上的压力、水温、油压及各性能指示灯是否显示正常。

b. 观察冷凝器、蒸发器及管路连接处是否有油污，如有，则说明制冷剂和冷冻润滑油有泄漏。

c. 观察系统部件和管路接头处是否有结霜、结冰现象。

d. 从储液干燥器视液窗观察制冷剂量。

② 听　耳听压缩机、送风机、排风机是否有异常声音。

③ 摸　开启制冷系统 15～20min 后，用手触摸系统部件，感受其温度。

a. 压缩机进、排气管应有明显温差。

b. 冷凝器进、出口管应有温差，出口管温度应低于进口处温度。

c. 储液干燥器进、出口温度的比较：进口温度与出口温度相等时，表示冷气系统正常；进口温度低于出口温度时，表示制冷剂不足；进口温度高于出口温度时，表示制冷剂过多。

d. 膨胀阀进、出口温差应明显。

注意：在用手触摸高压区部位时要防止烫伤；如果压缩机高、低压侧之间没有明显温差，则说明制冷剂泄漏严重。

**2. 压力检测**

制冷系统工作时，内部压力变化与温度是密切相关的，这是进行诊断的依据。根据压力的变化情况，进一步诊断出系统可能出现故障的原因及部位。对于制冷系统而言，歧管压力表组是最常用的工具。

① 诊断方法　首先将压力表组的高、低压手动阀关闭，然后将压力表组的高、低压软管分别连接到系统的高、低压检修阀上，并利用系统内制冷剂压力排除管内空气。启动空调系统，待压力表指示稳定后即可读取压力值。

② 诊断标准　空调系统压力正常范围：低压侧为 0.15～0.25MPa，高压侧为 1.47～1.67MPa。根据车型、测试工况不同，压力范围略有差异。

**3. 注意事项**

维修空调系统时需要注意以下事项。

① 更换空调零部件后安装新件时应更换接口、O 形圈密封圈。

② 安装空调管路时应在 O 形圈和接口表面涂上足够的压缩机油。

③ 按要求使用压缩机润滑油，不良油品会造成压缩机的损坏。

④ 为了防止灰尘、异物等外部杂质进入内部，分解下来的管路和管接头部位应用柱塞密封好，注意要完全封住各软管，否则压缩机润滑油及储液干燥器将吸收水蒸气。

⑤ 若液体制冷剂接触眼睛和皮肤，则应用冷水冲洗，并注意不要揉眼睛或擦皮肤，在皮肤上涂凡士林软膏；严重的要立刻找医生或医院寻求专业治疗。

⑥ 避免制冷剂过量，若制冷剂过量，则会导致制冷效果不良，使能效降低。

⑦ 高压部分检修要遵循电动车安全维修规范。

## 二、电动汽车空调的检查与维护

以下以北汽 EV160/200 整车为例介绍电动汽车空调系统的基本检查项目与维护方法。

（一）制冷系统的基本检查与维护

**1. 制冷系统外观的检查**

① 检查制冷系统各管路接头处是否有油污及灰尘，如果有油污或灰尘则有可能泄漏，若有泄露则维修或更换。高低压维修阀及管路连接位置如图 4-56、图 4-57 所示。

② 检查冷凝器表面，是否有脏污，可用气枪吹净。冷凝器高压接口如图 4-58（a）所示。

③ 检查散热片是否有变形、损坏等。

④ 检查低压管路是否有结霜，如果有结霜则是因为膨胀阀开度过大。

图 4-56　高压维修阀及管路连接位置

1—高压维修阀接口；2—高压管路接口

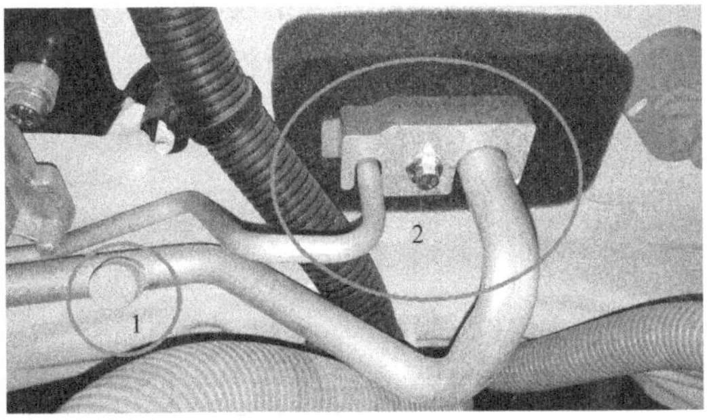

图 4-57　低压维修阀及管路连接位置

1—低压维修阀接口；2—高低压管路固定位置

**2. 连接螺栓的检查**

检查空调压缩机［高低压接口位置见图 4-58（b）］、散热器、蒸发器等制冷系统部件螺栓是否连接紧固，检查拧紧力矩是否符合要求。若不符合要求，则进一步拧紧到维修手册上要求的力矩。

**3. 制冷剂的检查**

检查制冷剂加注量否符合标准，若制冷剂的量不足，应按标准加注制冷剂至标准值。制冷剂加注过程和传统内燃机汽车空调相同。

**4. 蒸发器排水口的检查**

检查蒸发器排水口固定状态及排水口是否堵塞，如图 4-59 所示。

图 4-58　冷凝器高压接口和压缩机高低压接口位置

图 4-59　检查蒸发器排水口

**5. 空调压缩机的检查与维护**

① 检查空调压缩机上是否有灰尘、水渍与锈蚀等现象，如有，则用湿抹布清理。

② 检查压缩机工作声音是否正常，可将听诊器直接放在空调压缩机上，如果压缩机内有金属摩擦的声音，可能是轴承损坏、异动或定涡盘异响，需要修复或更换。

### 6. 空调控制面板功能的检查

EV160/200 空调控制面板如图 4-60 所示。检查时,转动到 ON 挡,按下 A/C 按钮。

图 4-60　EV200 空调控制面板

1—风速调节旋钮；2—空调压缩机 A/C 开关；3—出风模式选择开关；
4—前风挡玻璃除霜按钮；5—后风挡玻璃除霜按钮；6—内外循环
选择按钮；7—温度调节旋钮

① 扭转风量调节旋钮,检查风量是否符合。
② 按下内外循环按钮,观察空调能否进行内、外循环模式的切换。
③ 按 MOOD 按钮,根据显示屏上的出风模式,检查各出风口是否正常工作。
④ 分别按下前后风窗玻璃除霜按钮,检查出风口是否正常工作。

### 7. 空调滤芯的检查

空调滤芯通过过滤外界进入车厢内的空气来提高空气的洁净度。检查空调滤芯是否过脏,风速是否正常。应确保滤芯清洁,通风良好,无霉菌,滤芯放置周边密封良好。

① EV200 空调滤芯在副驾驶及搁脚处上方位置,如图 4-61 所示。

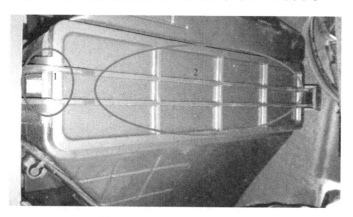

图 4-61　EV200 空调滤芯位置
1—盖板固定卡扣；2—空调滤芯盖板

② 打开空调滤清器盖板后方固定卡扣,取下空调滤清器盖板,空调滤芯如图 4-62 所示。

③ 取出空调滤芯,用气枪高压空气喷嘴与滤芯保持 50mm 的距离,用 500kPa 气压吹大约 2min。如果滤芯过脏,则需要更换。

图 4-62 空调滤芯

1—空调滤芯盖板；2—空调滤芯

④ 安装空调滤芯时，需要注意安装方向。

**8. 风道通风装置的检查**

检查风道通风装置，检查风道是否过脏或有异常情况，应确保风道清洁，通风良好，无异响。

① 检查左侧与右侧风道通风装置的上下左右调节功能和清洁情况，如图 4-63 所示。

图 4-63 检查左侧与右侧风道通风装置

② 检查控制面板中央出风口的上下左右调节功能和清洁情况，如图 4-64 所示。

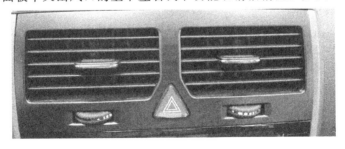

图 4-64 检查控制面板中央风道通风装置

**9. 电动压缩机电路线束的检查**

操作之前要设置隔离，放置警示标识，穿戴好防护用品。将电源开关至于 OFF 挡，钥匙放安全处,断开蓄电池负极,负极电缆蓄电池桩头用绝缘胶布包好。拆下维修开关,并放好。静置车辆5~10min。举升车辆,断开动力电池低压线束和高压线束。验电,如果有电需放电,确保高压母线无电才可进行下一步操作。

① 检查电路线束、插件及插接件连接处是否对插到位,有无松动、破损、腐蚀等现象,如图4-65(a)所示,若未达到要求,则修复或更换。

② 检查插接件线束波纹管有无破损,如图4-65(b)所示。若有,则修复或更换。

③ 检查插件内插针是否有退针、弯曲等异常现象,如图4-65(c)所示。若有,则修复或更换。

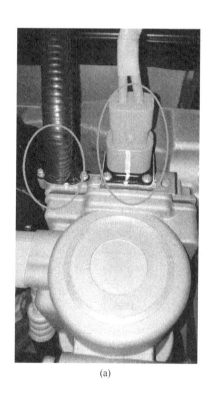

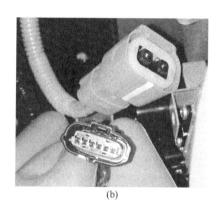

(b)

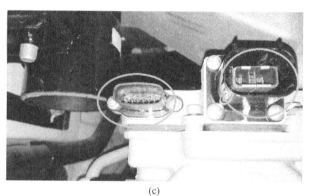

(a)                                (c)

图4-65　检查电动压缩机电路线束

**10. 压缩机控制器的绝缘性能的检查与维护**

EV160/200压缩机控制器的绝缘性能检查方法如下。

(1) 绝缘电阻检查　安全防护工作做好之后,用绝缘测试仪在挡位"DC 500V"下,测试压缩机控制器高压端子与外壳之间的绝缘电阻是否大于5MΩ,如图4-66所示。若未达到,则要修复或更换。(向空调压缩机内充入(50±1)$cm^3$的冷冻机油和(63±1)g的HFC-134a制冷剂后,空调压缩机正负极对车身外壳的绝缘电阻≥5MΩ;清空空调压缩机内部的冷冻机油后,空调压缩机正负极对车身外壳的绝缘电阻≥50MΩ)。

(2) 高压插件电阻值检查 安全防护工作做好之后，拔下母端高压插接件，测量压缩机公端高压插件正负极之间的电阻，正常值为 1.7～2MΩ，如图 4-67 所示。若未达到，则修复或更换。

图 4-66 测量压缩机控制器绝缘电阻

图 4-67 测量正负极间电阻

### （二）制热系统的基本检查

**1. 检查暖风气味**

启动制热功能，空气通过 PTC 加热从仪表盘通风口输出。将暖风功能打开，工作几分钟之后，检查吹出的风有无焦糊味。

**2. 检查与维护电路线束**

按照前面"电动压缩机电路线束的检查"进行。

**3. 检查连接螺栓**

检查 PTC 螺栓连接是否紧固，确认紧固力矩是否符合要求。若不符合，则进一步拧紧到维修手册上要求的力矩。

**4. 检查 PTC 绝缘性**

电动汽车的空调 PTC 属于高压部件，需要检查 PTC 正负极的绝缘电阻是否正常。EV200 检查方法如下。

在高低压段电极电容放电以后，根据高压控制盒高压附件接口的定义（图 4-68），用数字绝缘测试仪在"DC 500V"挡位下测试 PTC 正负极与车身外壳之间的绝缘电阻是否大于 500MΩ，若未达到则修复或更换。

检测 PTC 正、负极的绝缘性，如图 4-69 所示。

① 红表笔接 B 端子，黑表笔接车身搭铁，检测绝缘电阻。

② 红表笔接 D 端子，黑表笔接车身搭铁，检测 A 组负极的绝缘电阻。

③ 红表笔接 J 端子，黑表笔接车身搭铁，检测 B 组负极的绝缘电阻。

## 三、电动汽车空调的检修

（一）空调压缩机的拆卸与安装

1. 北汽 EV160 压缩机的拆卸

① 铺设三件套。

② 关闭点火开关，拔出钥匙。

③ 打开前机舱盖，铺设翼子板护垫。

④ 断开低压蓄电池负极线，用绝缘胶带包裹，防止虚接发生危险。

⑤ 检查绝缘手套是否有破损。

⑥ 断开 PDU 端压缩机高压线束插头。

⑦ 通过测量低压蓄电池电压的方式核查数字万用表。

⑧ 测试压缩机高压线束端子搭铁电压。

⑨ 佩戴护目镜，防止制冷剂、冷冻油喷溅到眼中。

⑩ 拧开空调高压管加注口保护盖。

图 4-68 高压控制盒高压附件接口的定义

B—PTC 电源正极；C—压缩机电源正极；
D—PTC-A 组负极；H—压缩机电源
负极；J—PTC-B 组负极

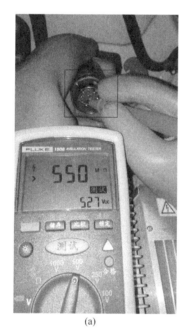 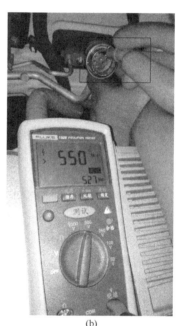

(a)             (b)

图 4-69 检测 PTC 正、负极的绝缘性

⑪ 拧开空调低压管加注口保护盖。

⑫ 安装制冷剂回收加注机的高压管，并拧开阀门。

⑬ 安装制冷剂回收加注机的低压管，并拧开阀门。

⑭ 打开制冷剂回收加注机开关。

⑮ 按下回收制冷剂按钮。

⑯ 打开制冷剂回收加注机低、高压管阀门。

⑰ 按下回收制冷剂按钮。
⑱ 根据车型输入制冷剂回收量（克数），开始回收。
⑲ 回收完成后，关闭制冷剂回收加注机高、低压管阀门。
⑳ 拆下高压加注管。
㉑ 拆下低压加注管。
㉒ 安装空调高压管加注口保护盖。
㉓ 安装空调低压管加注口保护盖。
㉔ 举升车辆，拆下前机舱下护板。
㉕ 断开压缩机低压线束插头。
㉖ 断开压缩机高压线束插头。
㉗ 松开吸入管固定螺钉，拔出压缩机高压管。
㉘ 包裹高压管管口，防止进入灰尘、水等异物。
㉙ 松开排出管固定螺钉，拔出压缩机低压管，包裹低压管管口。
㉚ 松开压缩机的三个固定螺栓取下压缩机总成。

**2. 北汽 EV160 压缩机的安装**

① 安装压缩机，拧紧 3 个固定螺栓。
② 拆开压缩机高压管密封膜，高压管密封圈涂抹润滑油，安装高压管。
③ 紧固吸入口螺栓，拆开排出口封堵，安装低压管。
④ 紧固排出口固定螺栓。
⑤ 安装压缩机端的压缩机高压线束插头，安装压缩机低压线束插头和高压线束插头。
⑥ 安装低压蓄电池负极线。
⑦ 拧开空调高压加注口保护盖，拧开空调低压加注口保护盖。
⑧ 安装制冷剂回收加注机高压管，并打开阀门。
⑨ 安装制冷剂回收加注机低压管，并打开阀门。
⑩ 打开制冷剂回收加注机开关。
⑪ 拧开制冷剂回收加注机高、低压管阀门。
⑫ 按下抽真空按钮，并确认开始工作。
⑬ 抽真空完毕，下一步开始保压工作。
⑭ 保压完成后，开始下一步注油工作。
⑮ 注油完成后退回主页面。
⑯ 拧开制冷剂回收加注机高、低压管阀门。
⑰ 选择加注制冷剂，并根据实际车辆输入制冷剂加注量。
⑱ 制冷剂加注完成。
⑲ 关闭制冷剂回收加注机高压管路阀门，并取下制冷剂回收加注机高压管。
⑳ 关闭制冷剂回收加注机低压管路阀门，并取下制冷剂回收加注机低压管。
㉑ 安装空调高压管加注口保护盖，安装空调低压管加注口保护盖。
㉒ 开始进行管路清理，回收加注机高压管、低压管的残余制冷剂、冷冻油。
㉓ 清理完毕后确认退出清理页面。
㉔ 关闭制冷剂回收加注机高压管、低压管阀门。

㉕ 关闭制冷剂回收加注机。

㉖ 打开点火开关。

㉗ 打开空调系统显示屏，点击 A/C 开启空调系统。

㉘ 调整吹风大小。

㉙ 调整温度大小。

㉚ 关闭空调系统。

㉛ 关闭点火开关。

㉜ 安装前机舱下护板。

㉝ 降下车辆。

㉞ 收起翼子板护垫。

㉟ 放下前机舱盖。

(二) 电动汽车空调制冷剂加注

制冷剂加注操作步骤如下。

① 佩戴好护目镜。

② 拧开空调高压管加注口保护盖，拧开空调低压管加注口保护盖。

③ 安装制冷剂回收加注机的高压管，拧开高压管阀门。

④ 安装制冷剂回收加注机的低压管，拧开低压管阀门。

⑤ 打开制冷剂回收加注机开关，选择回收制冷剂，打开制冷剂回收加注机高、低压管阀门。

⑥ 根据车型选择制冷剂回收量（克数），点击确认回收冷媒。

⑦ 回收完毕后，点击抽真空按钮，默认为 15 min。

⑧ 抽真空完毕之后，点击下一步开始保压过程，保压过程默认为 1min。

⑨ 保压完成后选择下一步，点击确认按钮。

⑩ 注油完成后退出注油页面。

⑪ 打开制冷剂回收加注机高、低压管总阀门。

⑫ 点击加注制冷剂按钮，输入制冷剂加注量。

⑬ 制冷剂加注完成。

⑭ 关闭制冷剂回收加注机高压管路阀门，拔下高压管。

⑮ 关闭制冷剂回收加注机低压管路阀门，拔下低压管。

⑯ 安装空调高压管加注口保护盖，安装空调低压管加注口保护盖。

⑰ 点击下一步。

⑱ 再次确认高、低压管已经从汽车上移下，之后回收加注机高、低压管路中的残余制冷剂、冷冻油，默认清理时间为 2min。

⑲ 点击确认清理完成。

⑳ 关闭制冷剂回收加注机高、低压管阀门。

㉑ 关闭制冷剂回收加注机开关。

(三) 电动汽车 PTC 加热芯的检修

**1. 电动汽车 PTC 加热芯的拆卸**

① 关闭点火开关，拔下钥匙。

② 打开前机舱，铺设翼子板护垫。
③ 断开低压蓄电池负极，用绝缘胶带包裹负极防止虚接。
④ 检查绝缘手套是否破损，戴上绝缘手套，断开 PTC 高压插头。
⑤ 将万用表旋至直流电压挡，通过测量 12V 低压蓄电池电压的方式核实数字万用表。
⑥ 将万用表旋至直流电压挡，用万用表检测 PTC 高压线束端子之间电压和端子对地之间电压。
⑦ 分别拆下主驾驶、副驾驶的副仪表板子母扣，取下副仪表板前挡板总成。
⑧ 断开加速踏板上方的 PTC 总成高压线束。
⑨ 断开安全气囊模块左侧的 PTC 负极搭铁。
⑩ 在 PTC 高压线束插口端固定牵引导线。
⑪ 拆下暖风蒸发箱总成的 PTC 盖板固定螺钉，取下 PTC 盖板。
⑫ 从暖风蒸发箱抽出 PTC 总成及 PTC 高压线束。
⑬ 断开 PTC 温度传感器插头。
⑭ 断开高压线束牵引卡子，取出 PTC 总成及 PTC 高压线束。

**2. 电动汽车 PTC 加热芯的检测**

① 将万用表旋至欧姆挡，校正万用表。
② 将端子针延长线接入温控开关端子。
③ 测试温控开关端子间电阻。温控开关电阻规格如下。
   当最低温度小于 80℃ 时，电阻值应小于 1Ω。
   当最高温度大于 85℃ 时，电阻值应大于 10kΩ。
④ 拔出端子针延长线。
⑤ 测量 PTC 加热芯端子之间的电阻。规格如下。
   将表笔连接蓝色和白色端子应为 1000~1100Ω。
   将表笔连接红色和白色端子应为 330~3700Ω。
   将表笔连接红色和蓝色端子应为 600~700Ω。
⑥ 关闭万用表。

**3. 电动汽车 PTC 加热芯的安装**

① 将 PTC 高压线束插头固定在牵引线上。
② 将 PTC 总成插入暖风蒸发箱内。
③ 缓慢拖动前机舱侧导线，将 PTC 高压线束插头从副驾驶室拖到主驾驶室。
④ 松开 PTC 高压线束的牵引线。
⑤ 安装 PTC 负极搭铁线。
⑥ 将 PTC 盖板固定到暖风蒸发箱上。
⑦ 安装 PTC 温度传感器插头。
⑧ 安装副驾驶副仪表板前挡板总成，并扣上子母扣。
⑨ 安装 PTC 插头。
⑩ 安装主驾驶副仪表板前挡板总成，并扣上子母扣。
⑪ 安装 PTC 高压线束插头。
⑫ 安装蓄电池负极线。

⑬ 打开点火开关，开启暖风测试温度。
⑭ 用感受出风口温度。
⑮ 关闭暖风系统。
⑯ 关闭点火开关，收起翼子板护垫。
⑰ 关闭前机舱盖。

### 四、汽车空调系统故障分析与排除

（1）压缩机无启动声音，电源电流无变化

① 原因分析

a. 12V DC（或 24V DC）控制电源未接入驱动控制器。

b. 控制电源电压不足或超压。

c. 接插件端子接触不良或松脱。

② 检修步骤

a. 查压缩机一体机电源插头端子是否松脱。

b. 检查控制电源到驱动控制器之间的导线是否有短路。

（2）压缩机发出异常声音

① 原因分析

a. 电机缺相。

b. 冷凝器风机无正常工作，系统压差过大，电机负载过大。

② 检修步骤

a. 检查驱动控制器与电机连接的电源及相关导线，保证其接触良好及导通。

b. 保证冷凝器风机正常工作，待系统压力平衡后再次启动。

（3）压缩机无启动声音，电源电流无变化各端口电压正常

① 原因分析　空调控制器未接收到空调系统的 A/C 信号。

② 检修步骤

a. 检查 A/C 开关是否有故障。

b. 检查与 A/C 开关相连的导线是否短路。

c. 检查 A/C 开关连接方式是否正常（接地低电平 0~0.8V）。开启压缩机，接高电平或悬空关闭压缩机。

（4）高压压力正常，低压压力偏低

① 原因分析　蒸发器表面结满灰尘，蒸发器表面翅片碰伤，温度驱动控制器失灵，鼓风机风量减小（风量开关、变速电阻器损坏）。

② 检修步骤　清洗及整理蒸发器表面，检修温控器、鼓风机、风量开关、变速电阻器，当更换蒸发器时必须向系统内加注 30~50mL 冷冻油。

（5）开启空调前后声音变化

① 原因分析　当启动空调后，电机与压缩机的旋转均会产生声音，电机转动引起整体振动的频率有微小差异，最后传出的声音有差异；故在车静止时人感觉电动压缩机的声音有差别，个别会认为是异响。

② 检修步骤　首先检查安装部位是否达标，其次判断制冷剂加注量及过程是否符合标

准,最后对空调系统中运动件声音检查,判定压缩机工作声音是否正常,可用听诊器直接放在压缩机上听取,若是电机内部零件运转及摩擦声音,则属工作声音正常。

## 第三节 比亚迪电动空调系统的检修

### 一、比亚迪电动空调系统的结构特点

比亚迪电动空调系统主要由空调系统总成 HVAC(空调箱体)、空调管路、电动压缩机、冷凝器、空调控制面板及相关传感器、空调驱动器等组成。其中空调驱动器与 DC/DC 转换器布置于同一壳体中,位于前舱左侧。PTC 取代了暖风芯体,不在 HVAC 总成中。

下面以比亚迪 E6 为例,介绍空调系统的组成部件。

(一)制冷系统

1. 制冷系统结构组成

比亚迪 E6 空调制冷系统及送风系统的组成,如图 4-70 所示。

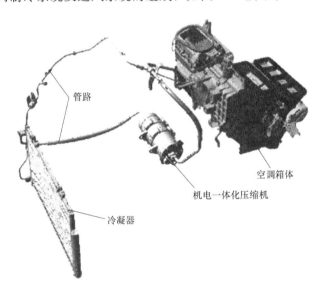

图 4-70 比亚迪 E6 空调制冷系统及送风系统的组成

(1)电动压缩机 比亚迪 E6 空调系统的压缩机为电动压缩机,其驱动靠高压电驱动,转速由控制系统主动调节,调节范围为 0~4000r/min。这样既保证了良好的制冷效果,同时也节省了电能。比亚迪 E6 采用的电动涡流式压缩机属于第 3 代压缩机,如图 4-71 所示。该电动压缩机采用螺旋式的压缩盘。

比亚迪 E6 压缩机的接线如图 4-72 所示,电路图如图 4-73 所示。

比亚迪 E6 电动压缩机的工作参数如下。

① 工作电压:320V;② 制冷剂型号和加注量:R134a,550g;③ 压缩机油型号和加注量:POE68,120mL。

电动汽车电气系统原理与检修

图 4-71 比亚迪 E6 电动压缩机

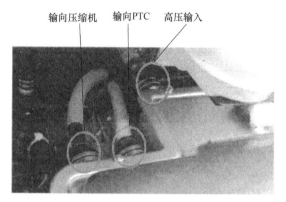

图 4-72 电动压缩机的接线

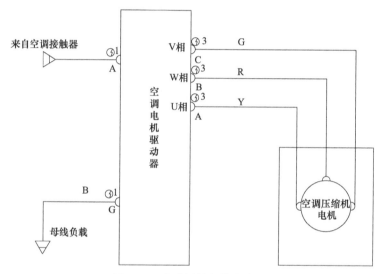

图 4-73 电动压缩机的电路图

（2）冷凝器　冷凝器如图 4-74 所示。冷凝器的作用是对压缩机排出的高温高压制冷剂蒸气进行冷却，使之凝结成高温高压液体。制冷剂蒸气放出的热量排到大气中。

（3）储液干燥器　储液干燥器如图 4-75 所示。储液干燥器作用：①储存制冷剂，接收从冷凝器来的液体并加以储存，根据蒸发器的需要提供所需的制冷剂量；②过滤，将系统

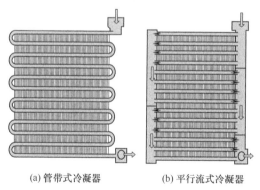

(a) 管带式冷凝器　　(b) 平行流式冷凝器

图 4-74 冷凝器

图 4-75 储液干燥器

中经常会出现的杂质和其他脏物,如锈蚀、污垢、金属微粒等过滤掉,这些杂质不仅会损伤压缩机轴承,而且还会堵塞过滤网和膨胀阀;③吸收系统中的湿气,汽车空调系统中要求湿气越少越好,因为湿气会造成"冰塞"并腐蚀系统管道等,使制冷系统不能正常工作。

(4) 膨胀阀　膨胀阀如图 4-76 所示。膨胀阀的作用:①节流降压,使从冷凝器过来的高温高压液体制冷剂节流降压成为容易蒸发的低温低压雾状制冷剂进入蒸发器,即分开了制冷剂的高压侧和低压侧;②自动调节制冷剂流量,根据制冷负荷的改变和压缩机转速的变化,自动调节制冷剂进入蒸发器的流量以满足制冷循环的需要。

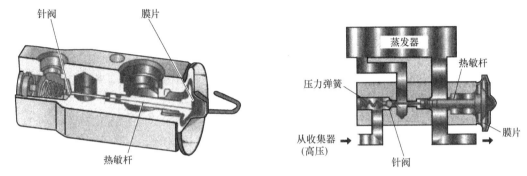

图 4-76　膨胀阀

(5) 蒸发器　蒸发器如图 4-77 所示。蒸发器作为汽车空调制冷系统中的另一个热交换器,作用与冷凝器相反,它是将经过节流降压后的液态制冷剂在蒸发器内沸腾汽化,吸收蒸发器表面周围空气的热量而使之降温,风机将冷风吹到车厢内达到降温的目的。

(6) 压力开关　压力开关如图 4-78 所示。压力开关的作用是检测制冷系统内部压力,保护制冷系统。新能源汽车空调系统采用三位开关:低压、中压、高压。压力低于 0.18MPa,低压开关断开;压力高于 3.14MPa,高压开关断开,压缩机停止工作;压力高于 1.5MPa,中压开关闭合,冷凝风扇高速旋转。

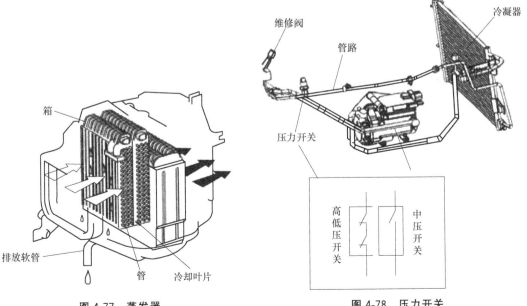

图 4-77　蒸发器　　　　图 4-78　压力开关

## 2. 比亚迪 E6 电动制冷系统的控制原理

比亚迪 E6 电动空调系统控制框图，如图 4-79 所示。

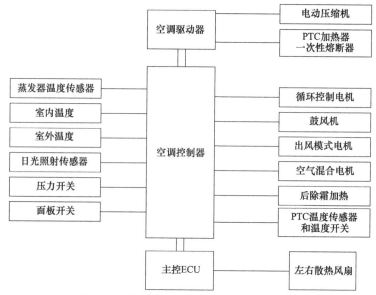

图 4-79　比亚迪 E6 电动空调系统控制框图

空调控制器接收空调面板开关、各种相关传感器、制冷剂压力开关信号，直接控制鼓风机及各风门电机动作，同时通过 CAN 信号，控制空调驱动器驱动电动压缩机和 PTC 加热器，控制主控 ECU 控制风扇动作。

## 3. 比亚迪 E6 空调系统电路图、控制器端子及检修数据

比亚迪 E6 空调系统电路图，如图 4-80 所示。

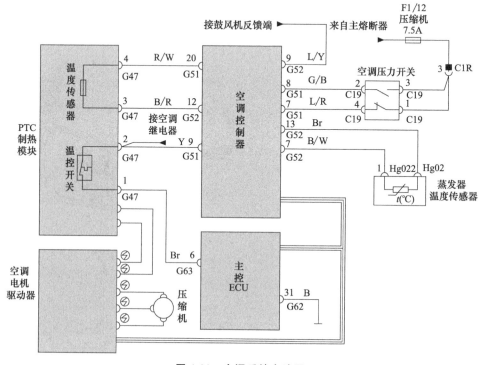

图 4-80　空调系统电路图

比亚迪 E6 电动空调控制器端子，如图 4-81 所示。

比亚迪 E6 电动空调控制器端子定义，如表 4-6 所示。

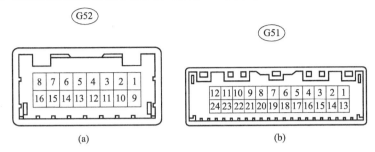

图 4-81　空调控制器端子示意图

表 4-6　比亚迪 E6 电动空调控制器端子定义

| 端子号 | 线色 | 端子描述 | 条件 | 正常值 |
| --- | --- | --- | --- | --- |
| G51-7—车身搭铁 | R | 高/低压力开关信号输入端 | 0.196MPa≤制冷剂≤3.14MPa | 11～14V |
| G51-8—车身搭铁 | R | 中压压力开关信号输入端 | 制冷剂压力≥1.47MPa | 11～14V |
| G51-24—车身搭铁 | B/Y-B | ON 挡电源输入端 | 电源挡位上到 ON 挡 | 11～14V |
| G51-23—车身搭铁 | B/Y-B | ON 挡电源输入端 | 电源挡位上到 ON 挡 | 11～14V |
| G51-17—车身搭铁 | B | 搭铁 | 始终 | 小于 1Ω |
| G51-18—车身搭铁 | B | 搭铁 | 始终 | 小于 1Ω |
| G51-22—车身搭铁 | B | 搭铁 | 始终 | 小于 1Ω |
| G51-13—车身搭铁 | Lg/R | 循环电机内循环端 | 将内外循环模式调至内循环 | 电压信号 |
| G51-14—车身搭铁 | G/W | 循环电机外循环端 | 将内外循环模式调至外循环 | — |
| G52-9—车身搭铁 | L/Y | 鼓风机反馈端 | 开空调 | 反馈信号 |
| G51-4—车身搭铁 | L/B | 鼓风机速度调整端 | 开空调 | 速度信号 |
| G51-20—车身搭铁 | R/W | PTC 温度传感器搭铁 | 始终 | 小于 1Ω |
| G52-12—车身搭铁 | B/R | PTC 温度传感器输入端 | 开空调（制热模式） | 温度信号 |
| G51-9—车身搭铁 | Y | 空调继电器吸合信号 | 开空调 | 小于 1Ω |
| G52-5—车身搭铁 | B/W | 室内温度传感器搭铁 | 始终 | 小于 1Ω |
| G52-15—G52-5 | Sb-B/W | 室内温度传感器输入 | — | — |
| G51-19—车身搭铁 | B/W | 日光照射传感器接地 | 始终 | 小于 1Ω |
| G52-14—G51-19 | O-B/W | 日光照射传感器输入端 | 开空调 | 光照信号 |
| G52-6—车身搭铁 | B | 室外温度传感器搭铁 | 始终 | 小于 1Ω |
| G52-16—G52-6 | P-B | 室外温度传感器输入端 | 开空调 | 温度信号 |
| G52-7—车身搭铁 | B/W | 蒸发器温度传感器搭铁 | 始终 | 小于 1Ω |
| G52-13—G52-7 | Br-B/W | 蒸发器温度传感器输入端 | 开空调 | 温度信号 |
| G51-2—G51-1 | Y/G-W/L | 出风模式风门控制电机电源输入端 | 开空调,调节出风模式 | 11～14V |
| G51-11—车身搭铁 | R/L | 出风模式风门位置反馈端 | 开空调,调节出风模式 | 风门位置信号 |
| G51-1—6G51-15 | G-P/L | 驾驶员侧空气混合电机电源输入端 | 开空调,调节出风温度 | 11～14V |
| G52-10—车身搭铁 | P/B | 冷暖风门位置反馈端 | 开空调,调节出风温度 | 风门位置信号 |
| G52-8—车身搭铁 | R/Y | 冷暖风门电机及模式电机高电位端 | 开空调 | 约 5V |

## （二）比亚迪 E6 暖风系统

比亚迪 E6 车型的空调系统采用机电一体化压缩机制冷及 PTC 制热模块采暖。与传统车型的空调系统相比，主要设计的区别是电动压缩机及 PTC 制热。制热方面，传统的车型通过发动机冷却液温度的热量来制热，在发动机启动、暖机等冷却液温度较低的阶段制热效果不好。而比亚迪 E6 通过约 3000W 的 PTC 制热模块制热，制热效果好，同时可以调节制热量。

比亚迪 E6 暖风系统采用空调控制器驱动 PTC 加热器制热，通过鼓风机吹出的空气将 PTC 散发出的热量送到车厢内或风窗玻璃上，用以除霜和提高车厢内温度，如图 4-82 所示。PTC 加热器实物，如图 4-83 所示。

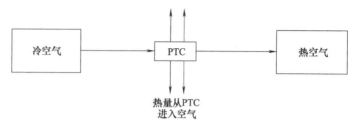

图 4-82　比亚迪 E6 暖风系统原理

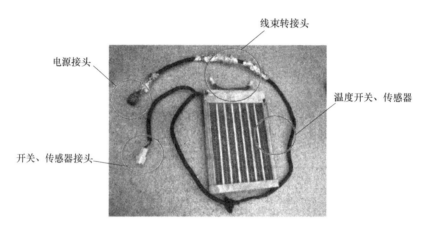

图 4-83　PTC 加热器实物

## 二、比亚迪 E6 空调制冷系统的检修

### 1. 比亚迪压缩机故障诊断

电动压缩机的故障一般通过检查系统压力进行诊断。

（1）压力测量

满足下列条件后读取歧管压力表压力。测试条件如下。

① 启动车辆。

② 鼓风机转速控制开关置于"HI"位置。

③ 温度调节旋钮置于"COOL"位置。

④ 空调开关打开。

⑤ 车门全开。

⑥ 点火开关置于可使空调压缩机运转的位置。

正常工作的制冷系统仪表读数，如表 4-7 所示。系统仪表压力指示，如图 4-84、图 4-85 所示。

表 4-7　系统正常压力读数

| 压　　力 | 读　　数 | 压　　力 | 读　　数 |
| --- | --- | --- | --- |
| 低压压力 | 0.15～0.25MPa | 高压压力 | 1.37～1.57MPa |

压缩机压缩量不足时，制冷系统压力表读数如表 4-8 所示。

表 4-8　系统压力故障压力读数

| 压力 | 读数 | 可能原因 | 诊　断 | 纠正措施 |
|---|---|---|---|---|
| 低压压力 | 高 | 压缩机内部泄漏 | 压缩能力过低,阀门损坏引起泄漏,或零件可能断裂 | 更换压缩机 |
| 高压压力 | 低 | | | |

导致汽车空调制冷不足的故障原因很多，在诊断时应熟练掌握制冷系统的工作原理，利用系统的高、低压压力，并配合各部位的温度变化，根据不同元件故障的特征不同，进行确认与排除。

(2) 比亚迪 E6 空调电动压缩机不转的原因

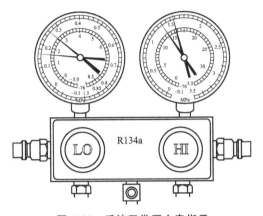

图 4-84　系统正常压力表指示

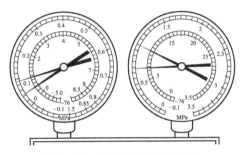

图 4-85　系统压力表故障指示

空调制冷请求信号发送的条件如下。

① A/C 按键有效。
② 空调系统压力非高压、非低压。
③ 压缩机启停时间间隔大于等于 10s。
④ 蒸发器温度大于等于 4℃。
⑤ 鼓风机运转。

在满足空调制冷的条件下，如果压缩机不运转，检查压缩机电路及压缩机本体。

**2. 比亚迪 E6 空调控制器 CAN 的检测**

① 拔下主控 ECU G63、G72 连接器。
② 拔下空调控制器 G52 连接器。
③ 测量线束端连接器各端子间电阻，如表 4-9 所示。

表 4-9　空调控制器端子接线规格表

| 端　子 | 正常值 | 端　子 | 正常值 |
|---|---|---|---|
| G52-2—G15-3 | 小于 1Ω | G52-3—G63-1 | 小于 1Ω |
| G52-3—G15-1 | 小于 1Ω | G52-2—G72-24 | 小于 1Ω |
| G52-2—G63-9 | 小于 1Ω | G52-3—G72-12 | 小于 1Ω |

**3. 比亚迪 E6 空调系统的故障现象**

比亚迪 E6 空调系统常见的故障及可能的故障部位，如表 4-10 所示。

表 4-10　比亚迪 E6 空调系统故障现象对照表

| 故障症状 | 可能发生部位 |
| --- | --- |
| 制冷系统工作不正常（实际温度与设定温度有偏差，风速挡位异常） | ①各传感器 |
| | ②前调速模块 |
| | ③A/C 鼓风机 |
| | ④空调控制面板总成 |
| | ⑤线束和连接器 |
| 出风模式调节不正常 | ①前出风模式风门控制电机 |
| | ②空调控制器 |
| | ③线束和连接器 |
| 驾驶员侧冷暖调节不正常 | ①驾驶员侧空气混合控制电机 |
| | ②空调控制器 |
| | ③线束和连接器 |
| | ①副驾驶员侧空气混合控制电机 |
| | ②空调控制器 |
| | ③线束和连接器 |
| 内外循环调节不正常 | ①循环控制电机 |
| | ②空调控制器 |
| | ③线束连接器 |
| 空调系统所有功能失效 | ①高压配电 |
| | ②空调电机驱动器 |
| | ③空调控制器电源电路 |
| | ④空调控制器 |
| | ⑤CAN 传输系统 |
| | ⑥线束和连接器 |
| 仅制冷系统失效（鼓风机工作正常） | ①压缩机 |
| | ②空调电机驱动器 |
| | ③压力开关 |
| 鼓风机不工作 | ①鼓风机回路 |
| | ②空调控制器 |
| 后除霜失效 | ①后除霜回路 |
| | ②主控 ECU |
| | ③线束和连接器 |
| 仅暖风系统失效 | ①PTC 制热模块 |
| | ②空调电机驱动器 |

## 三、比亚迪 E6 暖风系统检修

### 1. 比亚迪 E6 暖风系统故障检修流程分析

阅读并分析比亚迪 E6 暖风系统故障检修的流程，如图 4-86 所示。

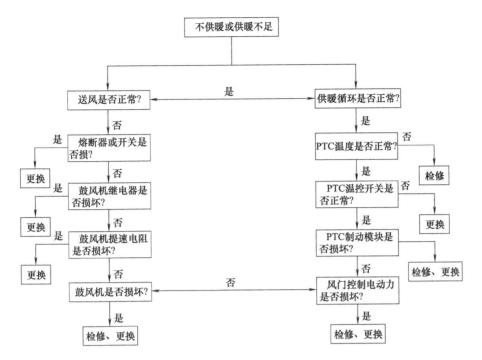

图 4-86　暖风故障检修流程

### 2. PTC 温度传感器的检查

比亚迪 E6 暖风系统的 PTC 温度传感器的电路图，如图 4-87 所示。

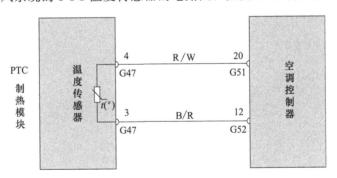

图 4-87　PTC 温度传感器电路图

利用万用表检测 PTC 温度传感器端子的线束，检测数据如表 4-11 所示。

表 4-11　PTC 温度传感器接线端子检测数据

| 端子 | 正常值 | 端子 | 正常值 |
| --- | --- | --- | --- |
| G47-4—G51-20 | 小于 10Ω | G47-4—车身搭铁 | 大于 10kΩ |
| G47-3—G52-12 | 小于 1Ω | G47-3—车身搭铁 | 大于 10kΩ |

### 3. PTC 制热模块的检查

比亚迪 E6 暖风系统 PTC 制热模块的电路图，如图 4-88 所示。利用万用表检测 PTC 制热模块的电源、搭铁以及与各控制器之间的线路是否导通。

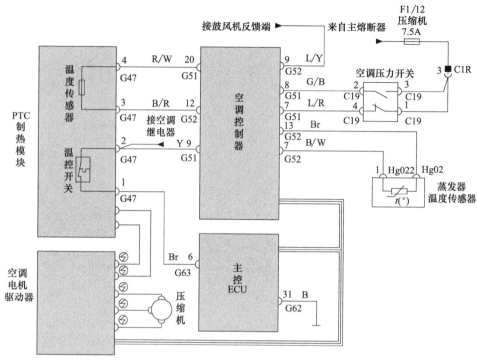

图 4-88 PTC 制热模块电路图

### 4. 温控开关的检查

比亚迪 E6 暖风系统温控开关的电路图,如图 4-89 所示。

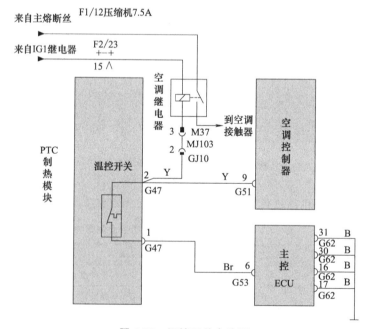

图 4-89 温控开关电路图

利用万用表检测温控开关端子的线束,检测数据如表 4-12 所示。

## 表 4-12 温控开关接线端子检测数据

| 端　子 | 条　件 | 正　常　值 |
|---|---|---|
| G47-1—G47-2 | $t<80℃$ | 小于 1Ω |
| G47-1—G47-2 | $t>85℃$ | 大于 10kΩ |

**5. PTC 加热器芯的拆装及更换**

以下是更换比亚迪 E6 PTC 加热器芯的程序，但并不是针对所有的车型，具体请参照相应车型的维修资料。

① 断掉电源，打开维修开关。
② 拆卸仪表板相关部件，以便接近加热器芯。
③ 拆下加热器芯，并且固定支架卡箍。
④ 从外壳上取出加热器芯。
⑤ 按照维修手册的正确方法更换 PTC 加热芯，然后装复。
⑥ 恢复维修开关到通电位置，连接电源，启动车辆测试。

## 四、比亚迪唐汽车空调系统的检修

**1. 比亚迪唐汽车空调控制系统部件检测**

（1）空调控制器从空调控制器 G92、G91、G152 连接器接口处测量。各端子情况如表 4-13 所示。

## 表 4-13 空调控制器各端子情况

| 端子号 | 线色 | 端子描述 | 条件 | 正常值 |
|---|---|---|---|---|
| G91-3—车身地 | W/R | ON 挡电 | ON 挡电 | 11~14V |
| G91-4—车身地 | B/W | 水泵继电器驱动信号 | — | — |
| G91-12—车身地 | R/Y | 负离子高压包继电器控制脚 | — | — |
| G91-14—车身地 | R/B | 鼓风机继电器驱动信号 | — | — |
| G91-18—车身地 | B | 搭铁 | 始终 | 小于 1V |
| G91-20—车身地 | L/R | 压力传感器 1 电源(输出 4.8V) | — | — |
| G91-22—车身地 | G/Y | 模式风门电机反馈电源 | — | — |
| G91-23—车身地 | Br | 主驾冷暖电机反馈电源 | — | — |
| G91-24—车身地 | Y/R | 副驾冷暖电机反馈电源 | — | — |
| G91-25—车身地 | O | 小风门电机反馈电源 | — | — |
| G92-1—车身地 | R/Y | 主驾驶冷暖电机控制电源 2 | — | — |
| G92-2—车身地 | Br | 三通水阀电机控制电源 1 | — | — |
| G92-3—车身地 | Y/B | 模式电机控制电源 1 | — | — |
| G92-5—车身地 | G/R | 内外循环电机控制电源 1 | — | — |
| G92-7—车身地 | Y/B | 副驾驶冷暖电机控制电源 1 | — | — |
| G92-8—车身地 | B | 主驾驶冷暖电机控制电源 1 | — | — |
| G92-9—车身地 | G/P | 三通水阀电机控制电源 2 | — | — |

续表

| 端子号 | 线色 | 端子描述 | 条件 | 正常值 |
| --- | --- | --- | --- | --- |
| G92-10—车身地 | R/G | 模式电机控制电源2 | — | — |
| G92-11—车身地 | Y | 内外循环电机反馈电源1 | — | — |
| G92-13—车身地 | G/W | 内外循环电机控制电源2 | — | — |
| G92-14—车身地 | L | 小风门电机控制电源2 | — | — |
| G92-15—车身地 | SB | 小风门电机控制电源1 | — | — |
| G92-17—车身地 | LG | 副驾驶冷暖电机控制电源2 | — | — |
| G92-19—车身地 | B | 搭铁 | — | — |
| G92-20—车身地 | BR/W | 三通水阀电机反馈电源 | — | — |
| G92-21—车身地 | O | 日光照射传感器电源 | — | — |
| G92-24—车身地 | Y | 前鼓风机反馈信号 | — | — |
| G152-2—车身地 | P | CAN线端子(整车CAN-H) | 始终 | 2.5～3.5V |
| G152-3—车身地 | V | CAN线端子(整车CAN-L) | 始终 | 1.5～2.5V |
| G152-4—车身地 | V | CAN线端子(内部CAN-L) | 始终 | 1.5～2.5V |

(2) 室外温度传感器 室外温度传感器各端子情况见表4-14。

表4-14 室外温度传感器各端子情况

| 端子 | 条件 | 正常值 | 端子 | 条件 | 正常值 |
| --- | --- | --- | --- | --- | --- |
| 1—2 | 0℃ | 32.25～33.69kΩ | 1—2 | 35℃ | 6.424～6.610kΩ |
| 1—2 | 15℃ | 15.77～16.00kΩ | 1—2 | 90℃ | 0.8810～0.9429kΩ |
| 1—2 | 25℃ | 9.90～10.10kΩ | | | |

(3) 蒸发器温度传感器 蒸发器温度传感器各端子情况见表4-15。

表4-15 蒸发器温度传感器各端子情况

| 端子 | 条件 | 正常值 | 端子 | 条件 | 正常值 |
| --- | --- | --- | --- | --- | --- |
| 1—2 | 0℃ | 14.820～16.380kΩ | 1—2 | 35℃ | 1.031～1.095kΩ |
| 1—2 | 25℃ | 1.581～1.679kΩ | 1—2 | 80℃ | 0.209～0.215kΩ |

(4) 室内温度传感器 室内温度传感器各端子情况见表4-16。

表4-16 室内温度传感器各端子情况

| 端子 | 条件 | 正常值 | 端子 | 条件 | 正常值 |
| --- | --- | --- | --- | --- | --- |
| 1—2 | 0℃ | 32.25～33.69kΩ | 1—2 | 35℃ | 6.0～6.3kΩ |
| 1—2 | 15℃ | 13.8～14.4kΩ | 1—2 | 90℃ | 0.8810～0.9429kΩ |

(5) 压力传感器 用压力表进行检测，低压侧为0.15～0.25MPa，高压侧为1.47～1.67MPa。压力传感器各端子情况见表4-17。

(6) 出风模式电机 出风模式电机各端子情况见表4-18。

(7) 鼓风机 鼓风机各端子情况见表4-19。

表 4-17 压力传感器各端子情况

| 端子 | 线色 | 正常值 | 端子 | 线色 | 正常值 |
|---|---|---|---|---|---|
| B45-3—G156-6 | Y/L | 小于1Ω | B45-2~车身地 | B | 小于1Ω |
| B45-1—G91-20 | L/R | 小于1Ω | | | |

表 4-18 出风模式电机各端子情况

| 端子 | 正常情况 |
|---|---|
| GJ67-20—蓄电池(＋)GJ67-17~蓄电池(一) | 电机正转 |
| GJ67-17~蓄电池(＋) GJ67-20~蓄电池(一) | 电机反转 |

| 端子 | 条件 | 正常值 |
|---|---|---|
| G91-22—车身地 | 开空调 | 约5V |
| G92-10—车身地 | 开空调、调节温度(降低) | 11~14V |
| G92-3—车身地 | 开空调、调节温度(降低) | 小于1V |
| G92-3—车身地 | 开空调、调节温度(升高) | 11~14V |
| G92-10—车身地 | 开空调、调节温度(升高) | 小于1V |
| G152-30—车身地 | 开空调,调节温度 | 电压信号 |

表 4-19 鼓风机各端子情况

| 端子 | 条件 | 正常值 |
|---|---|---|
| G34-2—车身地 | ON挡电按下A/C开关 | 11~14V |
| B1D-4—车身地 | ON挡电按下A/C开关 | 11~14V |
| 继电器88脚—车身地 | 始终 | 11~14V |
| 3—5 | 1、2脚加蓄电池电压 | 小于1Ω |
| 3—5 | 1、2脚悬空 | 大于10kΩ |

(8) 内外循环电机　内外循环电机各端子情况见表4-20。

表 4-20 内外循环电机各端子情况

| 端子 | 正常情况 |
|---|---|
| GJ67-3—蓄电池(＋)GJ67-2—蓄电池(一) | 电机正转 |
| GJ67-2—蓄电池(＋)GJ67-3—蓄电池(一) | 电机反转 |

| 端子 | 条件 | 正常值 |
|---|---|---|
| G1522-27~车身地 | 开空调,调节内外循环 | 电压信号 |

(9) 主驾空气混合电机　主驾空气混合电机各端子情况见表4-21。

表 4-21 主驾空气混合电机各端子情况

| 端子 | 正常情况 |
|---|---|
| GJ67-15—蓄电池(＋)GJ67-14—蓄电池(一) | 电机正转 |
| GJ67-14—蓄电池(＋)GJ67-15—蓄电池(一) | 电机反转 |

续表

| 端　子 | 条件 | 正常值 |
| --- | --- | --- |
| G91-23—车身地 | 开空调 | 约5V |
| G92-1—车身地 | 开空调、调节温度（降低） | 11～14V |
| G92-8—车身地 | 开空调、调节温度（降低） | 小于1V |
| G92-8—车身地 | 开空调、调节温度（升高） | 11～14V |
| G152-15—车身地 | 开空调,调节温度 | 电压信号 |
| G92-1—车身地 | 开空调、调节温度（升高） | 小于1V |

（10）副驾空气混合电机　副驾空气混合电机各端子情况见表4-22。

表4-22　副驾空气混合电机各端子情况

| 端　子 | 正常情况 |
| --- | --- |
| GJ67-5—蓄电池（＋）GJ67-6～蓄电池（－） | 电机正转 |
| GJ67-6—蓄电池（＋）GJ67-5～蓄电池（－） | 电机反转 |

| 端　子 | 条件 | 正常值 |
| --- | --- | --- |
| G91-24—车身地 | 开空调 | 约5V |
| G92-7—车身地 | 开空调、调节温度（降低） | 11～14V |
| G92-17—车身地 | 开空调、调节温度（降低） | 小于1V |
| G92-17—车身地 | 开空调、调节温度（升高） | 11～14V |
| G152-23—车身地 | 开空调,调节温度 | 电压信号 |
| G92-7—车身地 | 开空调、调节温度（升高） | 小于1V |

## 2．空调系统故障代码

比亚迪唐汽车空调系统故障代码如表4-23所示。

表4-23　比亚迪唐汽车空调系统故障代码

| 空调控制器故障码 | 故障描述 | 可疑部位 |
| --- | --- | --- |
| B2A4E | 压力传感器断路 | 压力传感器回路 |
| B2A4F | 压力传感器短路 | — |
| B2A50 | 高压接触器烧结 | 高压接触器 |
| U0146 | 与网关失去通信故障（包括车速、水温、放电允许、软关断信号） | 网关、线束 |
| U0253 | 与空调压缩机失去通信故障 | 空调压缩机、线束 |
| U0254 | 与PTC失去通信故障 | PTC、线束 |
| U1103 | 与安全气囊失去通信故障 | SRS、线束 |
| B2AB0 | 电流采样电路故障 | 空调压缩机 |
| B2AB1 | 电机缺相故障 | 空调压缩机 |
| B2AB2 | IPM/IGBT故障 | 空调压缩机 |
| B2AB3 | 内部温度传感器故障 | 空调压缩机 |
| B2AB4 | 内部电流过大故障 | 空调压缩机 |
| B2AB5 | 启动失败故障 | 空调压缩机 |
| B2AB6 | 内部温度异常 | 空调压缩机 |
| B2AB7 | 转速异常故障 | 空调压缩机 |
| B2AB8 | 相电压过高故障 | 空调压缩机 |
| B2AB9 | 负载过大故障 | 空调压缩机 |
| U2A01 | 负载电压过压故障 | 电池包 |
| U2A02 | 负载电压低压故障 | 电池包 |
| B2ABA | 内部低压电源故障 | 空调压缩机、线束 |
| U0164 | 与空调控制器失去通信 | 线束、空调控制器 |
| U0253 | 与空调压缩机失去通信 | 线束、空调压缩机 |
| B1210 | 左侧散热片温度传感器断路 | PTC |

续表

| 空调控制器故障码 | 故障描述 | 可疑部位 |
|---|---|---|
| B1211 | 左侧散热片温度传感器短路 | PTC |
| B1212 | PTC 驱动组件故障 | PTC |
| B1213 | PTC 加热组件故障 | PTC |
| B1216 | PTC 回路电流过大 | PTC |
| B1217 | 控制器内部+15V 电压异常 | 线束、电源 |
| B1218 | IGBT 组件功能失效 | PTC |
| B121A | 1 号 IGBT 驱动芯片功能失效 | PTC |
| B121B | 2 号 IGBT 驱动芯片功能失效 | PTC |
| B121C | 3 号 IGBT 驱动芯片功能失效 | PTC |
| B121D | 4 号 IGBT 驱动芯片功能失效 | PTC |
| B1220 | 右侧散热片温度传感器断路 | PTC |
| B1221 | 右侧散热片温度传感器短路 | PTC |
| B122A | 冷却液温度传感器断路 | PTC |
| B122B | 冷却液温度传感器短路 | PTC |
| B1230 | 左侧散热片温度过热 | PTC |
| B1233 | 右侧散热片温度过热 | PTC |
| B1236 | 冷却液温度过热 | PTC |
| B1239 | IG2 电源过压 | — |
| B123A | IG2 电源欠压 | 线束、电源 |
| B123B | 负载电源过压 | 动力电池 |
| B123C | 负载电源欠压 | — |
| **PM2.5 故障码** | **检测项目** | **故障部位** |
| B1108 | PM2.5 速测仪短路 | PM2.5 测试仪 |
| B1109 | PM2.5 速测仪断路 | PM2.5 测试仪 |
| B110A | PM2.5 速测仪 CAN 信号故障 | CAN 网络 |
| B110B | PM2.5 速测仪气泵故障 | PM2.5 测试仪 |
| B110C | PM2.5 速测仪激光二极管失效 | PM2.5 测试仪 |
| B110D | PM2.5 速测仪光电接收模块失效 | PM2.5 测试仪 |
| B110F | PM2.5 速测仪电磁阀失效 | PM2.5 测试仪 |

## 第四节 赛欧 EV 空调系统的检修

### 一、赛欧 EV 空调系统的结构原理

（一）结构组成

**1. 空调系统**

空调系统使用制冷剂 R-134a，它是一种超低温气体，能将乘客舱和高压蓄电池的热量转移至车外大气中。使用空调压缩机上的高压释放阀对空调系统进行机械保护。如果制冷剂压力传感器出现故障，或者空调系统阻塞且制冷剂压力持续上升，那么高压释放阀将打开并将制冷剂从系统中释放。高电压电动空调压缩机为带有自容式高电压逆变器的电机直接耦合式压缩机。当车辆未运转时，电空调压缩机有能力运行并具有冷却性能。这一特点使电动空调压缩机可以独立以某一速度运行。电子车内气候控制模块和车辆一体化控制模

块（VICM）将控制电动空调压缩机达到一个维持理想冷却等级的必要转速，而不是循环开启和关闭电动空调压缩机。

电动空调压缩机建立压力并增加制冷剂气体的热量。制冷剂气体从电动空调压缩机流至冷凝器，在冷凝器中制冷剂从气体凝结为液体，同时将热量扩散到车外大气中。然后，液态制冷剂流至蓄电池冷却器上的一个热膨胀阀（TXV）。热膨胀阀可降低液态制冷剂的压力，它使制冷剂从液态膨胀为蒸气。低压制冷剂蒸气流入蓄电池冷却器并开始沸腾，当制冷剂蒸汽从蓄电池冷却器内流动的冷却液吸收热量时，它就变为气体。蓄电池冷却器内的几块板子将蓄电池冷却液和制冷剂隔离。液态制冷剂还流至蒸发器上的第二个热膨胀阀。低压制冷剂蒸气从热膨胀阀流入蒸发器并开始沸腾，当制冷剂吸收来自客舱空气（流经蒸发器的外表面）的热量时，制冷剂变为气体。客舱空气中的水分凝结在蒸发器的外表面并向下流至暖风、通风与空调模块的底部，在此处通过一根排放软管排放到客舱之外。然后，低压制冷剂从蓄电池冷却液和蒸发器背部流出至电动空调压缩机，循环在此处开始重复。

### 2. 暖风系统

暖风系统使用高电压加热器向客舱提供热量。高电压加热器在车辆未运行且客舱需要热量时使用。高电压加热器提供不同等级的热量，取决于所需热量的多少和车外温度。

暖风、通风及空调控制模块打开冷却液泵并监测客舱、车外、发动机散热器、高电压加热器，以确定冷却液流量控制阀的位置及是否需要高电压加热器。客舱热量通过空气流过加热器芯来提供。加热器芯由来自高电压加热器的冷却液进行加热。

乘客舱加热器冷却系统循环使用的冷却液为一种 DEX-COOL® 冷却液和去离子水按1∶1 比例混合的液体。暖风装置连接部件如图 4-90 所示。

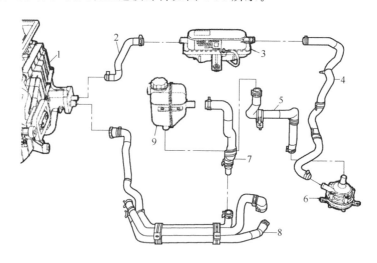

图 4-90 赛欧 EV 暖风装置

1—空调箱；2—暖风装置冷却液加热器出水管；3—暖风装置冷却液加热器；4—暖风装置冷却液加热器进水管；5—加热器水辅助泵进水管；6—加热器水辅助泵；7—暖风装置冷却液加热器储液罐进水管；8—驱动电机蓄电池冷却液冷却器进出口软管带加热器出水管；9—暖风装置冷却液加热器储液罐

### （二）空调控制原理

#### 1. 温度和分配控制

（1）循环控制空气风门　循环控制空气风门通过打开和关闭新鲜空气进气口和循环空

气进气口来控制进气源。控制面板上的循环控制空气开关控制伺服电机驱动风门。

(2) 混合风门 混合风门调节通过暖风芯体的空气流,以控制空调箱总成中空气的温度。混合风门连接到空调箱箱体中的心轴上。混合风门由混合风门伺服电机控制。

(3) 空气分配风门 空气分配风门用于控制脚部位置、前挡风玻璃/前侧窗和面部出风口的空气流。这些风门控制从混合风门到出风口的流量,它们在操纵杆机构和控制面板上的空气分配开关之间安装有模式伺服电机。

(4) 空气分配管道 仪表板上的两侧和面部出风口各有一个空气分配管道。前挡风玻璃的空气分配管道集成在仪表板中。仪表板中的通风口总成使乘员可以控制吹向面部的空气流量和方向。每个通风口总成都集成了用以调节流量的控制方向的可移动叶片。

### 2. 制冷系统原理

制冷系统将车辆内部的热量传递到外部大气中,以提供除湿的凉爽空气给空调箱总成。该系统由电空调压缩机、冷凝器、TXV、空调管路和蒸发器组成。系统是一个填充 R-134a 制冷剂作为传热介质的封闭回路。制冷剂中添加空调润滑油,以润滑电空调压缩机的内部组件。

为完成热量的传递,制冷剂环绕系统循环,在系统内,制冷剂经历两种压力/温度模式。在每一种压力/温度模式下,制冷剂改变其状态,在改变状态的过程中,吸收与释放最大限度的热量。低压/低温模式从 TXV 开始,经蒸发器到电空调压缩机,在 TXV 内,制冷剂降低压力及温度,然后在蒸发器内改变其状态,从中温液态到低温蒸气,以吸收经过蒸发器周围空气的热量。高压/高温模式从电空调压缩机开始,经冷凝器到 TXV,制冷剂在通过电空调压缩机时,增加压力及温度,然后在冷凝器内释放热量到大气中,并改变其状态,从高温蒸气到中高温液态。系统原理如图 4-91 所示。

该制冷系统也参与电池系统的冷却,用于带走电池系统工作时产生的热量,将电池系统维持在一个良好的温度环境中。

电空调压缩机通过压缩来自蒸发器的低压、低温蒸气,并将其加载成到冷凝器的高压、高温蒸气的方式,使制冷剂环绕系统循环。冷凝器将制冷剂的热量传递到周围空气中,以使来自电空调压缩机的制冷剂蒸气转变成液态。冷凝器同时还通过其干燥模块去除制冷剂中的湿气及固态颗粒,并作为液态制冷剂的容器,以适应蒸发器内的热负荷的变化。

由于冲击效应和/或冷却风扇的作用,通过经过热交换器的空气来吸收制冷剂的热量,将制冷剂由蒸气转变成液态。在制冷剂进入调节腔室前,冷凝器冷却并液化制冷剂。在调节腔室内,制冷剂内的大部分剩余气体被分离出来,制冷剂通过干燥剂及过滤器,以去除其中的湿气及颗粒物,进入次级冷却器部分。当制冷剂经过次级冷却器部分时,被进一步冷却,从而将冷凝器出口至蒸发器的制冷剂几乎 100% 转变为液态。

膨胀阀可调节制冷剂的流量,使制冷剂流量与通过蒸发器芯体的空气热负荷相匹配。热力膨胀阀安装在蒸发器的进口接口及出口接口上。该阀有一个铝制的壳体,壳体内有进口及出口通道。在进口通道内安装有计量阀,计量阀由连接在膜片上的热敏管控制。膜片顶部充有制冷剂可感应蒸发器出口压力,而热敏管感应蒸发器出口温度。通过调整热力膨胀阀开度使得受力平衡,保证蒸发器出口有合适的过热度,达到制冷量与空气热负荷平衡。

该车上安装有两个带电磁阀的热力膨胀阀,一个安装在空调箱总成上,是一个带常闭电磁阀的热力膨胀阀;另一个安装在电池冷却器总成(Chiller)上,是一个带常开电磁阀

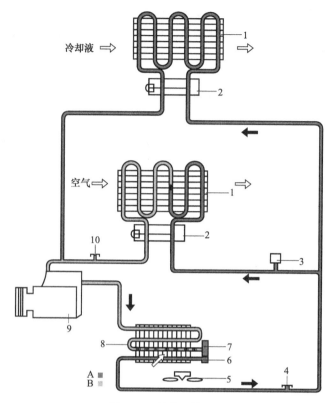

图 4-91 制冷系统原理

A—液态制冷剂；B—气态制冷剂；1—蒸发器；2—TXV；3—空调压力传感器；4—高压维修接头；
5—冷却风扇；6—过滤器；7—干燥剂；8—冷凝器；9—电空调压缩机；10—低压维修接头

的热力膨胀阀。带电磁阀的热力膨胀阀能根据系统的需要将热力膨胀阀接通或断开，当膨胀阀被接通时，制冷剂可以流经膨胀阀；当膨胀阀被断开时，制冷剂就不能流动。

液态制冷剂流经计量阀，进入蒸发器。通过计量阀的限制使制冷剂的压力及温度降低，同时将制冷剂从固体粒子流变为精细的喷雾流，以改善蒸发效果。当制冷剂通过蒸发器时，吸收流经蒸发器芯体周围空气的热量，温度的增加使制冷剂蒸发并增加制冷剂的压力。

离开蒸发器的制冷剂的温度和压力作用在膜片及热敏管上，使膜片及热敏管移动，调节计量阀开度，从而控制通过蒸发器的制冷剂的量。流经蒸发器芯体的空气越热，可用来蒸发制冷剂的热量就越大，从而允许更多的制冷剂通过计量阀。

蒸发器安装在暖风机总成的进气口中，用于吸收外部进气或循环进气的热量。低压低温制冷剂在蒸发器中由液体变为蒸气，在该转变状态过程中会吸收大量热量。

铝制空调管路将系统各部件连接在一起，为确保密封可靠，各接口间安装有 O 形圈。为了维持系统的相似流速，空调管路的直径会有所不同，以适应两种压力/温度状况。低压/低温状况下安装较大直径的管路，高压/高温状况下安装较小直径的管路，并将制冷剂加注接口整合在空调管路中，以便于系统维修。

### 3. 空调运行控制

为了运行制冷系统，A/C ECU 控制电空调压缩机转速，VCU 控制冷却风扇的转速。A/C ECU 还控制空调箱上的伺服电机、鼓风机速度、空气温度和空气分配的操作。

(1) 进气方式控制　按下控制面板空气循环模式按键或LCD空调系统界面的车内循环模式触摸键时，LCD空调系统界面中的内循环模式触摸键高亮，循环控制电机带动空调箱总成中的控制风门，以关闭新鲜空气进气口，打开循环空气进气口。

再按下循环控制开关或LCD空调系统界面中的外循环模式触摸键时，内循环模式触摸键图标高亮消失，同时外循环模式触摸键高亮；然后，循环控制电机转动暖风机总成中的控制风门，以打开新鲜空气进气口，关闭循环空气进气口；循环控制电机控制风门切换到外循环模式。

(2) 鼓风机速度控制　鼓风机控制模块将鼓风机的电源输出端连接到不同的接地端，从而产生相应不同的鼓风机运行电压。鼓风机控制模块最多可提供整个蓄电池电压给鼓风机，使其以最大速度运行。

(3) 空气温度控制　按下控制面板升温按键、降温按键或LCD空调系统界面的升温触摸键、降温触摸键时，可以操纵暖风机总成上的暖风机混合风门伺服电机，同时可以控制电空调压缩机或空调箱加热模块。混合风门改变流经空调箱和空调箱加热模块芯体的空气比例。

(4) 空气分配控制　按下控制面板空气分配模式按键或LCD空调系统界面上的4个相应触摸键，以操纵模式风门伺服电机转动空调箱总成中的空气分配风门来引导空气进入乘客舱周围相应的出风口。

## 二、赛欧EV空调（A/C）系统性能测试

### 1. 测试制冷系统

如果怀疑制冷系统发生故障，则检查是否存在以下情况。

① 检查散热器芯和冷凝器芯外表面，确保气流未被灰尘、树叶或其他异物堵塞。检查冷凝器与散热器之间以及所有外表面。

② 检查冷凝器芯、软管和管内是否阻塞或扭结。

③ 检查鼓风机风扇的工作情况。

④ 检查所有空气管道是否泄漏或堵塞。气流量低表明蒸发器芯可能堵塞。

### 2. "制冷不足"快速检查步骤

执行以下"触摸"程序，快速判断空调系统是否正确加注了制冷剂。大部分车型的气温必须高于21℃（70 ℉）。

① 启动车辆。

② 打开前舱盖和所有车门。

③ 接通空调开关。

④ 将温度控制按钮设置到最冷位置。

⑤ 将鼓风机转速开关设置为最大转速。

⑥ 用手感触蒸发器出口管处的温度。管应该是冷的。

⑦ 检查是否有其他故障。

⑧ 检查系统是否泄漏。若发现泄漏，则将系统排空并进行必要的修理。在修理完毕后，排空并重新加注系统。

## 三、赛欧 EV 暖风与空调诊断

### 1. 暖风性能诊断（表 4-24）

表 4-24　赛欧 EV 暖风性能诊断表

| 步骤 | 操作 | 是 | 否 |
|---|---|---|---|
| 1 | 根据"症状"或其他诊断表的指示来判断"是否" | 至步骤 2 | 至"症状-自动暖风、通风与空调系统" |
| 2 | ①将点火开关转至 ON 挡位置<br>②选择通风模式<br>③选择最暖温度设置<br>④选择最大鼓风机转速<br>⑤感觉加热器芯进口软管的温度<br>是否感觉到加热器芯进口软管从暖变热 | 至步骤 3 | 至步骤 9 |
| 3 | ①选择最小鼓风机转速<br>②感觉加热器芯进口及出口软管的温度<br>是否感觉到加热器进口软管比加热器芯出口软管暖和 | 至步骤 7 | 至步骤 4 |
| 4 | ①将温度计安装至仪表板中心出风口<br>②将温度计固定在加热器芯出口软管上<br>③选择最大鼓风机转速<br>④记录以下位置的温度：中央仪表板出风口、加热器芯出口软管<br>⑤比较记录的温度<br>两个温度读数是否大致相等 | 至步骤 5 | 至步骤 6 |
| 5 | ①检查车辆以下部位是否有冷气泄漏情况，如有则进行修理：前围板、内循环风门、暖风通风与空调系统模块壳体<br>②进行必要的维修<br>修理是否完成 | 至步骤 10 | — |
| 6 | ①检查温度风门的运行情况<br>②进行必要的维修<br>修理是否完成 | 至步骤 10 | — |
| 7 | ①将点火开关转至 OFF 挡位置<br>②反向冲洗加热器芯<br>③将点火开关置于 ON 挡位置<br>④选择通风模式<br>⑤选择最小鼓风机转速<br>⑥选择最暖温度设置<br>⑦感觉加热器芯进口及出口软管的温度<br>是否感觉到加热器进口软管比加热器芯出口软管暖和 | 至步骤 8 | 至步骤 10 |
| 8 | 更换加热器芯<br>修理是否完成 | 至步骤 10 | — |
| 9 | 更换加热器芯<br>修理是否完成 | 至步骤 10 | — |
| 10 | 对系统进行操作，检验修理效果<br>是否发现并排除了故障 | 系统正常 | 至步骤 2 |

### 2. 空调系统诊断（表 4-25）

表 4-25　赛欧 EV 空调系统性能诊断表

| 低压侧压力读数 | 高压侧压力读数 | 潜在的原因 |
|---|---|---|
| 低 | 低 | 系统制冷剂加注不足 |
| | | 高压加注伺服阀与压缩机之间堵塞 |
| | 低/正常 | 蒸发器结霜 |
| | 高 | 低压加注伺服阀与高压加注伺服阀之间堵塞，或膨胀阀堵塞 |
| | | 压缩机卡在最大工作排量位置 |

续表

| 低压侧压力读数 | 高压侧压力读数 | 潜在的原因 |
| --- | --- | --- |
| 高 | 低 | 压缩机排量低或压缩机内部故障 |
| | 高 | 冷却风扇故障 |
| | | 制冷剂过量加注 |
| | | 低压加注伺服阀和压缩机之间堵塞 |
| | | 冷凝器前风通过量受到限制 |
| | | 膨胀阀卡在常开工作位置 |
| | | 空调系统混有空气 |
| 正常/高 | 正常/高 | 制冷剂内部污染 |
| | | PAG 或 POE 压缩机油过量加注 |

**3. 赛欧 EV 自动空调执行器重新校准**

当暖风、通风与空调系统控制模块自校准时，切勿调整暖风、通风与空调系统控制模块的任何控制装置。自校准中断会导致暖风、通风与空调系统性能不良。

当更换暖风、通风与空调系统控制模块时，需要暖风、通风与空调系统控制模块执行校准程序。当安装暖风、通风与空调系统控制模块时，确保执行以下步骤。

① 将点火开关置于 OFF 挡（关闭）位置。

② 断开故障诊断仪。

③ 安装暖风、通风与空调系统控制模块。

④ 连接所有原先断开的部件。

⑤ 车辆处于维修模式。

⑥ 等待 40s，使暖风、通风与空调系统控制模块自校准。

⑦ 确认没有故障诊断码设置为当前故障诊断码。

当更换暖风、通风与空调系统执行器时，可能需要暖风、通风与空调系统控制模块执行校准程序。当安装暖风、通风与空调系统执行器时，确保执行以下方法之一。

（1）首选方法（使用故障诊断仪）

① 清除所有故障诊断码。

② 将点火开关置于 OFF 挡（关闭）位置。

③ 装暖风、通风与空调系统执行器。

④ 连接所有原先断开的部件。

⑤ 启动车辆。

⑥ 使用故障诊断仪，启动 "Remote Heater and Air Conditioning Control Module Special Functions（遥控加热器和空调控制模块特殊功能）" 菜单的暖风、通风与空调系统执行器重新校准功能。

⑦ 确认没有故障诊断码设置为当前故障诊断码。

（2）替代方法（不使用故障诊断仪）

① 清除所有故障诊断码。

② 将点火开关置于 OFF 挡（关闭）位置。

③ 安装暖风、通风与空调系统执行器。

④ 连接所有原先断开的部件。

⑤ 拆下暖风、通风与空调系统控制模块熔丝至少 10s。

⑥ 安装暖风、通风与空调系统控制模块熔丝。

⑦ 车辆处于维修模式。

⑧ 等待40s，使暖风、通风与空调系统控制模块自校准。

⑨ 确认没有故障诊断码设置为当前故障诊断码。

**4. 启用后鼓风模式方法**

可使用故障诊断仪启用后鼓风模式。后鼓风模式使得鼓风机电机在发动机关闭以后能够工作。鼓风机电机的这一操作可以保持蒸发器芯干燥，从而减少细菌的滋生，避免因细菌产生难闻的异味。

应用以下程序，以启用后鼓风模式。

① 连接故障诊断仪。

② 在发动机关闭的情况下，将点火开关置于ON挡（打开）位置。

③ 在车辆上装备故障诊断仪。

④ 选择"Module Diagnosis（模块诊断）"。

⑤ 选择"Remote Heater and Air Conditioning Control Module（遥控加热器和空调控制模块）"。

⑥ 选择"Configuration/Reset（配置/重置）"功能。

⑦ 选择"HVAC after Blow Configuration（暖风、通风与空调系统后鼓风配置）"。

当使用故障诊断仪启用后鼓风模式时，执行以下顺序5次后，鼓风机电机将以鼓风机满速的68%的速度运行，这会持续1h。

① 鼓风机电机将关闭7～11min。

② 鼓风机电机将运行25～30s。

为使暖风、通风与空调系统模块运行后鼓风模式，必须满足以下条件。

① 发动机已经关闭至少30min。

② 车外空气温度至少为21℃（70 ℉）。

③ 在最新的关键周期中，空调压缩机操作时间必须超过2min，然后才能关闭。

④ 系统电压必须至少为12V。

# 第五章 电动汽车转向系统

## 第一节 电动转向系统的结构原理

### 一、电动助力转向系统的结构原理

随着汽车电子控制技术的不断发展,对汽车设计及操纵稳定性的要求逐渐增高,对汽车的环保和节能要求也越来越严格。液压助力转向系统(HPS)存在浪费能源和污染环境等问题,不能够满足时代对汽车发展的需要。而电动助力转向系统(EPS)如图5-1所示,将最新的高性能电动机控制理论和电子技术应用到汽车的转向系统中,显著改善了汽车的动态特性和静态特性,并有效地提高了汽车行驶过程中驾驶员的转向操作轻便性和驾驶安全性,同时也更加节能和环保。

1. **电动助力转向系统(EPS)的结构**

电动助力转向系统(EPS)的结构如图5-2所示,其利用电机产生的动力协助驾驶员进行动力转向。EPS的构成一般是由转矩(转向)传感器、电子控制单元(ECU)、助力电机、减速器、机械转向器以及供电电源所构成。

(1)转矩传感器 转矩传感器装在转向器小齿轮轴上,采用电阻式传感器,检测来自转向盘的输入转矩。操作转向盘时,扭杆扭转,输入轴与输出轴间产生相对位置变化。该位置变化由转矩传感器转换为电压变化,并向转向控制单元输出,如图5-3所示。

图5-1 电动助力转向系统(EPS)

① 直行状态 汽车直行时,驾驶员不转动转向盘。因输入轴没有产生转矩,扭杆不扭转,转矩传感器的电阻不变化,如图5-4所示。

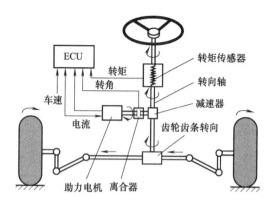

图 5-2 电动助力转向系统的结构

图 5-3 转矩传感器

图 5-4 直行状态

② 转向状态（右转向） 当驾驶员向右转动转向盘时，输入轴转动，输入轴与小齿轮间的扭杆扭转，直至与路面反作用力形成的转矩达到平衡为止。然后，经过 ECU 计算出助力转矩值，向助力电动机输出电流，驱动助力电动机转动，经减速机构在转向器小齿轮上产生助动力，如图 5-5 所示。

③ 转向稳定状态 当驾驶员转动转向盘并保持位置不动时，转向转矩与电动机助力转矩之和与路面反作用力达到平衡状态，扭杆仍处于扭转位置，此时系统保持转向稳定状态，如图 5-6 所示。

（2）助力电机 助力电机装在齿轮齿条式转向器壳体上。这样布置是为了避免对独立悬架机构造成干涉，同时又能确保齿条行程、车轮定位角以及车轮的转向性能，如图 5-7 所示。

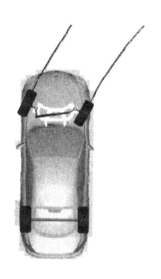

图 5-5 转向状态（右转向）

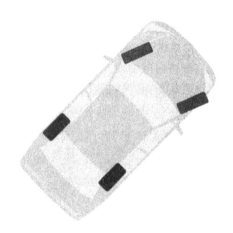

图 5-6 转向稳定状态

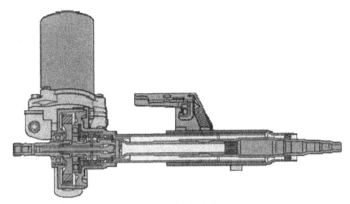

图 5-7 助力电机

助力电机通常选用有刷直流电机或无刷直流电机,这里以无刷直流电机为例进行介绍。

无刷直流电机主要分为旋变式和霍尔式两种,旋变式无刷电机及其控制系统价格昂贵,但是是未来的发展方向,而霍尔式无刷电机因转矩波动较大、噪声偏大、耐低温性能较差等缺点,导致现在 EPS 公司都采取旋变式无刷电机及控制。

旋变式无刷电机及控制的优点在于:

① 采用转子位置检测(旋转变压器),可实现转子位置的实时检测;

② 采用矢量控制算法,可实现正弦波控制和转矩稳定输出;

③ 绕组电流为正弦波,谐波分量小,转矩脉动低;

④ 运行平衡性好,噪声低,响应快,定位精度高;

⑤ 与方波驱动比,转矩脉动小。

助力电机根据电子控制单元的指令输出适宜的辅助转矩,是 EPS 的动力源。例如,用于 1.6L 排量以下汽车的助力电机,功率一般在 300W 以下;用于 2.0L 汽车的助力电机,功率一般在 300W 左右。

助力电机对 EPS 系统性能的影响很大,是 EPS 的关键部件之一,系统不仅要求电机低转速大转矩、波动小、转动惯量小、尺寸小、质量轻,而且要求可靠性高、易控制。为了增强转向操纵时驾驶员的"手感"并降低噪声和振动,需要对电机的结构进行一些特殊处理,如沿转子的表面开出斜槽或螺旋槽、定子磁铁设计成不等厚等。

转向助力用电机需要正反转控制,其正反转控制原理如图 5-8 所示,图示 $a_1$、$a_2$ 为触发端信号。当 $a_1$ 端得到输入信号时,晶体管 $VT_1$ 导通,$VT_1$ 得到基极电流而导通,电流经 $VT_2$、电机 M、$VT_3$ 和搭铁(地线)而构成回路,于是电机正转;当 $a_2$ 端得到输入信号时,电流则经 $VT_1$、电机 M、$VT_4$ 和搭铁而构成回路,电机则因电流方向相反而反转。控制触发信号端电流的大小,就可以控制通过电机电流的大小。

(3) 电磁离合器 图 5-9 所示为单片干式电磁离合器的工作原理。当电磁离合器控制电流通过集电环进入电磁离合器线圈时,主动盘产生电磁吸力,带花键的压板被吸引与主动轮压紧,于是电机的动力经过轴、主动盘、压板、花键和从动轴传递给执行机构。

EPS 中的电磁离合器主要是起安全保护的作用,当 EPS 发生故障、助力电机工作电流过大等情况下,电磁离合器会及时切断,汽车仍可以以传统的机械转向装置进行工作,从而保障整个系统和行车的安全。为了不使电机和电磁离合器的惯性影响转向系的工作,离合器应及时分离以切断辅助动力。

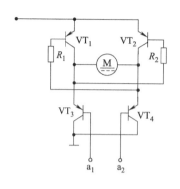

图 5-8　助力电机正反转控制原理

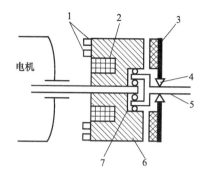

图 5-9　单片干式电磁离合器工作原理
1—集电环；2—线圈；3—压板；4—花键；
5—从动轴；6—主动盘；7—球轴承

（4）减速机构　离合器与电机相连，可以起减速增矩作用，离合器装在减速机构一侧是为了保证 EPS 只在预先设定的车速（如 0～45km/h）范围内起作用。目前实用的减速机构有多种组合方式，一般采用蜗轮蜗杆与转向轴驱动组合式，也有的采用两级行星齿轮与传动齿轮组合式。为了抑制噪声和提高耐久性，减速机构中的齿轮大多采用特殊齿形，并由树脂材料制成。

（5）电子控制单元（ECU）　ECU 的功能是根据转矩传感器信号和车速传感器信号进行逻辑分析与计算后，发出指令控制电机和离合器的动作。此外，ECU 还有安全保护和自我诊断功能。ECU 作为关键部件，主要由微处理器、与传感器输入信号相匹配的接口电路、微处理器内置的模数转换器（A/D）、脉冲宽度调制器（PWM）、监测微处理器工作的监测电路、电机的驱动电路和场效应管（MOSFET）组成的放大驱动电路等部分组成。

图 5-10 所示为丰田普锐斯的电动助力转向控制系统。

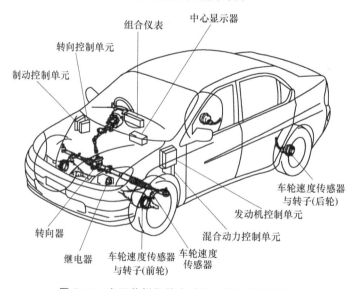

图 5-10　丰田普锐斯的电动助力转向控制系统

## 2. 电动助力转向系统的分类

根据助力电机驱动部位和机械结构的不同，可将电动助力转向系统分为转向轴助力式、转向器小齿轮助力式和齿条助力式。

（1）转向轴助力式 EPS  如图 5-11 所示，其转矩传感器、助力电机、离合器和转向助力机构组成一体，安装在转向柱上。其特点是结构紧凑，所测取的转矩信号与控制直流电机助力的响应性较好。这种类型一般在小排量轿车上使用。

（2）小齿轮助力式 EPS  如图 5-12 所示，其转矩传感器、助力电机、离合器和转向助力机构仍为一体，只是整体安装在转向小齿轮处，直接给小齿轮助力，这样可获得较大的转向力。这种方式可使各部件的布置更方便，但当转向盘与转向器之间装有万向传动装置时，转矩信号的取得与助力车轮部分不在同一直线上，难以保证其助力控制特性准确。

图 5-11　转向轴助力式 EPS

（3）齿条助力式 EPS  如图 5-13 所示，其转矩传感器单独安装在小齿轮处，电动机与转向助力机构一起安装在小齿轮另一端的齿条处，用以给齿条助力。该类型根据减速传动机构的不同又可分为两种，一种是电机做成中空的，齿条从中穿过，电机的动力经一对斜齿轮和螺杆螺母传动副以及与螺母制成一体的铰接块传给齿条。这种结构是第一代电动助力转向系统，但是由于电机位于齿条壳体内，故结构复杂，价格高，维修也困难。另一种是电机与齿条的壳体相互独立。电机动力经另一小齿轮传给齿条，易于制造和维修，成本低。因为齿条由一个独立的齿轮驱动，可给系统较大的助力，主要用于大排量轿车。

图 5-12　小齿轮助力式 EPS

图 5-13　齿条助力式 EPS

## 3. 电动助力转向系统（EPS）的工作原理

汽车在转向时，转矩传感器把采集到的转向盘转矩和转动方向信号，车速传感器把采集到的汽车行驶速度信号，通过数据总线发给电子控制单元（ECU），ECU 根据转动转矩、转动的方向、行驶速度等数据信号，进行综合逻辑分析与计算后，选择一条合适的助力特性曲线，向助力电机控制器发出动作指令，通过驱动芯片使功率器件（MOSFET）按一定的占空比导通，电机按转向盘转动的速度和方向产生所需的助力转矩协助驾驶人进行转向操纵，从而实现助力转向，如图5-14所示。

电控单元（ECU）根据各传感器输入的信号通过查询控制策略表确定控制参数，并根据控制参数控制电机转动。另外ECU还需要对系统进行故障诊断，一旦发现故障，将中断对电机供电，EPS的故障指示灯点亮，并将故障以代码的形式进行存储记忆。

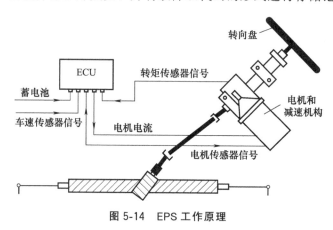

图5-14　EPS工作原理

电机控制装置主要是由电机驱动芯片、功率场效应管（MOSFET）、驱动电动机正向和反向转动的驱动电路、电流传感器及控制电机电路通断的继电器组成。ECU对电机的驱动电路进行监测，当驱动电流不正常时将中断向电机供电。

转向控制（包括常规控制、回正控制和阻尼控制）是EPS开发的核心之一，汽车在低速行驶进行转向时，ECU对电机进行常规控制，由于要求电机的端电压随转向盘转速提高而增大，所以场效应管的占空比将随转向盘转速的提高而增大，这样使转向机具有较好的转向响应，转向操纵灵敏轻便。以前的EPS大多数是在汽车低速时助力，当车速高于43～52km/h中的某个值时（根据设计要求确定），停止电机的助力并切断电磁离合器。也有采用全程助力方式的，即汽车在高速行驶时仍不切断离合器，利用电机本身和其内部电路构成的回路对汽车原有的转向系统增加一个阻尼，这样能够进一步提高汽车在高速行驶的稳定性，更进一步降低了汽车高速转向变道时转向盘"发飘"的现象，提高了驾驶员驾驶的舒适性。

回正控制可以改善转向盘的回正性。在汽车低速行驶过程中，当转向盘转动后回到中位时，电控单元对电机进行回正控制，电机将产生一个与电机转速成正比的阻力矩，电控单元将使电机电流逐渐减小，使转向车轮迅速回正，使汽车具有良好的回正特性。

汽车高速行驶过程中，当转向盘转动后回到中位时，电控单元将使电机电流逐渐减少，对转向车轮产生回正阻尼，使汽车具有稳定的转向特性。阻尼控制可以衰减汽车高速行驶时出现的转向盘抖动现象，消除转向车轮因路面输入引起的摆振现象。在EPS中，电机的转动惯量使得系统的转动惯量要大于传统系统的转动惯量，因此，当电机转动惯量较大时，阻尼控制是很有效的方法之一。当电机转矩小于设定值时，转速会大于阻尼控制表中的数据。例如，转向盘转速很高，但没有对转向盘施加作用（引起转向盘抖动），即需要阻尼控制，以提高路面路感。

**4. 电动助力转向系统（EPS）的优点**

在未来的转向系统发展过程中，电动助力转向系统将会成为汽车动力转向系统的主力。与其他转向系统相比，该系统突出的优点如下。

① 更加节能和环保　因为EPS没有液压器件，所以可算得上是标准的"按需供能型"系统，即在转向的情况下系统才工作，而汽车停止或者直线行驶时完全不消耗能量。与液压助力系统相比，其可以节约80%～90%能源。另外，在-40℃的低温环境中，传统的液压系统在液压油预热后才可以工作，而EPS则省去了启动时的预热过程，因此节省了许多能量。EPS也不存在液态油的泄漏问题，从而也不会对环境造成严重的污染，符合环保设计理念。电动助力转向系统构造如图5-15所示。

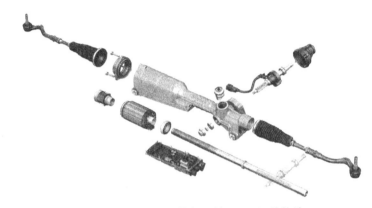

图5-15　电动助力转向系统（EPS）的构造

② 助力效果相对更好　EPS可根据汽车运行的不同工况，通过优化设计助力特性曲线，获得准确的助力，助力效果十分理想。同时还可以通过控制阻尼系数，减小路面干扰对转向系统产生的影响，保障汽车低速行驶时的轻便性，提高汽车高速行驶时的稳定性，进而提高汽车的转向性能。

③ 质量大大减轻　与HPS相比，电动助力转向系统的结构更加简单，零件数量显著减少，因此质量更轻，同时使布置更加简单，也减少了工作时产生的噪声污染。

④ 安全性能更好　一方面，EPS发生故障后，系统会通过电磁离合器切断电动机与减速传动机构的动力连接，进入机械转向模式。另一方面，EPS的助力由电动机提供，与车辆的驱动系统相互独立，因此只要汽车的DC-DC不出现问题，即使汽车不启动或发生故障也能够准确提供助力。

⑤ 开发和生产周期短　虽然EPS的设计时间比较长，但是设计完成以后，可以通过编辑相应的设计程序，实现与各种不同车型之间的匹配，从而减少了针对各个车型的设计时间。

⑥ 提高了转向系统的回正性能　在某一车速下，驾驶员转动转向盘一个角度并放手后，汽车具有使其自身回到直线方向行驶的特性，这是由汽车固有属性所决定的。EPS能够对回正过程进行人工控制，在最大限度内通过软件修改设计参数以使汽车获得最优回正性。而装备HPS的汽车一旦设计完成，其回正特性便无法改变，只能通过彻底改动底盘结构来实现。

⑦ 一般比HPS效率高　EPS使用范围相对较广，特别适用于电动汽车。对于电动汽

车来说，采用 EPS 是一种必然的选择，因为其不需要使用内燃机，助力转向系统的动力完全来自电动机。

## 二、电动线控转向系统的结构原理

### 1. 电动线控转向系统的结构

电动线控转向系统由转向盘总成、转向执行总成和主控制器（ECU）三个主要部分，以及自动防故障系统、电源等辅助系统组成，如图 5-16 所示。

（1）转向盘总成　转向盘总成包括转向盘、转向盘转角传感器、力矩传感器、转向盘回正力矩电机。转向盘总成的主要功能是将驾驶员的转向意图（通过测量转向盘转角）转换成数字信号，并传递给主控制器；同时接受主控制器送来的力矩信号，产生转向盘回正力矩，以提供给驾驶员相应的路感信息。

（2）转向执行总成　转向执行总成包括前轮转角传感器、转向执行电机、转向电机控制器和前轮转向组件等。转向执行总成的功能是接受主控制器的命令，通过转向电机控制器控制转向车轮转动，实现驾驶员的转向意图。

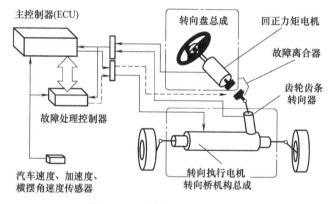

图 5-16　电动线控转向的结构

（3）主控制器　主控制器通过对采集的信号进行分析处理，来判别汽车的运动状态。向转向盘回正力电机和转向电机发送指令，控制两个电机的工作，保证各种工况下都具有理想的车辆响应，以减少驾驶员对汽车转向特性随车速变化的补偿任务，减轻驾驶员负担。同时控制器还可以对驾驶员的操作指令进行识别，判定在当前状态下驾驶员的转向操作是否合理。当汽车处于非稳定状态或驾驶员发出错误指令时，线控转向系统会将驾驶员错误的转向操作屏蔽，而自动进行稳定控制，使汽车尽快地恢复到稳定状态。

（4）自动防故障系统　自动防故障系统是线控转向系的重要模块，它包括一系列的监控和实施算法，针对不同的故障形式和故障等级做出相应的处理，以求最大限度地保持汽车的正常行驶。作为应用最广泛的交通工具之一，汽车的安全性是必须首先考虑的因素，是一切研究的基础，因而故障的自动检测和自动处理是线控转向系统最重要的组成系统之一。

（5）电源系统　电源系统承担着控制器、两个执行电机以及其他车用电器的供电任务，其中仅前轮转角执行电机的最大功率就有 500～800W，加上汽车上的其他电子设备，电源的负担已经相当沉重。所以要保证电源总线在大负荷下稳定工作，电源的性能就显得十分重要。在 42V 供电系统中这个问题将得到圆满的解决。

2. 电动线控转向系统的工作原理

传统汽车转向系统是一种机械系统，汽车的转向运动是由驾驶员操纵转向盘，通过转向器和一系列的杆件传递到转向车轮而实现的。汽车线控转向系统取消了转向盘与转向轮之间的机械连接，完全由电能实现转向，摆脱了传统转向系统的各种限制。它不但可以自由设计汽车转向的力传递特性，而且可以设计汽车转向的角传递特性。

汽车线控转向系统的工作原理框图如图 5-17 所示。用传感器检测驾驶员的转向意图，然后通过数据总线将信号传递给车上的 ECU，并从转向控制系统获得反馈命令；转向控制系统也从转向操纵机构获得驾驶员的转向指令，并从转向系统获得车轮情况，从而指挥整个转向系统的运动。转向系统控制车轮转到需要的角度，并将车轮的转角和转动转矩反馈到系统的其余部分，如转向操纵机构，以使驾驶员获得路感。这种路感的大小可以根据不同的情况由转向控制系统控制。

将驾驶员的转向意图（通过转向柱上的转向盘角位移传感器输出转向盘左转或右转的转角信号）转换成数字信号并传递给转向控制器，在转向拉杆上安装一个线位移传感器，利用转向拉杆左、右移动的位移量 $s$ 来反映转向车轮转角 $\theta$ 的大小，即转向控制器根据转向盘转角计算出拉杆的位移量 $s$，当转向拉杆的位移量达到所需值时，转向控制器切断转向电机的电源，转向轮的偏转角不再改变。由于所选用的转向电机是蜗轮蜗杆式减速电机，其运动不合适逆向传动，因此，转向轮可保持所设定的偏转角不变。当再次改变转向盘转角的大小时，转向控制器便重复上述控制过程；并计算出新的转向拉杆的移动位移量 $s'$，转向拉杆的位移量达到 $s$ 时，转向控制器再次切断转向电机的电源，汽车便保持新的转向状态。这种转向轮偏转角 $\theta$ 随转向盘转角的变化而变化的功能，就是所谓的转向随动作用。

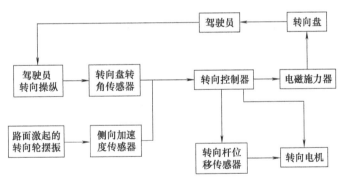

图 5-17 汽车线控转向系统的工作原理框图

3. 线控转向中的特殊问题

（1）系统的安全性问题　作为汽车行驶安全的控制系统，转向系统必须配备安全模块和自检模块以确保系统的安全可靠运行和方便维修。对于机械系统，可以通过精心设计来实现系统的安全性和可靠性，就像机械转向系统和助力转向系统一样。线控转向系统中转向盘与转向轮之间的机械连接不再存在，完全依靠电子和电气元件来工作，因此要实现系统的安全性和可靠性，就需要采用容错技术。

容错技术的实现主要依靠冗余，即所设计的系统在功能上或者数量上有一定的冗余，在某个零部件出现故障时，其冗余部分就承担起相应的功能。线控转向系统的容错技术的研究方法主要有基于硬件结构的研究方法和基于解析冗余度的研究方法。硬件结构的方法可以用硬件冗余或者智能结构来实现，而解析冗余度则主要采用重构容错控制方法和鲁棒容错控制方法实现。重构容错控制方法以故障的检测与诊断为基础，在检测到故障后，根据系统状态与故障的严重程度来调整控制规律和重新配置硬件的功能以完成要求的任务。鲁棒容错控制方法是使设计的系统对故障不敏感，它不需要在线故障监测与诊断，但是却需要更多的冗余。但考虑到成本因素，不希望有太多的冗余。二重冗余是最少的冗余结构，在二重冗余中只可采用重构容错控制方法，这样故障检测与诊断是实现系统容错功能的一项关键技术。在其中一个部件发生故障后，用重构容错控制方法重构系统（包括重新调整控制方法和分配硬件功能）的过程中，如何实现性能的平稳过渡而不至于让驾驶员感到明显不适也是一个值得研究的问题。对于发生暂时性故障的部件，如何在故障消除以后重新集成到系统中也很重要。为了实现系统的容错功能，控制单元必须时刻监控各个零部件的工作状态，因此系统内部的通信就显得尤为重要。研究发现，现在常用的采用事件触发的通信系统（如广泛采用的CAN、VAN、AUTOLAN等）都不能够满足高安全性的要求，而采用时间触发可以较好地满足这个要求。时间触发系统的控制信号起源于时间进程，它与事件触发系统的工作原理大不相同，事件触发系统的控制信号起源于事件的发生，因此，时间触发通信具有较高的可预测性和较为简便的即时测试功能。

（2）路感模拟 由于转向盘和转向车轮之间无机械连接，驾驶员"路感"必须通过模拟生成。在回正力矩控制方面可以从信号中提出最能够反映汽车实际行驶状态和路面状况的信息，作为转向盘回正力矩的控制变量，使转向盘仅仅向驾驶员提供有用信息，从而为驾驶员提供更为真实的"路感"。

线控转向系统的转向盘力感模拟可以通过两种方法来实现：一种是采用驾驶模拟器中转向盘力矩模拟的方法，即转向系统动力学建模方法，模拟传统转向系统的路感特性，动力学模型中不考虑转向系统的干摩擦会更利于驾驶员感知真实的路面状况；另一种是模拟方法，通过建立基于经验的转向盘回正力矩算法模型，通过驾驶员主观评价方法确定经验模型中的参数。第二种方法由于简单实用，被大多数线控转向系统采用。

### 三、电动液压助力转向系统（EHPS）的结构原理

#### 1. 电动液压助力转向系统（EHPS）的结构

EHPS结构示意图如图5-18所示，主要包括电机、控制器、装配在小齿轮轴上的转角传感器、转向油泵、储油罐和转向器等，其中储油罐、转向油泵、电机、控制器集成一体，通过CAN总线与整车中央控制单元总线交换必要的信息数据（如车速），转向器结构与液力助力转向转向器相同，高效转向油泵为EHPS提供液压助力。转向油泵由小惯量、内转子、三相无刷直流电机驱动，电源来自汽车12V蓄电池。EHPS与传统HPS相比，具备良好的转向感，并且节约能源。

转向油泵是EHPS的关键部件，其结构和工作原理如图5-19所示。

转向油泵是助力转向系统的动力源。转向油泵经转向控制阀向转向助力缸提供一定压力和流量的工作油液。目前，转向油泵大多采用双作用式叶片泵。这种油泵有两种结构形式，一种是潜没式转向油泵，另一种为非潜没式转向油泵。图5-19所示为潜没式油泵，它与储液罐是一体的，即油泵潜没在储液罐的油液中；非潜没式转向油泵的储液罐与转向油

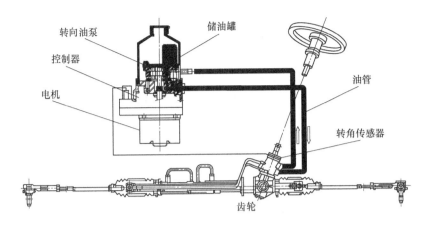

图 5-18 EHPS 结构示意图

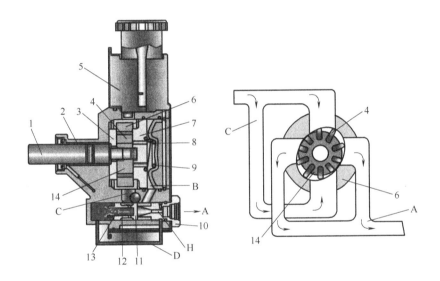

图 5-19 转向油泵的结构和工作原理

1—驱动轴；2—壳体；3—前配油盘；4—叶片；5—储油罐；6—定子；7—后配油盘；8—后盖；9—弹簧；10—管接头；11—柱塞；12—阀杆；13—钢球；14—转子；A—出油口；B—出油腔；C—进油腔；D—油道；H—主量孔

泵分开安装，用油管与转向油泵相连接。

当驾驶员转动转向盘时，转向器输入轴还带动转向器内部的转向控制阀转动，使转向动力缸产生液压作用力，帮助驾驶员转向操纵。这样，为了克服地面作用于转向轮上的转向阻力矩，驾驶员需要加于转向盘上的转向力矩，比用机械转向系统时所需的转向力矩小得多。当转子顺时针方向旋转时，叶片在离心力及高压油的作用下紧贴在定子的内表面上。其工作容积开始由小变大，从吸油口吸进油液；而后工作容积由大变小，压缩油液，经压油口向外供油。由于转子每旋转一周，每个工作腔都各自吸、压油两次，故将这种形式的叶片泵称为双作用式叶片泵。双作用叶片泵有两个吸油区和两个压油区，并且各自的中心角是对称的，所以作用在转子上的油压作用力互相平衡。因此，这种油泵也称为卸荷式叶片泵。

## 2. EHPS 的工作原理

图 5-20 所示的电动液压助力转向系统主要通过车速传感器将车速传递给电子元件或控制器,控制电液转换装置改变助力转向的助力特性,使驾驶员的转向手力根据车速和行驶条件变化而改变,即在低速行驶或转急弯时能以很小的转向手力进行操作,在高速行驶时能以稍大的转向手力进行稳定操作,使操纵轻便性和稳定性达到最合适的状态。

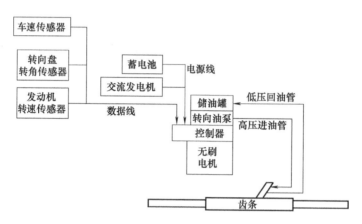

图 5-20 EHPS 工作原理

为了保证转向轻便性,要求增大转向器的传动比。但是,增大角传动比虽然可以减小转向盘上的手力,但同时也会造成汽车对操纵的反应减慢,甚至有可能导致驾驶员没有能力来转动转向盘进行紧急避障等转向操作,即不够"灵"。机械式转向器的设计目标是保证汽车在各种行驶条件下将转向盘上的手力保持在驾驶员能接受的合理范围内,同时保证适当的转向灵敏度。但是机械式转向器的结构特点注定"轻"与"灵"矛盾的存在(包括变传动比机械转向器),而电动液压助力转向系统在一定程度上解决了这一矛盾。EHPS 相比传统 HPS 降低了能源损耗,但电动液压助力动力转向系统 EHPS 与传统的 HPS 一样存在液压油泄漏问题。

EHPS 转向执行过程如下。

① 左转向时,通过转向阀的分配,高压油进入油缸的左腔。在高压油的作用下,齿条向右移动,推动车轮转向,如图 5-21 (a) 所示。

② 右转向时,通过转向阀的分配,高压油进入油缸的右腔。在高压油的作用下,齿条向左移动,推动车轮转向,如图 5-21 (b) 所示。

③ 直线行驶时,转向阀处于中间位置,油缸的左右腔的油压是平衡的,没有油压推动齿条移动,如图 5-21 (c) 所示。

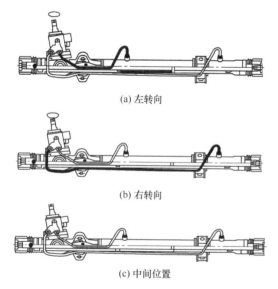

图 5-21 EHPS 转向执行过程

## 第二节 电动汽车转向系统的检修

### 一、电动助力转向系统检修

**1. 转向力的检查**

转向力的检查有助于判断电动助力转向系统的工作情况。

① 汽车停放在水平路面上,转向盘放置在平直向前位置。
② 检查轮胎充气压力是否符合要求。
③ 启动车辆。
④ 通过相切方向勾住转向盘上的弹簧秤测量转向力。

转向力标准:至少 35N(3.5kg)。

**2. 操作注意事项**

(1) 处理电子部件

① 避免撞击电子部件,如 EPS 控制器和 EPS 电动机。如果这些部件跌落或遭受严重撞击,则应该更换。
② 不要将任何电子部件暴露在高温或者潮湿的环境中。
③ 不要触碰连接器端子,以防变形或者因静电引起故障。

(2) 处理机械总成

① 避免撞击转向管柱或者转向机总成,特别是电动机或者转矩传感器,如果这些部件遭受严重撞击,则应更换。
② 当移动管柱或者转向机总成时,不要提拉线束。

(3) 断开或重新连接连接器 必须确认钥匙置于 OFF 位置。

**3. 故障诊断**

电动助力转向系统常见故障及排除方法,如表 5-1 所示。

表 5-1 电动助力转向系统常见故障及排除方法

| 故障现象 | 可能的原因 | 排除方法 |
| --- | --- | --- |
| 转向沉重 | 接插件未插好 | 插好插头 |
| | 线束接触不良或破损 | 更换线束 |
| | 转向盘安装不正确(扭曲) | 正确安装转向盘 |
| | 转矩传感器性能不良 | 更换转向器 |
| | 转向器故障 | 更换转向器 |
| | 电动机转速传感器故障 | 更换电动机转速传感器 |
| | 车速传感器性能不良 | 更换车速传感器 |
| | 主熔断丝和线路熔断丝烧坏 | 更换熔断丝 |
| | EPS 控制器故障 | 更换 EPS 控制器 |
| 在直行时车总是偏向一侧 | 转矩传感器性能不良 | 更换转向器 |
| 转向力不平顺 | 转矩传感器性能不良 | 更换转向器 |

## 二、荣威 E50 转向系统的检修

以荣威 E50 为例，介绍新能源汽车 EPS 控制器的更换步骤。

### 1. EPS 控制器的拆卸步骤

① 确保车轮处于正直方向。
② 从点火开关上拔下钥匙。
③ 打开前机舱盖，铺设翼子板护垫。
④ 断开蓄电池负极连接，将蓄电池负极用绝缘胶带包裹好，防止线束搭铁。
⑤ 用内饰拆装工具打开中控台饰板，拆下中控台底部螺钉。
⑥ 取出杯桶底部螺钉，取出储物箱盖。
⑦ 检查绝缘手套是否漏气，佩戴绝缘手套。
⑧ 取出手动维修开关。
⑨ 拆下两侧气囊模块固定在转向盘的螺钉，从气囊模块上断开连接器。
⑩ 取出安全气囊。
⑪ 断开转向盘开关线束的连接器。
⑫ 在转向管柱轴和螺母上做好标记。
⑬ 用 21 号套筒松开转向盘螺母，取下转向盘总成。
⑭ 拆卸护罩固定到转向管柱上的 3 个螺钉。
⑮ 拆下转向转柱下护罩。
⑯ 拆下组合仪表饰框上的 2 个螺钉，取出仪表框护罩。
⑰ 拆下仪表护罩螺钉，并取下仪表护罩。
⑱ 断开转向柱周围的组合开关连接器。
⑲ 拆下转向管柱上的 4 个螺钉，从转向管柱上拆下转向柱拨杆组合开关。
⑳ 拆下驾驶员侧仪表板安装护盖。
㉑ 拆下将封闭面板固定到仪表板总成上的 3 个螺钉。
㉒ 断开护板的 2 个连接器，取下驾驶员侧封闭面板总成。
㉓ 断开转向管柱助力电动机的连接器。
㉔ 断开将线束固定到转向管柱上的卡钉，在转向管柱万向节输入轴做好标记。
㉕ 拆下将转向管柱固定在动力转向机上的螺栓，并废弃。
㉖ 拆下将转向管柱固定在仪表板横梁上的 4 个螺栓，取出转向管柱总成。

### 2. EPS 控制器的安装步骤

① 固定转向管柱总成螺栓。
② 调整转向管柱万向节位置。
③ 安装固定螺钉力矩为 22N·m。
④ 紧固力矩为 22N·m 的转向管柱螺栓。
⑤ 连接转向管柱助力电机的连接器。
⑥ 连接 EPS 模块连接器。
⑦ 连接 4 个转向管柱助力电机连接器。
⑧ 将转向柱拨杆组合开关固定到转向管柱上。安装 4 个螺钉，力矩为 4~5.5N·m。

⑨ 连接组合开关周围的连接器。
⑩ 安装前照灯调节连接器,安装后视镜调节连接器。
⑪ 安装面板总成。
⑫ 装上 3 个驾驶员侧封闭面板螺钉,紧固力矩为 1.3~2.3N·m。
⑬ 安装仪表板侧护盖。
⑭ 安装组合仪表饰框,紧固螺栓力矩为 1.3~2.3N·m。
⑮ 安装组合仪表上盖总成,紧固螺栓力矩为 1.3~2.3N·m。
⑯ 安装转向管柱下护罩,紧固螺栓力矩为 1.3~2.3N·m。
⑰ 安装转向盘。
⑱ 对准转向盘管柱轴端标记。
⑲ 安装固定螺栓,紧固螺栓力矩为 40~60N·m,并检查力矩。
⑳ 连接转向盘开关线束的连接器,连接驾驶员安全气囊连接器。
㉑ 固定安全气囊两侧螺栓,紧固螺栓力矩为 10~15N·m。
㉒ 安装手动维修开关,安装储物箱。
㉓ 紧固储物箱前端螺栓,紧固螺栓力矩为 6~8N·m。
㉔ 紧固储物箱后端螺栓,紧固螺栓力矩为 4~6N·m。
㉕ 连接蓄电池的负极。
㉖ 启动车辆,观察仪表板。
㉗ 检查左转向系统、右转向系统、刮水器系统、灯光系统、喇叭。

## 三、北汽 EV200 转向系统的检修

### 1. 转向系统概述

电动助力转向系统(EPS)是由扭矩传感器、电子控制单元、ECU 和助力电机共同组成。

扭矩传感器由二个带孔圆环、线圈、线圈盒及电路板组成,可获得方向盘上操作力大小和方向信号,并把它们转换为电信号,传递到 EPS 控制盒。

电子控制单元根据各传感器输出的信号计算所需的转向助力,并通过功率放大模块控制助力电机的转动,电机的输出经过减速机构减速增扭后驱动齿轮齿条机构产生相应的转向助力。

电机总成安装在转向器上,由一个蜗杆、一个蜗轮和一个直流电机组成。当蜗杆与安装在转向器输出轴上的蜗轮啮合时,可降低电机速度并把电机输出力矩传递到输出轴。

北汽 EV200 转向系统 EPS 电气原理图如图 5-22 所示。

转向系统控制策略:

① 当整车处于停车下电状态,EPS 不工作(EPS 不进行自检、不与 VCU 通信、EPS 驱动电机不工作);当钥匙开关处于 ON 挡,ON 挡继电器吸合后 EPS 开始工作。

② EPS 正常工作时,EPS 根据接收来自 VCU 的车速信号、唤醒信号及来自扭矩传感器的扭矩信号和 EPS 助力电机的马达位置、马达转速、马达转子位置、电流信号、电压信号等进行综合判断,以控制 EPS 助力电机的扭矩、转速和方向。

③ 转向控制器在上电 200ms 内完成自检,上电 200ms 后可以与 CAN 线交换信息,上

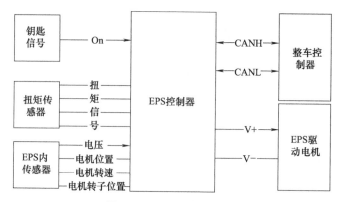

图 5-22 EPS 电气原理图

电 300ms 后输出 470 帧（转向故障和转向状态上报帧），上电 1200ms 后输出 471 帧（版本信息帧）。

④ 当 EPS 检测到故障时，通过 CAN 总线向 VCU 发送故障信息，并采取相应的处理措施。

EV200 转向系统参数如表 5-2 所示。

表 5-2　EV200 转向系统参数

| 参数 | 数值 | 参数 | 数值 |
| --- | --- | --- | --- |
| 适用的载荷/kg | ≤890 | 储存环境温度/℃ | -40~120 |
| 齿条行程/mm | ±71.5 | 控制器额定电压/V | DC12 |
| 线传动比/(mm/rev) | 44.15 | 控制器工作电压范围/V | 9~16 |
| 蜗轮蜗杆传动比 | 1:18 | 控制器工作电流/A | 0~90 |
| 电机额定电流/A | 52 | 传感器额定电压/V | DC5 |
| 电机额定扭矩/(N·m) | 2.36 | 传感器类型 | 非接触式 |
| 电机额定电压/V | DC12 | 助力电机功率/W | 360 |
| 工作环境温度/℃ | -30~100 | | |

EV200 转向系统接插件端子定义及其含义如图 5-23 所示。

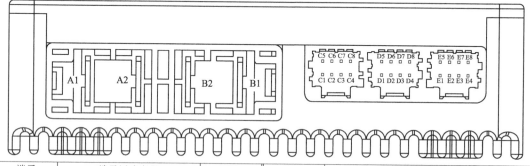

| 端子 | 端子用途定义 | 颜色 | 端子 | 端子用途定义 | 颜色 |
| --- | --- | --- | --- | --- | --- |
| A1 | 电源正 | 红 | C6 | 地 GND | — |
| A2 | 电源负 | 黑 | C7 | 电源+12VA | 红 |
| B1 | 电机正 | 黑 | C8 | 电源 TSV5 | — |
| B2 | 电机负 | 红 | D5 | CANH | 黄 |
| C2 | 辅路 T2 | 绿 | D6 | CANL | 白 |
| C5 | 主路 T1 | 黑 | D8 | 点火 IG | 绿 |

图 5-23　EV200 转向系统接插件端子定义及其含义

## 2. EPS 故障处理

EV200 转向系统 EPS 故障排除流程如图 5-24 所示。

EV200 转向系统常见故障及处理方法参见表 5-1。

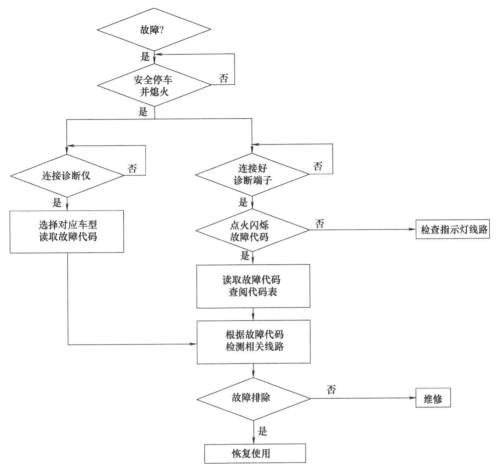

| 步骤 | 操作 | 是 | 否 |
|---|---|---|---|
| 1 | 主保险丝和线路保险丝是否完好 | 进入步骤 2 | 主保险丝和线路保险丝断 |
| 2 | ①打开点火开关<br>②检查终端"D8"和控制盒体接地之间的电压<br>③是否是电池电压 | 进入步骤 3 | 整车信号线断开或短路 |
| 3 | ①检查终端"A1"和控制盒体接地之间的电压<br>②是否是电池电压 | 进入步骤 4 | 整车电源线断开或短路 |
| 4 | 整车无助力可以行驶 | 进入步骤 5 | CAN 通信不畅 |
| 5 | 插头与 EPS 控制盒之间连接是否牢靠 | 如果上述各项都良好，更换一个换好的 EPS 控制盒，重新检查 | 接地不良 |

图 5-24

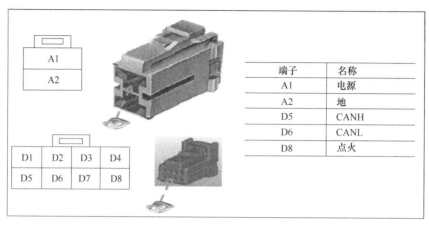

图 5-24　EV200 转向系统 EPS 故障排除流程

# 第六章 电动汽车制动系统

## 第一节 电动制动系统简介

电动汽车电动制动系统包括电动助力制动和电制动两种形式,其中电制动便是基于近年来对车辆线控系统(x-by-wire)的研究而产生的,电子机械制动器(Electro Mechanical Brake,EMB)便是其中的一种形式。简单来说,电子机械制动器就是把原来由液压或者压缩空气驱动的部分改为由电动机来驱动,借以提高响应速度、增加制动效能等,同时也大大简化了结构,降低了装配和维护的难度。

brake-by-wire是指一系列智能制动控制系统的集成,它可以提供诸如ABS、车辆稳定性控制、助力制动、牵引力控制等现有制动系统的功能,并通过车载有线网络把各个系统有机地结合成一个完整的功能体系。原有的制动踏板用一个模拟发生器替代,以接收驾驶员的制动意图,产生、传递制动信号给控制和执行机构,并根据一定的算法模拟反馈给驾驶员。显而易见,它需要非常安全可靠的结构来正常工作。

由于技术发展程度的局限,目前出现了两种形式的brake-by-wire系统:EHB与EMB。EHB(Electro-Hydraulic Brake)即线控液压制动器,是在传统的液压制动器基础上发展而来的。EHB用一个综合的制动模块来取代传统制动器中的压力调节器和ABS模块等,这个综合制动模块包含电机、泵、蓄电池等部件,它可以产生并储存制动压力,并可分别对4个轮胎的制动力矩进行单独调节。比起传统的液压制动器,EHB有了显著进步,其结构紧凑、制动效能好、控制方便可靠、制动噪声显著减小,不需要真空装置,提供了更好的制动踏板感觉。由于模块化程度的提高,在车辆设计过程中又提高了设计的灵活性、减少了制动系统的零部件数量、节省了车内制动系统的布置空间。可见,相比传统的液压制动器,EHB有了很大的改善。但是EHB还是有其局限性的,那就是整个系统仍然需要液压部件。

## 一、EMB 系统简介

如果把 EHB 称为"湿"式 brake-by-wire 制动系统的话，那么 EMB 就是"干"式 brake-by-wire 制动系统。EMB，EHB 以及 HB 的最大区别就在于，其不再需要制动液和液压部件，制动力矩完全是通过安装在 4 个轮胎上的由电机驱动的执行机构产生。因此，相应取消了制动主缸、液压管路等部件，可以大大简化制动系统的结构，便于布置、装配和维修，更为显著的是随着制动液的取消，对于环境的污染也大大降低了。

### 1. EMB 的发展和现状

EMB 起先是应用在飞机上的，后来才慢慢应用到汽车上来。EMB 与传统的制动系统有着极大的差别，其执行和控制机构需要完全重新设计。其执行机构需要能够把电动机的转动平稳转化为制动蹄块的平动、能够减速增矩、能够自动补偿由于长期工作而产生的制动间隙等，而且由于体积的限制，其结构也必须紧凑，这是整个 EMB 系统中非常重要的组成部分；其控制部分也要求能够精确控制电动机的转速和转角，从而防止制动抱死。最近几年，一些国际大型汽车零配件厂商和汽车厂进行了一些对于 EMB 制动系统的研究工作，主要参与竞争的公司有 Continental Teves、Siemens、Bosch、Eaton、Allied Signal、Delphi、Varity Lucas、Hayes 等，而国内在此项目上也进行了一些相关的研究工作。

EMB 的设计初衷之一就是为了提高行车安全性，EMB 的响应速度快（约 0.01s），能够大大提升制动系统的性能，从而提高行车安全性。西门子 VDO 设计的 EWB（楔块式电子机械制动器）不仅响应速度快，而且很好地利用了增力原理，制动效能高、能耗低、制动器体积小，西门子公司曾对此进行过装车试验，总体表现还是很优秀的。可靠性确实是 EMB 亟需解决的问题，也是现在的技术难点，因为一旦电控系统失效，应有相应的措施保证车辆具有足够的制动能力。

### 2. EMB 系统的基本分类

对于 EMB 系统的机械执行机构，它直接接收电动机产生的力矩，放大后作用到制动盘上，其结构应该满足如下几个基本要求。

① 结构紧凑、便于布置。
② 能够把转动转化为平动。
③ 有减速增矩、自增力机构。
④ 能够自动补偿制动间隙。
⑤ 能够提供停车时的驻车制动。
⑥ 安全可靠、工作时间长。

总的来说，EMB 制动系统从节省能量的角度来说可以分为两个大类，其一是电动机直接带动机械执行机构然后作用到制动盘上，其典型是 Continental Teves 公司研制的制动器；其二是电动机通过一个自增力机构间接作用到制动盘上，可以大大降低系统所消耗的能量，DLR（German Aerospace Center）内部资料显示其公司研制的 EMB 制动系统 eBrake 比第一类结构节省了约 83% 的能量。第一种结构形式的制动器特点是控制简单，制动过程稳定；但是，由于电机提供所有推动制动块所需的推力，使得所需的驱动电机的功率很大，从而造成电机的尺寸、质量和能耗都较大。第二种结构形式的制动器由于间接利用了汽车的动能作为制动自增力，驱动电机所需功率可大幅下降，只需要约 3% 的其他替代方案的能耗；

其体积、尺寸和质量也必然比第一种结构形式的制动器小,不过目前这种形式的制动器控制难度大,制动稳定性也不如前者。

### 3. EMB 的优点

EMB 以电能作为能量来源,由电机驱动制动衬块,由电线传递能量,由数据线传递信号,是一种全新的制动系统设计理念,它简单的结构、高效的性能极大地提高了汽车的制动安全性。相对传统制动系统,EMB 主要具有以下优点。

① EMB 制动系统取消了液压或气压管路、真空助力器等零部件,使制动系统结构简单、重量轻、体积小,节省了发动机舱内空间,便于布置其他部件,同时减轻了整车质量。

② EMB 制动系统在无需增加任何附件(如液压或气压调节装置)的情况下,便可综合实现 ABS、TCS、ESP 及 EBD 等主动安全控制功能,消除了液压或气压制动系统增加附件而导致回路泄漏的隐患。

③ EMB 制动系统采用电子制动踏板代替了传统的机械式制动踏板及真空助力装置等,实现了对驾驶员制动意图的智能识别,而且可根据需要提供良好的踏板感觉。

④ 由于采用电机而非人力作为制动动力源,EMB 制动系统提高了制动效能,同时缩短了制动响应时间。

⑤ 传动效率高,安全可靠,节能。

⑥ 无需制动液,降低了对环境的污染。

总之,现代汽车发展的方向是模块化、集成化、机电一体化,最终实现整个车辆的线控。而 EMB 正是这一发展方向的体现。EMB 必然会在不久的将来代替传统的制动系统,为汽车进一步向前发展打下良好的基础。

## 二、制动能量回收系统

制动能量回收是电动汽车与混合动力汽车重要技术之一,也是它们的重要特点。在普通内燃机汽车上,当车辆减速、制动时,车辆的运动能量通过制动系统转变为热能,并向大气中释放。而在电动汽车与混合动力汽车上,这种被浪费掉的运动能量可通过制动能量回收技术转变为电能并储存于蓄电池中,从而进一步转化为驱动能量。例如,当车辆起步或加速时,需要增大驱动力时,电机驱动力成为发动机的辅助动力,使电能得到了有效应用。

制动能量回收系统车辆的仪表板,如图 6-1 所示。

### 1. 制动能量回收系统的原理

一般情况下,在车辆非紧急制动的普通制动场合,约 1/5 的能量可以通过制动回收。制动能量回收按照混合动力的工作方式不同而有所不同。

在发动机气门不停止工作的场合,减速时能够回收的能量约是车辆运动能量的 1/3。通过智能气门正时与升程控制系统使气门停止工作,发动机本身的机械摩擦(含泵气损失)能够减少约 70%,回收能

图 6-1 制动能量回收系统车辆的仪表板

量增加到车辆运动能量的 2/3。

制动能量回收系统包括与车型相适配的发电机、蓄电池以及可以监视电池电量的智能电池管理系统。制动能量回收系统回收车辆在制动或惯性滑行中释放出的多余能量,并通过发电机将其转化为电能,再储存在蓄电池中,用于之后的加速行驶。这个蓄电池还可为车内耗电设备供电,降低对发动机的依赖、燃油的消耗及二氧化碳的排放。

混合动力汽车在车辆减速时,可以通过在发动机与电机之间设置离合器,使发动机停止输出功率而得以解决。但制动能量回收还涉及混合动力汽车的液压制动与制动能量回收的复杂平衡或条件优化的协调控制。那么,为什么通过驱动电机能够回收车辆的运动能量呢?概要地说,其原因就是电机工作的逆过程就是发电机工作的状态。

由电学基础理论可知,电机驱动的工作原理是左手定则,而电机发电的工作原理则是右手定则。由于电机运转,线圈在阻碍磁通变化的方向上产生电动势,该方向与使电机旋转而流动的电流方向相反,称为逆电动势。逆电动势随着转速的增加而上升。由于转速增加,原来使电机旋转而流动的电流,其流动阻力加大,最后达到某一转速后,转速不再增加。当制动时,通过电机的电流被切断,进而产生逆电动势。这就是使电机起到发电机作用的制动能量回收的原理。上述这种电机称为"电动机发电机"。

对于行车制动来说,从制动能量回收中所起作用考虑,必须在减少行车制动的制动力方面采取相应措施。在制动力减少的同时,制动踏板的踏板力要求与踏板行程相对应。

重要的是,不论发生或不发生制动能量回收,与普通车辆一样,制动踏板的作用依然存在,为此,人们开发了一种称为"行程模拟器(Stroke Simulator)"的装置。

**2. 制动能量回收系统的能量回收模式**

根据车辆运行状况,制动能量回收系统的能量回收具备不同的模式。

(1) 发动机关闭时滑行/制动状态下的能量回收模式 在发动机关闭时,滑行/制动状态下的能量回收模式如图 6-2 所示。

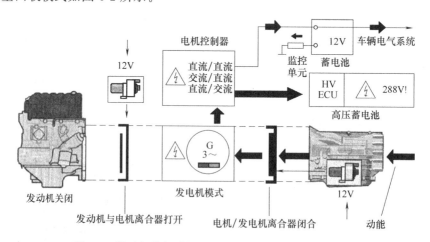

图 6-2 发动机关闭时滑行/制动状态下的能量回收模式

在发动机关闭时,滑行/制动状态下,发动机与电机离合器打开,电机/发电机离合器闭合,能量仅通过电机/发电机回收。

(2) 发动机倒拖时滑行/制动状态下的能量回收模式 在发动机倒拖时,滑行/制动状态下的能量回收模式如图 6-3 所示。

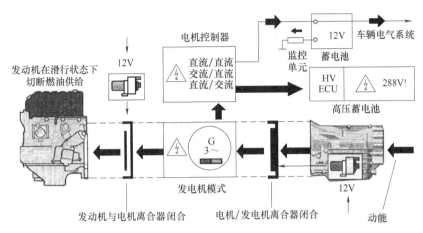

图 6-3　发动机倒拖时滑行/制动状态下的能量回收模式

在发动机倒拖时，滑行/制动状态下，发动机与电机离合器闭合，电机/发电机离合器闭合，能量除了通过电机/发电机回收外，一部分用于发动机制动（此时发动机切断燃油供给）。

（3）发动机起动时滑行/制动状态下的能量回收模式　在发动机起动时，滑行/制动状态下的能量回收模式如图6-4所示。

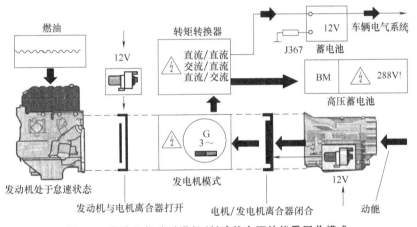

图 6-4　发动机起动时滑行/制动状态下的能量回收模式

在发动机起动时，滑行/制动状态下，发动机离合器打开，电机/发电机离合器闭合，能量仅通过电机/发电机回收。

**3. 丰田混合动力车的制动能量回收与液压制动的协调控制**

丰田混合动力车制动能量回收系统是由原发动机车型的液压制动器（包括液压传感器、液压阀）与电机（减速、制动时起发电机作用，即转变为能量回收发电工况）、逆变器、电控单元（包括动力蓄电池电控单元、电机电控单元和能量回收电控单元）组成。

丰田能量回收制动系统的特点是采用制动能量回收与液压制动的协调控制，其协调制动的原理是在不同路况和工况条件下首先确保车辆制动稳定性和安全性，同时考虑到动力蓄电池的再生制动的能力（由动力蓄电池电控单元控制），使车轮制动力矩与电机能量回收制动力矩之间达到优化目标的协调控制，并由整车电控单元实施集中控制。

当驾驶员踩制动踏板时，则按照制动踏板力大小，通过行程模拟器等部分，液压制动器（液压伺服制动系统）实时进入相应工作，紧接着制动能量回收系统也将进入工作状态。亦即如果动力蓄电池的电控单元判断动力蓄电池有相应的荷电量（SOC）回收能力，制动能量回收制动力占整个制动力的相应部分。当车辆接近停止时，制动能量回收系统制动力变为零。这两种制动力的能量变换比例与图 6-5 中所示相应面积的比例相当。当液压制动的面积小，制动能量回收制动的面积大时，表示制动能量回收量增加。增加制动能量回收的面积直接与降低燃油耗相关。但是在液压制动保持不变的状态下，只考虑制动能量回收率上升而增加制动力，会导致驾驶员对制动路感变差、不舒适。为解决这一问题，开发了电子线控制动（brake-by-wire）的电子控制制动器（Electronic Control Brake，ECB）。在电子控制制动器中，制动踏板与车轮制动轮缸不是通过液压管路直接连接，而是通过 ECU 向液压能量供给源发出相应指令，使对应于制动能量回收制动强度的液压传递到相应车轮制动轮缸。因此，制动能量回收制动与液压制动之和达到与制动踏板行程量相对应的制动力值，从而改善驾驶员制动操作时路感。

制动能量回收控制系统收到制动踏板力信号，经过制动主缸与行程模拟器输入部，进入液压控制部（包括液压泵电机、蓄压器）的液压机构，该液压信号再经过制动液压调节传递到车轮制动轮缸，同时如果系统发生故障停止时，液压紧急启动，电磁切换阀开启，即又通过电磁阀切换，传递到车轮制动轮缸。

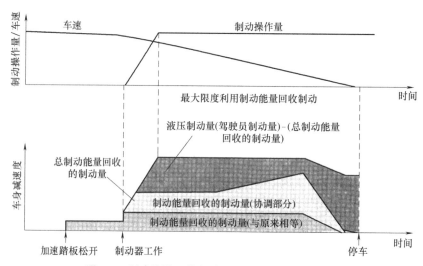

图 6-5　制动能量回收制动与液压制动的协调控制

### 4. 本田第四代 IMA 混合动力系统的制动能量回收系统控制

本田第四代 IMA 混合动力系统应用在 2010 款 Insight 混合动力车上。其制动能量回收系统采用执行器和电控单元组成一体化模块形式，包括 IMA 系统电机控制模块、动力蓄电池监控模块和电机驱动模块。

制动能量回收系统工作过程如下。

IMA 电机在制动、缓慢减速时，通过混合动力整车电控单元发出相应指令，使电机转为发电机再生发电工况，通过制动能量回收控制系统以电能形式向动力蓄电池充电。其基本工作过程：当制动时，制动踏板传感器使 IMA 电控单元激活制动主缸伺服装置，通过动力蓄电池电控单元、能量回收电控单元、电机电控单元等电控单元发出相应指令，使液压机械制动和电机能量回收之间制动力协调均衡以实现最优能量回收。第四代 IMA 系统采用了可变制动能量分配比例，比上一代的制动能量回收能力增加了 70%。

IMA 电机、动力蓄电池电控单元、能量回收电控单元、电机电控单元等都属于本田第四代 IMA 混合动力系统的"智能动力单元 IPU（Intelligent Power Unit）"的组成部分。它是由动力控制单元 PCU（Power Control Unit）、高性能镍氢蓄电池和制冷系统组成的。PCU 是 IPU 的核心部分，用来控制电机助力（即进入电动工况）。PCU 通过接收节气门传感器输入的开度信号，按照发动机的有关运行参数和动力蓄电池荷电状态等信号决定电能辅助量，并同时决定蓄电池能量回收能力。PCU 主要组成部分有蓄电池监控模块—蓄电池状态检测 BCM（Battery Condition Monitor）、电机控制模块 MCM（Motor Control Module）、电机驱动模块 MDM（Motor Driver Module）。

纵观现有实用化的不同混合动力系统，制动能量回收控制在细节上有所不同。一般都采用电子控制的液压制动与制动能量回收的组合方式，也称为电液制动伺服控制系统。

## 第二节　电动制动系统的结构组成与原理

### 一、电控制动系统的结构组成

电控制动（EMB）系统的基本组成部分：安装在 4 个车轮的独立的车轮制动模块；电子控制器；制动踏板模拟器；轮速、车速等各种传感器；电源系统。

#### 1. 车轮制动模块

车轮制动模块由 EMB 执行器及其控制器等组成。其中，EMB 执行器有两种方案：一是集成了力或力矩传感器；二是没有集成力或力矩传感器。EMB 执行器作为制动系统的制动执行机构，也是其核心部件，用来产生对制动盘的夹紧力，其性能直接影响制动的效果，其组成原理如图 6-6 所示。它一般有三个基本组成部分：电机（M）、传动装置和制动钳。EMB 执行器中的电机经减速装置减速增矩，再由运动转换装置将旋转运动转换为直线运动，驱动制动钳对制动盘进行制动，电机的运动由 EMB 执行器及其控制器控制。

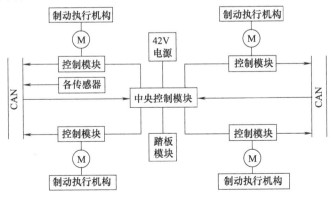

图 6-6　EMB 执行器组成原理

对 EMB 执行器的结构和性能有以下几点要求。

① 电机要小巧而又能提供足够大的力矩。

② 传动装置能减速增矩，还要将旋转运动转换为直线运动。

③ 整个机构要工作迅速，反应灵敏。

④ 能自动补偿制动间隙，并能实现驻车制动。

⑤ 有良好的散热性。

⑥ 整个执行器结构紧凑，体积小，质量轻，便于安装。

⑦ 有足够的强度和寿命，以保证安全可靠。

2. **电子控制器**

接收制动踏板发出的信号，控制制动；接收驻车制动信号，控制驻车制动；接收车轮传感器信号，识别车轮是否抱死、打滑等，控制车轮制动力，实现防抱死和驱动防滑。由于未来车辆的各种控制系统（如卫星定位/导航系统、自动变速系统、无级转向系统、悬架系统等）与制动系统高度集成，所以控制器还得兼顾对这些系统的控制。

3. **制动踏板模拟器**

在电控机械制动系统中，已经不需要制动液，而是由电机来产生制动力矩，但是由于长期使用传统的制动器会形成一定的驾驶习惯，因此需要一个踏板模拟器来模拟传统制动器的驾驶感受。踏板模拟器必须满足的条件：能辨识出驾驶员踩踏制动踏板的程度，从而产生近似大小的制动力矩；把路面状况反馈给驾驶员，便于操纵；模拟传统制动器踏板的特性以适应驾驶员所养成的驾驶习惯。

## 二、电控制动系统的工作原理

与传统的液压制动系统相比，在电子机械制动系统中，电源代替了液压源，机电作动器代替了液压作动装置。在 EMB 系统中，常规制动系统中的液压系统（主缸、真空增压装置、液压管路等）都被电子机械系统所代替，而液压盘和鼓式制动器的调节器被电机驱动装置（制动执行器）所代替，制动力由电机产生，大小受电子控制器的控制。EMB 系统的电子控制单元根据电子踏板模块传感器的位移和速度信号，并且结合车速等其他传感器信号，向车轮制动模块的电机发出信号，控制其电流和转子转角，进而产生所需要的制动力，以达到制动的目的。由于没有备用的机械或液压系统，EMB 系统的可靠性变得非常重要，要求系统有备用的电源（在主电源失效时工作）和冗余的通信。

EMB 系统的控制器采用高可靠度的总线协议，控制系统冗余设计。为了减小空间，可以把电子元件安装在 EMB 调节器内。

## 三、典型的电控制动系统

目前国外比较成熟的 EMB 系统有博世、西门子和大陆特维斯（Continental Teves）等公司。

1. **博世公司 EMB 系统的结构与原理**

德国博世公司于 1996 年 10 月 23 日在美国专利局申请了第一篇关于 EMB 的专利，2003 年 3 月 25 日发布的"ELECTROMAGNETICWHEEL BRAKE DEVICE"专利简图如图 6-7 所示。

工作时，动力由电机输入轴 5 输入给内部的两个行星轮系 10 和 12，然后传递给螺纹心轴 19，再经螺纹心轴 19、螺母 17 和螺纹滚柱 18 组成的类似行星齿轮机构转化为螺母 17 的直线运动。螺母 17 推动制动衬块 22，将制动力施加在制动盘 21 上。摩擦盘 8 与行星轮系 12 的太阳轮 15 通过一个杯形弹簧 16 固接在一起，摩擦盘 2 与行星轮系 12 的齿圈 26 以同样的方式固接。在两个行星轮系 10、12 之间有两套电磁离合器 7 和 11。当两个电磁离合器通电时，摩擦盘 2 和 8 分别与电磁离合器 11 和 7 接合，同步运动。不通电时，摩擦盘受制动环限制无法转动。此执行机构有如下 4 种工作方式。

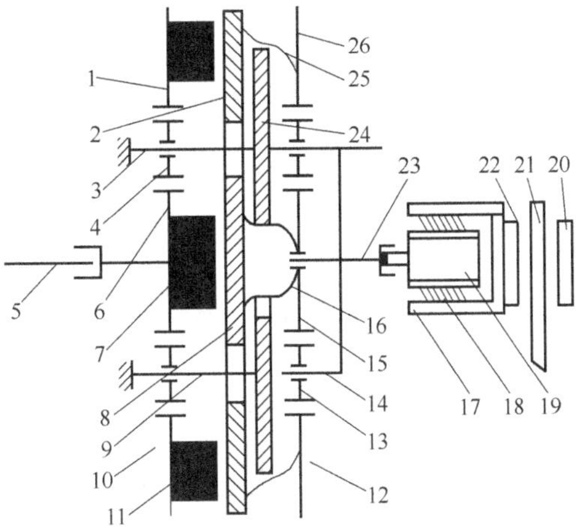

**图 6-7 德国博世公司 EMB 系统简图**
1,26—齿圈；2,8—摩擦盘；3,9—销钉；4,13—行星轮；
5—电机输入轴；6,15—太阳轮；7,11—电磁离合器；
10,12—行星轮系；14—行星轮架；16,25—杯形弹簧；
17—螺母；18—螺纹滚柱；19—螺纹心轴；20,22—制动衬块；21—制动盘；23—输出轴；24—制动环

① 电磁离合器 7 通电、11 不通电。此时太阳轮 6、15 接合同步转动，齿圈 26 在制动环 24 的作用下静止，两个太阳轮 6、15 旋转方向相同，传动比大，可提供迅速克服制动衬块 22 和制动盘 21 之间的间隙。

② 两个电磁离合器都通电。此时太阳轮 6、15，以及齿圈 1、26 都同步转动。由于太阳轮 6、15 的转动半径相同，齿圈 1、26 的转动半径也相同，而行星轮 4 的转动半径大于行星轮 13，因此行星轮架 14 的转动方向仍然与太阳轮 15 相同，实现了减速增矩的功能。

③ 电磁离合器 7 不通电、11 通电。此时齿圈 1、26 接合，同步转动，太阳轮 15 在制动环 24 的作用下静止，此时行星轮架 14 和齿圈 26 的旋转方向相反，在不需电机反转的情况下，即可使制动衬块 22 和制动盘 21 分离。此功能可用来调整制动间隙。

④ 两个电磁离合器都不通电。此时太阳轮 15、齿圈 26 在制动环 24 的作用下都不转动，行星轮架 14 亦无法转动，因此制动力矩始终施加在制动衬块 22 上，实现制动力保持，此种工作方式可用于驻车功能。

**2. 西门子公司 EMB 系统的结构及原理**

图 6-8 所示为西门子公司研制的一种典型的机械磨损后可以自动补偿制动盘和制动衬块间隙的 EMB 执行机构。这种执行机构的电机内置，转子与螺母相啮合，螺母和心轴固定在一起。当电机工作时，转子转动，使螺母和心轴做轴向运动，把圆周运动转化为直线运动。心轴轴向推动增力杠杆和压力盘。杠杆的末端插在制动器缸内的凹槽内，能够绕凹槽转动，在图 6-8 中采用铰链表示。压力盘再把力传递给传动套筒，套筒和制动活塞之间通过螺纹传动，这个螺纹传动副是不自锁的。制动活塞推动浮动制动衬块，产生制动力矩。橡胶密封环和弹簧的主要作用是制动后使制动活塞等零件回位。当活塞向右移动时，活塞使橡胶环产生弹性变形，产生了作用在制动活塞上的回位力。当制动结束后，在橡胶环的弹性形变力下，传动套筒和制动活塞被推回到制动前的位置上。西门子公司的 EMB 系统还具有间隙自动调整功能。当制动衬块磨损比较严重，制动活塞的行程超出了橡胶环形变量时，二者发生相对滑动。制动卸载时，橡胶环带动活塞回位。由于活塞和橡胶环发生相对

运动，因此活塞返回的行程一定小于制动前走过的行程，于是传动套筒和压力盘之间出现了空隙。传动套筒从制动活塞的内腔中被弹簧推出，直到与压力盘再次接触，退出的行程也就恰好等于磨损掉的厚度。

**3. 德国大陆特维斯公司 EMB 系统的结构及原理**

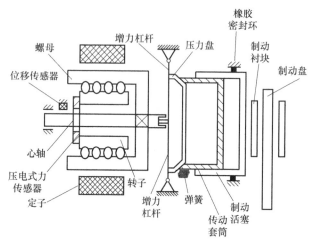

图 6-8 德国西门子公司 EMB 系统

Continental Teves 公司于 1996 年 5 月 29 日在美国专利局申请了第一篇关于 EMB 系统的专利，图 6-9 所示为 Continental Teves 公司研制的带有两级减速机构的 EMB 执行机构。Continental Teves 公司的执行机构也采用了电机内置的方式，它还有一个特点就是模块化，整个机构分为 3 个独立的模块，分别为驱动模块、一级丝杠螺母减速模块和二级减速齿轮模块。3 个模块在生产、安装、维修时可以独立进行，然后组装在一起工作。

在驱动模块中包含有一个力矩电机，图 6-9 中的 15、16 分别是电机的转子和定子。一级丝杠螺母减速部分由螺旋螺母 18、螺旋心轴 4 和大量的钢珠 17 组成，这三者构成了一个球螺旋机构。二级减速齿轮由齿圈 8、行星轮架 9、行星轮 12 和 13 组成。当电机转子 15 转动时，其上的齿轮 10 带动二级减速齿轮部分的行星轮 13 转动，同时另一侧的行星轮 12 与齿圈 8 啮合，这样力矩便通过旋转的行星轮架 9 传递给了一级减速机构中的螺母轴颈 11。当螺旋螺母 18 由二级减速齿轮驱动旋转时，通过球螺旋副螺旋心轴 4 产生向左的平动，推动压盘 19 和制动衬块 2，与制动盘 1 接触，产生制动力矩。在驱动部分中还有一个棘轮机构 5、6、7，用于实现驻车功能。通过电磁铁 5 的通断电，可以使棘爪 7 绕销钉 6 转动，来控制电机转子 15 是否旋转。当电机转子 15 不转动时，可以保持住制动力，达到驻车的目的。

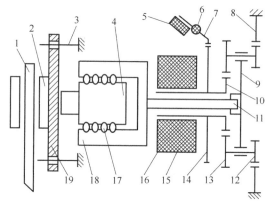

图 6-9 Continental Teves 公司的 EMB 系统
1—制动盘；2—制动衬块；3—销杆；4—螺旋心轴；5—电磁铁；6—销钉；7—棘轮；8—齿圈；9—行星轮架；10,14—齿轮；11—螺母轴颈；12,13—行星轮；15—转子；16—定子；17—钢珠；18—螺旋螺母；19—压盘

**4. 西门子公司楔块式 EMB 的结构及原理**

如图 6-10 所示，西门子楔块式 EMB 的主要结构由电机、滚珠丝杠、楔块、滚柱以及驱动机构组成。楔块由滚珠丝杠驱动。在这个机构中，作用力通过两个相邻楔形表面的挤

压传递。这就允许两个电机可以一起工作，也可以自由地运动对系统加载。它们同时工作时，一个滚珠丝杠拉着楔块向拉楔块的方向运动，而另一个滚珠丝杠与第一个滚珠丝杠推楔块，这样在消除制动间隙的过程中减小了单个电机的载荷。而当它们工作在临界点时，两个滚珠丝杠相对地向各自的方向拉楔块。

楔块机构由两个表面呈 W 形的楔块组成。靠近电机里面的楔块相对于电机是静止的，外面的楔块可以做轴向和沿制动盘方向

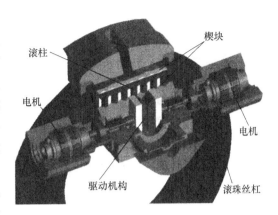

图 6-10　西门子公司楔块式 EMB 系统

的运动。这种结构分担了载荷并且使车辆在向任何方向行驶时都有自增力效果。在两楔块之间加有圆柱滚子，以减小制动钳传来的滑动摩擦力。外侧安装制动衬块的楔块，通过一个预紧的弹簧连接在静止的楔块上。外面的楔块通过轴承表面传递轴向驱动力，这就允许楔块可以相对于电机中心线进行移动。

## 四、电控真空助力制动系统

### 1. 电控真空助力制动系统结构

图 6-11 所示为电控真空助力制动系统的结构，真空助力器安装于制动踏板和制动主缸之间，由踏板通过推杆直接操纵。助力器与踏板产生的力叠加在一起作用在制动主缸推杆上，以提高制动主缸的输出压力。真空助力器的真空伺服气室由带有橡胶膜片的活塞分为常压室与变压室（大气阀打开时可与大气相通），一般常压室的真空度为 60～80kPa（即真空泵可以提供的真空度大小）。真空助力器所能提供助力的大小取决于其常压室与变压室气压差值的大小。真空泵所产生的真空度的大小及速度关系到真空助力器的工作状态，真空泵的容量大小关系到助力器的性能，进而影响到制动系统在各种工况下能否正常工作。

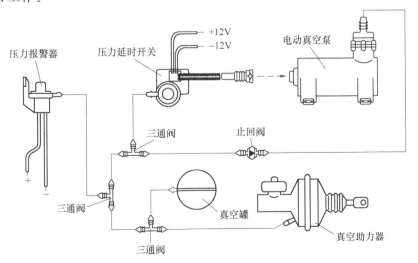

图 6-11　电控真空助力制动系统的结构

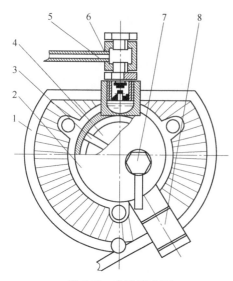

图6-12 电动真空泵

1—泵盖；2—泵体；3—叶片；4—转子；5—单向阀；
6—进气口；7—润滑油口；8—排气口

电控真空助力系统的工作过程：当驾驶员启动汽车时，车辆电源接通，控制器开始进行系统自检，如果真空罐内的真空度小于设定值，真空罐内的真空压力传感器输出相应电压信号至控制器，此时控制器控制电动真空泵开始工作，当真空度达到设定值后，真空压力传感器输出相应电压信号至控制器，此时控制器控制真空泵停止工作。当真空罐内的真空度因制动消耗，真空度小于设定值时，电动真空泵再次开始工作，如此循环。

（1）电动真空泵（图6-12） 传统汽车上的真空源来自于汽油发动机的进气歧管，发动机的转速对真空度的影响较大。当发动机处于怠速工作状态或发动机突然熄火时，进气歧管的真空度较低，影响真空助力器的正常使用，同时危及行车安全。另外，对于柴油机汽车、混合动力汽车、电动汽车等来说，安装一个独立的真空源是很有必要的，可以解决由于发动机停机的原因无法提供真空源的问题。电动真空泵总成作为一个独立的汽车零部件存在于整车中，它只需要12V车载蓄电池电源就可以独立工作，为真空助力器提供可靠的真空源。

叶片泵由偏心安装在定子腔内的转子、转子槽内的叶片和外壳定子组成。转子带动叶片旋转时，叶片借离心力（有的还有弹簧力）紧贴定子内壁，把进排气口分割开来，并使进气腔容积周期性扩大而吸气，排气腔容积则周期性缩小而压缩气体，借气体的压力推开排气阀排气，获得真空。

汽车上通常采用如图6-13所示的电动真空泵。

（2）真空罐 真空罐用于储存真空，并通过真空压力传感器感知真空度并把信号发送给真空泵控制器，如图6-14所示。

图6-13 北汽EV系列车型真空泵

图6-14 真空罐（电线插头位置为真空压力传感器）

（3）真空助力器（图6-15） 在装有真空助力器的汽车上，制动踏板推动一个连杆，该连杆穿过助力器进入主缸，驱动主缸活塞。发动机在真空助力器内膜片的两侧形成部分真空。踩下制动踏板时，连杆打开一个气门，使空气进入助力器中膜片的一侧，同时密封另一侧真空。这就增大了膜片一侧的压力，从而有助于推动连杆，继而推动主缸中的活塞。释放制动踏板时，阀将隔绝外部空气，同时重新打开真空阀。这将恢复膜片两侧的真空，从而使一切复位。

（4）真空泵控制器　真空泵控制器是电动真空系统的核心部件。真空泵控制器根据真空罐真空压力传感器发送的信号控制真空泵工作，如图6-16所示。

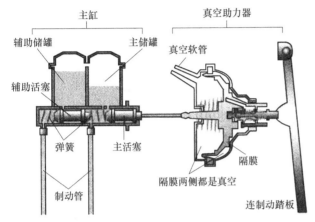

图6-15　真空助力器

图6-16　真空泵控制器

### 2. 电控真空助力制动系统工作原理

（1）电动真空助力系统性能参数　电动真空助力系统性能参数，见表6-1。

表6-1　电动真空助力系统性能参数

| 参数 | 数值 |
| --- | --- |
| 电动真空泵 | 214.5mm×95mm×114mm |
| 真空罐直径 | φ120×226mm |
| 工作电流 | 不大于15A |
| 最大工作电流 | 不大于25A |
| 额定电压 | 12V DC |
| 最大真空度 | 不大于85kPa |
| 测试容积 | 2L |
| 抽至真空度55kPa,压力形成时间 | 不大于4s |
| 抽至真空度70kPa,压力形成时间 | 不大于7s |
| 真空度从40kPa抽至85kPa,压力形成时间 | 不大于4s |
| 延时模块接通闭合的真空度 | 55kPa |
| 延时时间 | 15s |
| 使用寿命 | 30万次 |
| 工作环境温度范围 | −20～100℃ |
| 启动温度 | −30℃ |
| 噪声 | 75dB |
| 真空罐密封性 | 在(66.7±5)kPa真空度下,15s内真空压力降 $\Delta P \leqslant 3$ |

（2）真空泵启动策略　当驾驶员启动车辆时，12V电源接通，电子控制系统模块开始自检，如果真空罐内的真空度小于设定值，真空压力开关处于常开状态，此时电动真空泵开始工作，当真空度大于设定值时，真空压力开关或传感器处于常闭状态，电子延时模块立即进入延时工作模式，15s左右延时时间停止。此时真空罐内的真空度达到设定值，电机停止工作，当真空罐内的真空度因制动消耗，真空度小于设定值时，真空压力开关或传感

器再次处于常开状态，电动真空泵再次开始工作，如此循环。

（3）电控真空助力制动系统工作原理（图6-17） 电控真空助力制动系统中真空泵采用间歇性工作的模式，给真空泵配备一个控制单元，其控制方式如下所述。

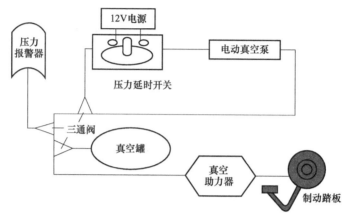

图6-17 电控真空助力制动系统工作原理图

① 接通汽车12V电源，压力延时开关闭合，真空泵大约工作30s后开关断开，此时真空罐内压力大约为80kPa。

② 当真空罐内压力增加到55kPa时，压力延时开关再次闭合。

③ 当真空罐内压力增加到大约34kPa时，压力报警器发出信号。

如果真空泵控制开关有很明显的短时间开启和关闭，则说明发生了泄漏。

当驾驶员发动汽车时，12V电源接通，压力延时开关和压力报警器开始压力自检。如果真空罐内的真空度小于55kPa，则压力膜片将会挤压触点，从而接通电源，真空泵开始工作；当真空度增加到55kPa时，压力延时开关断开，然后通过延时继电器使真空泵继续工作大约30s后停止。每次驾驶员有制动动作时，压力延时开关都会自检，从而判断电动真空泵是否应该工作。如果真空罐内的真空度低于34kPa，则真空助力器不能提供有效的真空助力，此时压力报警器将会发出信号，提醒驾驶员注意行车速度。

## 五、混合动力汽车制动系统

以典型的丰田普锐斯混合动力汽车的THS-Ⅱ（第二代再生制动）制动系统为例，介绍混合动力汽车的制动系统。

丰田普锐斯混合动力汽车的THS-Ⅱ制动系统属于ECB（电子控制制动）系统。THS-Ⅱ制动系统可根据驾驶员踩制动踏板的程度和所施加的力计算所需的制动力。然后，此系统开始施加需要的制动力（包括再生制动力和液压制动系统产生的制动力）并有效地吸收能量。

THS-Ⅱ制动系统的组成包括制动信号输入、电源和液压控制部分，取消了传统的真空助力器。正常制动时，主缸产生的液压力换成液压信号，而不是直接作用在轮缸上，通过调整作用于轮缸的制动执行器上液压源的液压获得实际控制压力。THS-Ⅱ制动系统组成如图6-18所示。

ECB ECU和制动防滑控制ECU集成在一起，并和液压制动系统（包括带EBD的

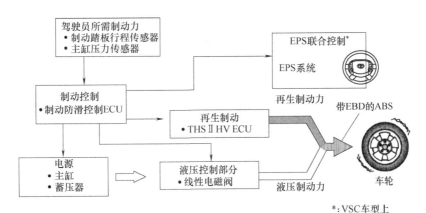

图 6-18 THS-Ⅱ制动系统组成

ABS、制动助力和VSC+)一起对制动进行综合控制。

VSC+系统除了有正常制动控制VSC功能外,还能根据车辆行驶情况和EPS配合,提供转向助力来帮助驾驶员转向。

THS-Ⅱ系统采用电动机牵引控制系统。该系统不但具有旧车型上的THS系统拥有的保护行星齿轮和电动机的控制功能,而且还能对滑动的车轮施加液压制动控制,把驱动轮的滑动减小到最低限度,并产生适合路面状况的驱动力。THS-Ⅱ系统制动系统的功能,见表6-2。

表 6-2 THS-Ⅱ系统制动系统的功能

| 制动控制系统 | 功能 | 概述 |
| --- | --- | --- |
| ECB系统 | VSC+<br>(车辆稳定性控制) | VSC+系统可以在转向时,防止前轮或后轮急速滑动产生的车辆侧滑,和EPS ECU一起联合控制,根据车辆的行驶条件提供转向助力 |
| | ABS<br>(防抱死制动系统) | 制动过猛或在易滑路面制动时,ABS系统能防止车轮抱死,保证车辆及人员安全 |
| | EBD<br>(电子制动力分配) | EBD控制利用ABS,根据行驶条件在前分界线和后轮之间分配制动力;另外,转向制动时,它还能控制左右车轮的制动力,以保持车辆平衡行驶 |
| | 再生制动联合控制 | 通过尽量使用THS-Ⅱ系统的再生制动能力,控制液压制动来恢复电能 |
| | 制动助力 | 制动助力有两个功能,紧急制动时,如果制动踏板力不足,可以增大制动力;需要强大制动力时,增大制动力 |

### 1. 混合动力汽车电子制动控制系统的结构组成

ECB(电子控制制动)系统的主要部件有制动踏板行程传感器、制动灯开关、行程模拟器、制动防滑控制ECU、制动执行器、制动主缸、备用电源装置。丰田普锐斯混合动力汽车的主要制动组件位置,如图6-19所示。

(1)制动踏板行程传感器和制动灯开关 制动踏板行程传感器直接检测驾驶员踩下制动踏板的程度,如图6-20所示。此传感器包括触点式可变电阻器,它用于检测制动踏板行程踩下的程度并发送信号到制动防滑控制ECU,信号采用反向冗余设计。制动灯开关的作用与传统汽车相同,作为控制制动灯及制动踏板动作信号。

(2)行程模拟器 制动时根据踏板力度产生踏板行程,如图6-21所示。行程模拟器位于主缸和制动执行器之间,它根据制动中驾驶员踩制动踏板的力产生踏板行程。行程模拟器包括弹簧系数不同的两种螺旋弹簧,具有对应于主缸压力的两个阶段的踏板行程特征。

(3)制动防滑控制ECU 汽车制动防滑控制系统是制动防抱死系统和驱动防滑系统的

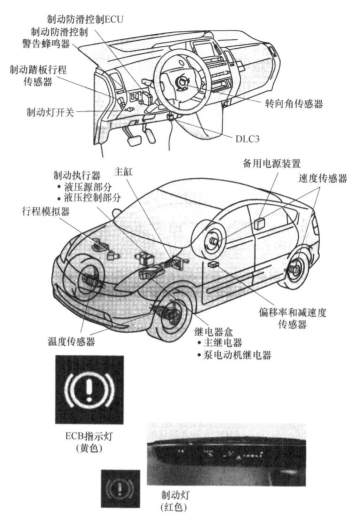

图 6-19 普锐斯混合动力汽车主要制动组件

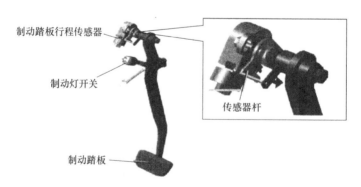

图 6-20 制动踏板行程传感器

统称。制动防滑控制 ECU 处理各种传感器信号和再生制动信号以便控制再生制动联合控制、带 EBD 的 ABS、VSC+制动助力和正常制动。根据各传感器信号来判断车辆行驶状况,并控制制动执行器。

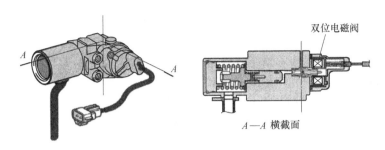

图 6-21 行程模拟器

(4) 制动执行器 制动执行器如图 6-22 所示,包含以下三个部分。

① 液压源部分 液压源部分由泵、泵电动机、蓄能器、减压阀和蓄能器组成,产生并存储压力,制动防滑控制 ECU 用于控制制动的液压。蓄能器压力传感器安装在制动执行器中。

② 液压控制部分 液压控制部分包括 2 个主缸切断电磁阀、4 个供压式电磁阀和 4 个减压电磁阀。2 个双位型主缸切断电磁阀由制动防滑控制 ECU 控制,作用是用来打开或关闭主缸和轮缸间的通道;4 个线性供压电磁阀和 4 个线性减压电磁阀,它们由制动防滑控制 ECU 增减轮缸中的液压。

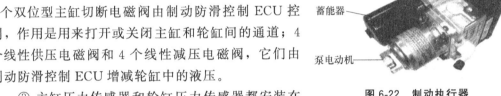

图 6-22 制动执行器

③ 主缸压力传感器和轮缸压力传感器都安装在制动执行器中。

(5) 制动主缸 混合动力汽车取消了传统汽车制动主缸上的真空助力器,采用了电动机液压助力。制动主缸仍采用双腔串联形式,一旦电动机液压助力失效,制动主缸的前腔和后腔将分别对汽车的左前轮和右前轮进行制动,所以这个主缸也成为前轮制动主缸。

(6) 备用电源装置 如图 6-23 所示,备用电源装置用以保证给制动系统稳定地供电,该装置包括 28 个电容器电池,用于储存车辆电源(12V)提供的电量。当车辆电源电压(12V)下降时,电容器电池中的电就会作为辅助电源向制动系统供电。关闭电源开关后,HV 系统(电池管理系统)停止工作时,存储在电容器电池

图 6-23 备用电源装置

中的电量被释放。维修中电源开关关闭后,备用电源装置就处于放电状态,但电容器中仍有一定的电压。在从车辆上拆下备用电源装置或将其打开检查盒内部之前,一定要检查它的剩余电压,如有必要则将其放电。

2. 混动汽车制动系统的工作原理

电源开关(电源信号)打开后,蓄电池向控制器供电,控制器开始工作,此时 EMB 信号灯显示系统应正常工作。驾驶员进行制动操作时,首先由电子制动踏板行程传感器探知驾驶员的制动意图(踏板速度和行程),把这一信息传给 ECU。ECU 汇集轮速传感器、制

动踏板行程传感器等各路信号。根据车辆行驶状态计算出每个车轮的最大制动力。再发出指令给执行器（电机），让其执行各车轮的制动。电动机械制动器能快速而精确地提供车轮所需的制动力，从而保证最佳的整车减速度和车辆制动效果。

### 3. 再生制动联合控制

如图 6-24 所示，在制动时，电动机 MG2 起到发电作用，和电动机 MG2 转动方向相反的转动轴产生的阻力是再生制动力的来源。发电量（蓄电池充电量）越多，阻力也越大。

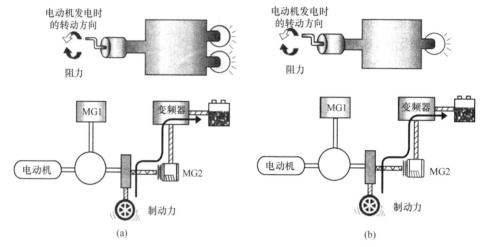

图 6-24 再生制动联合控制

驱动桥和 MG2 通过机械方式连接在一起，驱动轮带动 MG2 转动而发电，MG2 产生的再生制动力就会传到驱动轮，这个力由控制发电的 THS-Ⅱ 系统进行控制。

再生制动联合控制和传统制动方式最大的区别是，前者并不单靠液压系统产生驾驶员所需的制动力，而是 THS-Ⅱ 系统一起联合控制提供再生制动的合制动力。这样控制能够最大限度地减少正常液压制动的动能损失，并把这些动能转化为电能。

在 THS-Ⅱ 系统中，由于采用了 THS-Ⅱ 系统，使 MG2 的输出功率得到了增加，THS-Ⅱ 增大了再生制动力；另外，由于采用 ECB 系统，制动力得到了改善，从而有效地增加了再生制动的使用范围。这些提高了系统恢复电能的能力，从而提高了燃油经济性，如图 6-25 所示。

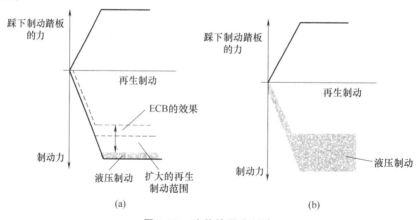

图 6-25 改善的再生制动

## 第三节 新能源汽车制动系统的检修

### 一、电动真空助力系统检修

电动真空助力系统,是新能源汽车特别是纯电动汽车制动系统的重要组成部分,以下介绍电动真空助力系统的检修方法,其他与传统汽车相同部件的检修可参照传统汽车的检修方法。

#### 1. 电动真空助力系统电路分析

若电动真空助力系统某个真空管路发生空气泄漏,真空罐压力传感器检测到真空度不足,就会发送信号给控制器,控制真空泵工作。如果真空度一直不足,理论上真空泵会一直工作,但是设计的时候在持续工作15s之后会自动停止,防止真空泵过热。此时如果踩下制动踏板,VCU(整车控制器)检测到真空罐压力不足55kPa,就会给真空泵报警继电器和组合仪表发出信号触发仪表报警,如图6-26所示。

图6-26 仪表报制动故障

若8s后真空仍未恢复到55kPa以上,会给MCU(驱动电机控制器)发送信号,将车辆限制在9km/h。

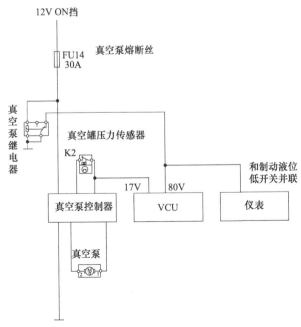

图6-27 电动真空助力系统电路图

电动真空助力系统电路图如图6-27所示。12V直流电接通后,真空泵控制器发送信号让真空泵开始工作,真空罐压力达到55kPa以上时,真空罐压力传感器闭合,发出高电平信号到真空泵控制器和VCU,真空泵控制器的时间模块延时10s,真空泵停止工作。等真空度下降到-55kPa以下,真空罐压力传感器断开,发出低电平信号给真空泵控制器和VCU,真空泵控制器收到信号后,控制真空泵再次开始工作,如此循环。

#### 2. 电动真空助力系统接线方式和针脚定义

(1)真空泵控制器 图6-28所示为真空泵控制器连接器针脚示意图,

表 6-3 所示为真空泵控制器针脚的定义。

表 6-3　真空泵控制器针脚定义

| 针脚号 | 针脚功能 | 线束走向 |
| --- | --- | --- |
| 1 | 12V 正极输入 | 前机舱低压电器盒（30A 熔断丝） |
| 2 | 12V 正极输出 | 负极搭铁 |
| 3 | 触点 1 | 真空罐压力开关 |
| 4 | 触点 2 | 真空罐压力开关 |
| 5 | 12V 正极输入 | 电动真空泵输入正极 |
| 6 | 12V 负极输出 | 电动真空泵输入负极 |

（2）真空泵　图 6-29 所示为真空泵针脚连接器针脚示意图，表 6-4 所示为真空泵针脚连接器定义。

表 6-4　真空泵针脚连接器定义

| 针脚号 | 针脚功能 | 线束走向 |
| --- | --- | --- |
| 1 | 12V 正极输入 | 真空泵控制器 |
| 2 | 12V 负极输出 | 真空泵控制器 |

（3）真空罐　图 6-30 所示为真空罐针脚连接器针脚示意图，表 6-5 所示为真空罐针脚连接器定义。

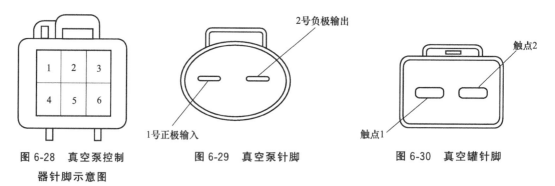

图 6-28　真空泵控制器针脚示意图　　图 6-29　真空泵针脚　　图 6-30　真空罐针脚

表 6-5　真空罐针脚连接器定义

| 针脚号 | 针脚功能 | 线束走向 |
| --- | --- | --- |
| 1 | 触点 1 | 真空泵控制器 |
| 2 | 触点 2 | 真空泵控制器 |

### 3. 电动真空助力系统检查与诊断

电动真空助力系统检查与诊断步骤见表 6-6。

表 6-6　电动真空助力系统检查与诊断步骤

| 序号 | 检查步骤 | 检查结果及操作方法 | | |
| --- | --- | --- | --- | --- |
| 1 | 检查熔断丝是否熔断 | 正常；进行下一步 | 不正常；熔断丝熔断 | 更换熔断丝 |
| 2 | 检查电动真空泵是否损坏 | 正常；进行下一步 | 电路有故障或电动真空泵损坏 | 检修电路或更换电动真空泵 |
| 3 | 检查真空罐是否漏气 | 正常；进行下一步 | 真空罐漏气 | 更换真空罐 |
| 4 | 正确检修操作后检查故障是否出现 | 正常；诊断结束 | 故障未消失 | 从其他症状查找故障源 |

## 二、混合动力汽车制动控制系统的检修

下面以丰田普锐斯为例，介绍典型的混合动力汽车制动系统的检修。

## （一）检修时注意事项

(1) 当端子触点或者是零件安装出现故障时，对被怀疑零件的拆除和重新安装可能会使系统完全或暂时恢复到正常状态。

(2) 为了准确地判断故障部位，必须检查故障发生时的各种情况。例如 DTC（故障代码）输出和历史数据，并且在断开每一个连接器或安装拆除零件之前都要记录。

(3) 因为该系统可受到除制动控制系统外所有系统的影响，所以一定要检查其他系统中的 DTC。

(4) 由于 VSC+ 或 ECB（电子控制制动）部分零件拆装后无法进行正确调整，包括转向传感器、偏移率传感器或制动踏板行程传感器等。因此，除非必要，否则不要对 VSC+ 或 ECB（电子控制制动）的零件进行拆装。

(5) 在按照修理手册中的指示完成 VSC+ 或 ECB 系统的修理工作后和进行确认前，一定要做好相应的准备工作。

(6) 除非在检查步骤中有专门规定，否则，一定要在电源开关关闭的情况下拆装 ECU、执行器以及每个传感器。

(7) 确保在拆装或者更换 VSC+ 或 ECB 零件之前拆下两个主继电器。

(8) 执行器、制动主缸或行程模拟器的拆装以及其他步骤均有可能造成液面下降到储液罐端口以下。如果在进行后续作业时发生这种情况，一定要拆除两个电动机继电器，直到管路中的气体被完全排空。

(9) 拆除主继电器和电动机继电器，电源开关断开之后等待 2min，在拆下两个继电器之前，停止制动踏板操作并且关闭驾驶员侧车门。

(10) 在拆装 ECU、执行器和各传感器时，安装所有零件后，一定要确认在进行测试模式检查和 DTC 输出检查时输出正常显示。

(11) DTC 注意事项 修理故障零件后，并不能清除某些 DTC 的警告，如果在修理之后仍显示警告，则应在电源开关关闭之后清除 DTC。

(12) 安全保护功能

① 当制动控制系统发生故障时，制动防滑控制 ECU 点亮相应故障系统的警告灯（ECB、ABS、VSC+ 和 BRAKE）并且禁止 ABS、VSC+ 和制动辅助系统操作。

② 根据故障情况，除了故障部件之外，正常部件能继续 ECB 的控制。

a. 如果 4 个车轮中的任一个 ECB 控制被禁止，这个轮就会失去制动助力功能或制动能力。如果 4 个车轮中的任一个失去制动助力功能，踩下制动踏板时的感觉变得像行程模拟器（踏板反作用力生成电磁阀）一样，则禁止操作。

b. 如果所有轮的 ECB 控制被禁止，则 2 个前轮制动助力失去功能。

(13) 鼓式测试仪注意事项

① 确保 VSC 警告灯在闪 [转到 TESRTMODE（测试模式）]。

② 用锁链保证车辆的安全。

(14) CAN 通信系统注意事项

① CAN 通信系统用于制动防滑控制，ECU、转向传感器、偏移率传感器（包括减速传感器）和其他 ECU 之间的数据通信。如果 CAN 通信线路有故障，系统会输出通信线路相应的 DTC。

② 如果系统输出 CAN 通信线路的 DTC，应首先修理通信线路的故障，数据通信正常后，还要对 VSC+系统进行故障排除。

③ 由于 CAN 传输线路有规定的长度和路线，因此，不能临时使用旁路接线来修理。

(15) 激活混合动力系统注意事项

① 警告灯亮起或蓄电池断开又重新连接，则初次按下电源开关可能无法启动该系统。如果是这样，则再次按下电源开关。

② 打开电源开关（IG），断开蓄电池。如果在重新连接时钥匙不在钥匙孔内，则可能输出 DTC B2799。

## （二）制动控制系统测试模式步骤

### 1. 警告灯和指示灯检查

① 松开驻车制动操作手柄。

② 打开电源开关（READY），检查 ABS 警告灯、VSC 警告灯、BRAKE 警告灯、制动控制警告灯和 SLIP 指示灯点亮大约 3s。警告灯和指示灯显示面板，如图 6-31 所示。

### 2. 测试模式检查传感器信号

① 将车辆设定在 TEST MODE（测试模式）下，检查减速传感器、制动主缸压力传感器、速度传感器和偏移率传感器的运行状况。

② 检查仅在 TEST MODE（测试模式）下输出 DTC 的结果。

③ 进行以下步骤。

ⓐ 关闭电源开关；ⓑ 将智能测试仪 Ⅱ 连接到 DLC3，如图 6-32 所示；ⓒ 检查转向盘是否在正朝前位置，并将换挡杆移到 P 挡；ⓓ 打开电源开关（READY）；ⓔ 检查 ABS 警告灯和 VSC 警告灯是否指示 TEST MODE（测试模式），ABS 警告灯和 VSC 警告灯闪烁方式如图 6-33 所示。

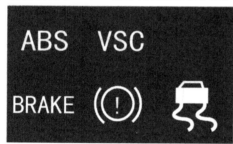

图 6-31　警告灯和指示灯显示面板

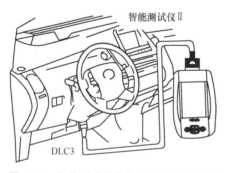

图 6-32　智能测试仪 Ⅱ 与 DLC3 连接位置

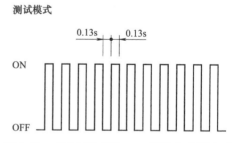

图 6-33　ABS 警告灯和 VSC 警告灯闪烁方式

a. 减速传感器检查

ⓐ 在 TEST MODE（测试模式）下，检查 ABS 警告灯闪烁情况；ⓑ 在水平面保持车辆静止至少 1s。

b. 偏移传感器检查　换挡杆换到 D 挡，以大约 5km/h 的车速行驶，然后向左或向右以大于 90°的角度并沿 180°圆弧行驶，如图 6-34 所示。

④ 制动主缸压力传感器检查

ⓐ 检查 ABS 警告灯在 TEST MODE（测试模式）下闪烁，警告灯闪烁方式如图 6-33 所示；ⓑ 保持车辆在静止状态下，松开制动踏板至少 1s，然后迅速踩下制动踏板，并保持至少 1s；ⓒ 车辆停止时，松开制动踏板；ⓓ 车辆停止时，迅速踩下制动踏板至少一次，检查 ABS 警告灯是否点亮 3s。

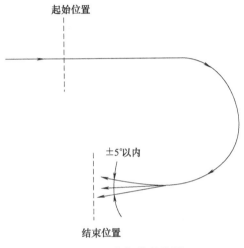

图 6-34　车辆偏移位置

d. 速度传感器检查

ⓐ 检查 TEST MODE（测试模式）的 ABS 警告灯闪烁情况；ⓑ 开始传感器信号检查，检查项目见表 6-7；ⓒ 正向前行驶车辆，以 45～80km/h 的车速行驶车辆数秒，检查 ABS 警告灯应熄火。

表 6-7　车辆随车速变化进行的检查项目

| 车速 | 测试 | 检查 |
| --- | --- | --- |
| 0～45km/h | 低速测试 | 传感器响应 |
| 45～80km/h | 中速测试 | 传感器信号偏移 |

e. 结束传感器检查　如果传感器检查完成，则车辆停止时 ABS 警告灯闪烁（测试模式），车辆行驶时警告灯熄灭。

f. 读取 TEST MODE（测试模式）代码　在测试模式下使用智能测试仪 Ⅱ 检查 DTC 码，见表 6-8。

表 6-8　TEST MODE（测试模式）的 DTC 码

| DTC | 诊断 | 可能发生故障的部位 |
| --- | --- | --- |
| C1271/71 | 右前速度传感器输出电压低 | 右前速度传感器<br>传感器安装<br>传感器转子 |
| C1272/71 | 左前速度传感器输出电压低 | 左前速度传感器<br>传感器安装<br>传感器转子 |

续表

| DTC | 诊断 | 可能发生故障的部位 |
|---|---|---|
| C1273/73 | 右后速度传感器输出电压低 | 右后速度传感器<br>传感器安装<br>传感器转子 |
| C1274/74 | 左后速度传感器输出电压低 | 左后速度传感器<br>传感器安装<br>传感器转子 |
| C1275/75 | 右前速度传感器输出电压变化异常 | 右前传感器转子 |
| C1276/76 | 左前速度传感器输出电压变化异常 | 左前速度传感器转子 |
| C1277/77 | 右后速度传感器输出电压变化异常 | 右后速度传感器转子 |
| C1278/78 | 左后速度传感器输出电压变化异常 | 左后速度传感器转子 |
| C1279/79 | 减速传感器故障 | 偏移率传感器(减速传感器) |
| C1281/81 | 制动主缸压力传感器输出信号故障 | 制动主缸压力传感器 |
| C0371/71 | 信号故障 | 偏移率传感器(减速传感器) |

### (三) 制动控制系统故障症状表

如果没有DTC输出但故障仍然存在,则依照表6-9所给的顺序依次检查各故障现象的电路。

表6-9 制动控制系统故障症状表

| 故障现象 | 可能发生的故障部位 |
|---|---|
| ABS不工作<br>BA不工作<br>EBD不工作 | ①再次检查DTC,确保输出正常代码<br>②IG电源电路和搭铁电路<br>③速度传感器电路<br>④使用智能测试仪Ⅱ检查制动执行器[用ACTIVE TEST(动态测试)功能检查制动执行器操作]如果异常,则检查液压回路是否泄漏<br>⑤检查完故障可能发生部位的上述电路并证明正常后,如果症状仍然出现,则更换制动防滑控制ECU |
| ABS不能有效工作<br>BA不能有效工作<br>EBD不能有效工作 | ①再次检查DTC确保输出正常代码<br>②速度传感器电路<br>③制动控制警告灯开关电路<br>④使用智能测试仪Ⅱ检查制动执行器,如果异常,检查液压回路是否泄漏<br>⑤检查完故障可能发生部位的上述电路并证明正常后,如果症状仍然出现,则更换制动防滑控制ECU |
| ABS警告灯异常 | ①ABS警告灯电路<br>②制动防滑控制ECU |
| 不能进行ABS的DTC检查 | ①再次检查DTC确保输出正常代码<br>②TC端子电路<br>③检查完故障可能发生部位的上述电路并证明正常后,如果症状仍然出现则更换制动防滑控制ECU |
| 不能进行传感器信号检查 | ①TC端子电路<br>②制动防滑控制ECU |
| VSC不工作 | ①再次检查DTC确保输出正常代码<br>②IG电源电路和搭铁电路<br>③检查液压回路是否泄漏<br>④速度传感器电路<br>⑤偏移率(减速)传感器电路<br>⑥转向传感器电路<br>⑦检查完故障可能发生部位的上述电路并证明正常后,如果症状仍然出现,则更换制动防滑控制ECU |
| SLIP指示灯异常 | ①SLIP指示灯电路<br>②制动防滑控制ECU |

续表

| 故障现象 | 可能发生的故障部位 |
| --- | --- |
| 不能进行 VSC 的 DTC 检查 | ①再次检查 DTC 确保输出正常代码<br>②TC 端子电路<br>③检查完故障可能发生部位的上述电流并证明正常后,如果症状仍然出现,则更换制动防滑控制 ECU |
| VSC 警告灯异常 | ①再次检查 DTC 确保输出正常代码<br>②VSC 警告电路<br>③检查完故障可能发生部位的上述电路并证明正常后,如果症状仍然出现则更换制动防滑控制 ECU |
| 制动控制警告灯异常 | ①再次检查 DTC 确保输出正常代码<br>②制动控制警告电路灯<br>③检查完故障可能发生部位的上述电路并证明正常后,如果症状仍然出现,则更换制动防滑控制 ECU |

## (四) 丰田普锐斯混合动力汽车制动管路放气

① 将挡位调至 P 挡,并踩下制动踏板。

② 在电源开关关闭情况下,将诊断仪与车辆连接。

③ 打开车辆电源开关,打开诊断仪。

④ 选择诊断仪上的"与车辆连接",进入诊断系统。

⑤ 选择制动系统。

⑥ 单击工具按钮。

⑦ 选择"放气"。

⑧ 再次检查,确认车辆已停止、驻车制动操纵手柄已拉上、点火开关位于开启状态。

⑨ 选择通常放气、选择所需管线、选择右前管线。

⑩ 关闭点火开关。

⑪ 找出前机舱熔断丝盒 1 号和 2 号防抱死制动系统电机,并拔出。

⑫ 打开点火开关之后,返回诊断仪继续操作。

⑬ 取下右前轮防尘帽,将塑料乙烯管连接到右前车轮放气塞上。

⑭ 踩下制动踏板若干次后,保持踏板踩下的状态,松开放气阀。

⑮ 制动液停止流出时,拧紧放气塞。

⑯ 重复前面的放气过程,直至制动液中的空气被完全排放。

⑰ 用指定力矩拧紧放气塞。

⑱ 用棉丝擦拭放气塞表面制动液,盖紧防尘帽。

⑲ 返回诊断仪继续操作。

⑳ 选择左前管线。

㉑ 取下左前轮防尘帽,将塑料乙烯管连接到左前车轮放气塞上。

㉒ 踩下制动踏板若干次后,保持踏板踩下的状态,松开放气阀。

㉓ 观察制动液停止流出时,拧紧放气塞。

㉔ 重复前面的放气过程,直至制动液中的空气被完全排放掉。

㉕ 用指定力矩拧紧放气塞。

㉖ 用棉丝擦拭放气塞表面制动液,盖紧防尘帽。

㉗ 返回诊断仪继续操作。

㉘ 选择右后管线。
㉙ 取下右后轮防尘帽，将塑料乙烯管连接到右后车轮放气塞上。
㉚ 踩下制动踏板若干次后，保持踏板踩下的状态，松开放气阀。
㉛ 观察制动液停止流出时，拧紧放气塞。
㉜ 重复前面的放气过程，直至制动液中的空气被完全排放。
㉝ 用指定力矩拧紧放气塞。
㉞ 用棉丝擦拭放气塞表面制动液，盖紧防尘帽。
㉟ 返回诊断仪继续操作。
㊱ 选择左后管线。
㊲ 取下左后车轮防尘帽，将塑料乙烯管连接到左后车轮放气塞上。
㊳ 踩下制动踏板若干次后，保持踏板踩下的状态，松开放气阀。
㊴ 观察制动液停止流出时，拧紧放气塞。
㊵ 重复前面的放气过程直至制动液中的空气被完全排放。
㊶ 用指定力矩拧紧放气塞。
㊷ 用棉丝擦拭放气塞表面制动液，盖紧防尘帽。
㊸ 完成四条管路放气之后，点击退出。
㊹ 返回主菜单。关闭点火开关。
㊺ 打开制动液储液罐补充添加制动液至上限。
㊻ 安装防抱死制动系统电机1号和2号继电器。
㊼ 打开点火开关，使用诊断仪清除制动系统故障码。
㊽ 选择对应车型，进入制动系统，清除故障码。
㊾ 检查四轮防尘帽有无泄漏。
㊿ 降落车辆。

**（五）混合动力汽车制动踏板行程传感器更换**

① 铺设脚垫，铺设转向盘套，铺设驾驶座套。
② 拆下仪表板下饰板总成螺钉。
③ 拆下主驾驶左侧通风口总成。
④ 拆下仪表板下饰板总成螺钉。
⑤ 取下仪表板下饰板总成。
⑥ 断开仪表板调节器插头。
⑦ 断开EV模式插头。
⑧ 拆下前机舱盖拉手开关。
⑨ 断开点火开关连接器。
⑩ 拆下点火开关连接器，取出仪表板下饰板总成。
⑪ 断开制动踏板行程传感器连接器。
⑫ 拆下2个螺栓，取下制动踏板行程传感器。
⑬ 将新更换的制动行程传感器帖放在紧固口，用2个螺栓将制动行程传感器紧固，但需留出活动量，连接制动踏板行程传感器插头。
⑭ 进入诊断仪连接车辆，进入制动菜单，进入数据列表菜单。

⑮ 此处传感器标准值应该是 0.8～1.2，如果大于或小于标准值，则需要手动调节传感器，直至符合标准值。

⑯ 用手调节传感器，并注意观察诊断仪数据的变化，调节完毕后紧固行程传感器。

⑰ 返回诊断仪，进入工具菜单的重置记忆，进行学习值初始化。

⑱ 此环节应根据提示操作，首先关闭点火开关，等待 3s 之后，再次打开点火开关。

⑲ 安装前机舱盖拉手。

⑳ 安装点火开关连接器。

㉑ 安装仪表板调节器连接器。

㉒ 安装 EV 开关连接器。

㉓ 安装仪表板下饰板总成并紧固螺钉。

㉔ 安装主驾驶侧通风口总成。

㉕ 反复踩踏制动踏板，使行程传感器学习新的自由行程。

（六）混合动力汽车制动踏板位置传感器调整

① 检查车辆防护用品，铺设脚垫、转向盘套、驾驶员座套。

② 拆下仪表板下饰板总成螺钉。

③ 拆下主驾驶左侧通风口总成。

④ 拆下仪表板下饰板总成螺钉。

⑤ 取下仪表板下饰板总成。

⑥ 断开仪表板调节器插头。

⑦ 断开 EV 模式插头。

⑧ 拆下前机舱盖拉手开关。

⑨ 断开点火开关连接器。

⑩ 拆下点火开关连接器。

⑪ 取出仪表板下饰板总成。

⑫ 检查制动踏板自由行程，用手按下制动踏板若干次，测量踏板自由活动量，应为 0.5～4mm。

⑬ 踩下制动踏板并测量踏板活动量，踏板活动量应高于 104mm。

⑭ 断开制动灯开关连接器。

⑮ 松开制动灯开关锁紧螺母，转动开关，释放踏板自由行程。

⑯ 松开 U 形夹锁紧螺母，转动推杆并调整踏板高度。

⑰ 用盒尺测量高度，标准值应为 138～148mm。

⑱ 拧紧 U 形夹锁紧螺母，力矩为 19N·m。

⑲ 转动制动灯开关，以使开关与踏板接触区域的间隙在 0.5～2.4mm，然后锁紧螺母。

⑳ 连接制动灯连接器开关。

㉑ 松开行程传感器的两颗固定螺栓。

㉒ 打开诊断仪，进入诊断系统，进入制动系统的数据列表。

㉓ 用手调节传感器，并注意观察诊断仪数据的变化。

㉔ 调节完毕后紧固行程传感器。

㉕ 返回诊断仪，进入工具菜单，进入重置记忆进行学习值初始化。

㉖ 安装前机舱盖拉手。
㉗ 断开点火开关连接器。
㉘ 安装点火开关连接器，安装仪表板调节器连接器，安装 EV 开关连接器。
㉙ 安装仪表板下饰板总成并紧固螺钉。
㉚ 安装驾驶员侧通风口总成。
㉛ 反复踩踏制动踏板，使行程传感器学习新的自由行程。
㉜ 踩动制动踏板，检测调整后的踏板自由行程，标准值为 0.5~4mm。

### 三、北汽新能源汽车制动系统的检修

#### （一）北汽新能源汽车制动系统简介

电动真空助力系统主要由电动真空泵、真空储存罐、压力传感器和控制器等组成。

北汽 E150EV 纯电动轿车的制动助力装置采用 12V DC 电源驱动，主要为汽车真空助力伺服系统提供真空源，它是一种免真空泵油的机电耦合产品。其主要包括永磁直流电机、高精密机械泵、真空罐总成及电子控制系统模块组成。北汽 E150EV 电动真空泵、真空罐布置在左纵梁内侧，散热器后方，减速器左侧，如图 6-35 所示。真空泵控制器在第二层支架上，后期将集成在 VCU 中（北汽 E150EV 纯电动汽车以后的车型，真空泵控制器集成在 VCU 中）。真空泵的外观如图 6-36 所示。真空泵的技术参数如表 6-10 所示。

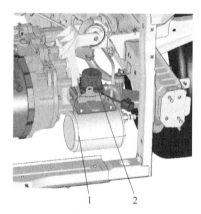

图 6-35　电动真空泵、真空罐的位置
1—真空罐；2—电动真空泵

图 6-36　北汽 E150EV 真空泵的外观

表 6-10　北汽 E150EV 真空泵的主要技术参数

| 序号 | 项目 | 技术要求 |
| --- | --- | --- |
| 1 | 工作电压 | 9~16V |
| 2 | 工作电流 | <17A |
| 3 | $P_{abs}=50\text{kPa}$ | $t \leq 3.5\text{s}(4\text{L})$ |
| 4 | $P_{abs}=30\text{kPa}$ | $t \leq 7\text{s}(4\text{L})$ |

北汽 E150EV 真空罐容积为 2L，压力传感器按照在真空罐的上部（后期北汽新能源车型中，压力传感器安装在真空助力器上），压力传感器的工作电源电压为 $(5±0.25)$V，输出电压为 0.5~4.5V。

北汽 E150EV 真空罐如图 6-37 所示。北汽 E150EV 真空泵控制器如图 6-38 所示。

图 6-37 北汽 E150EV 真空罐

1—压力传感器；2—单向阀；3—铜管接头

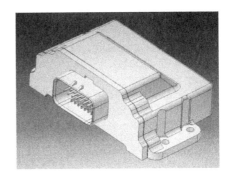

图 6-38 真空泵控制器

真空泵控制器控制真空泵工作区在真空度为 50～75kPa。当真空度小于或等于 34kPa 时，低真空报警。制动警告灯点亮并伴随整车报警。当真空泵保险熔断制动警告灯也点亮。

EV200 的电动真空泵和真空罐分别如图 6-39、图 6-40 所示。

图 6-39 EV200 电动真空泵

图 6-40 EV200 真空罐

E150EV 真空泵工作电路如图 6-41 所示。EV200 真空泵控制器的功能和整车控制器集成在一起，EV200 电动真空泵工作电路如图 6-42 所示。

（二）制动系统的检查与维护

**1. 工量具准备**

举升机、轮胎充气设备、EV160/200 整车、车内外三件套、常用拆装工具、抹布、扭力扳手、游标卡尺。

**2. 检查驻车制动器**

正常情况下，当手柄拉到整个行程 70% 的时候，手刹就应该处在正常的制动位置，在检测手刹制动力前，需要先找到这个点，可以通过数棘轮的响声来确定（正常为 6～7 齿），70% 位置就是手柄的有效工作点。

驻车制动器的调整方法如下。

① 拆卸副仪表板骨架。

② 放下驻车制动器控制杆。

③ 松开调整螺母，如图 6-43 中箭头所示螺栓。

④ 踩制动踏板 6 次。

⑤ 调整驻车制动拉索。

⑥ 测试驻车制动器是否工作正常。

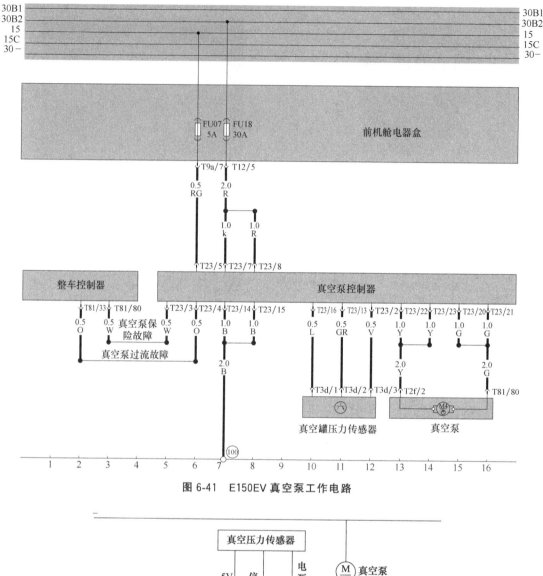

图 6-41 E150EV 真空泵工作电路

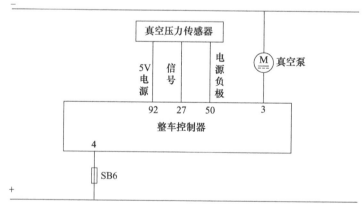

图 6-42 EV200 电动真空泵工作电路

⑦ 安装驻车制动器盖板。

**3. 后制动摩擦衬块厚度及制动盘**（根据使用情况更换）

① 测量内外摩擦片的厚度。摩擦片有效尺寸（不计背板厚度）为 9.2mm，如图 6-44 所示。如果摩擦片厚度（不计背板厚度）为 2.0mm，则说明制动摩擦片达到了磨损极限，

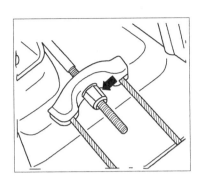

图 6-43 松开调整螺母

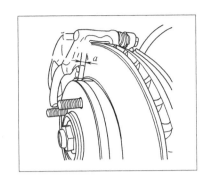

图 6-44 摩擦片有效尺寸

必须予以更换。如果更换盘式制动摩擦片,务必检查制动盘的磨损情况。必要时,更换制动盘(维修措施)。

② 在制动盘表面的中心测量制动盘厚度,如图 6-45 所示。如果制动盘磨损低于最小厚度值,则需更换制动盘。制动盘直径×厚度:256mm×24mm;制动盘极限厚度:22mm。

③ 检查后部毂式制动摩擦片厚度,如图 6-46 所示。目测得出内摩擦片的厚度(不计内板厚度)有效尺寸为 4.0mm。如果摩擦片厚度(不计背板厚度)为 1.6mm,则说明制动摩擦片达到磨损极限,必须予以更换(维修措施)。如果更换毂式制动摩擦片,务必检查制动毂的磨损情况。必要时,更换制动毂(维修措施)。检查制动毂摩擦表面凹槽是否过深,或制动毂是否呈椭圆形,如有以上现象必须与蹄片一起更换。

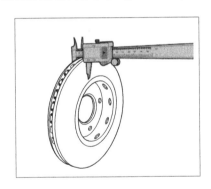

图 6-45 测量制动盘厚度

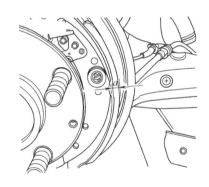

图 6-46 检查后部毂式制动摩擦片厚度

**4. 目测制动液液位及制动装置是否有泄漏和损坏**

在交车检查时制动液液位必须在 MAX(最高)标记,如图 6-47 所示。常规维护时的制动液液位必须根据制动摩擦片磨损的情况决定是否添加制动液。在行车时,由于制动摩擦片的磨损和自动调节,液位会略微降低。

① 接近制动摩擦片磨损极限时的推荐制动液液位:当液位在最低标记处或略微高于最低标记"MIN",则无需补充制动液。

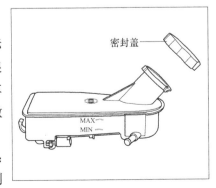

图 6-47 制动液位标识

② 当制动摩擦片是新的或者离摩擦片磨损极限还有很大距离时的推荐制动液液位：位于最低标记"MIN"与最高标记"MAX"之间。

③ 如果液位已降至最低标记"MIN"下，则必须在添加制动液之前检查是否有泄漏。EV200 使用的制动液是 DOT4。

**5. 检查制动真空泵、控制器功能及管路接头（不漏气）**

（1）制动真空泵、控制器功能检测

① 车辆静止状态下打开钥匙开关（ON 挡），完全踩下制动踏板，踩踏三次后真空泵应正常启动，当真空度到达设定值时，电机应停止工作。

② 制动真空泵运转五分钟后（反复踩踏制动踏板至真空泵连续运转几次）观察真空泵有无异响、异味及真空泵控制器插接件及连接线有无发热变形。

（2）管路接头检测

① 车辆停稳后，打开钥匙开关，完全踩下制动踏板，踩踏三次后真空泵应正常启动，大约 10s 后真空度到达设定值时，真空泵应停止运转。

② 在制动真空泵工作时检查连接软管有无漏气现象。

注意：a. 不能扭曲制动软管；b. 在最大转向角度时制动软管不得接触到汽车零件，如制动真空泵与软管连接处、制动真空罐与软管连接处。

**（三）真空泵常见故障现象及排除方法**

真空泵如果出现故障，可导致制动效果明显下降，甚至制动失灵。仪表通常会报故障码，并点亮故障警示灯，同时会伴随车辆警告声。

真空泵的故障现象主要包括：连接电源后电机不转；接通电源后，真空度抽至上限设定值而电机不停转；压力开关不能正常开启或断开；真空泵的机壳带电；真空泵喷油等现象。真空泵故障排除方法如下。

**1. 真空泵电机不转**

若连接电源后真空泵电机不转，应检查熔丝是否熔断。若熔断，检查线路是否短路、控制器是否损坏、电机是否烧毁短路。若没熔断，则检查蓄电池是否亏电、线路是否断路、控制器是否损坏。

**2. 真空泵电机不停转**

若真空度抽至上限设定值时真空泵电机不停转，应检查开关触点是否短路，若开关正常，则电子延时模块损坏，应更换。

**3. 压力开关不能正常开启或断开**

若压力开关不能正常开启或断开，首先检查压力开关触点是否污损、锈蚀，或者接触不良。如有上述现象，则清洁触点或更换压力开关；其次检查连接线是否折断或插头连接处是否脱焊。如有上述现象，应更换连接线。

**4. 真空泵机壳带电**

若真空泵的机壳带电，应检查电源线是否接错，将壳体与电源的正极连接在了一起，应立即纠正此错误连接。此外，检查电源插座的地线是否真实与地连接，应把电源插座中的地线连接好。

**5. 真空泵喷油**

若真空泵有喷油现象，目前部分新装车的真空泵在工作时会出现从排气孔带出润滑油的现象，此为真空泵自身缺陷，工作一段时间可消除，正积极协调厂家改进。

（四）北汽新能源电动真空助力系统的故障诊断步骤

由于电动汽车存在高压系统及线路，所以维修场地、维修工具与传统燃油车不同，有其特别要求。维修场地要有安全警示线，挂警示牌，操作的车辆上也同样需设置高压安全警示牌，在维修场地铺设绝缘胶垫。此外维修前还需要维修技师对护具（安全帽、护目镜、绝缘手套、绝缘鞋等）进行目视检查，尤其是绝缘手套的检查，并正确穿戴高压安全护具。

检测与维修工具应选用绝缘工具。为了保证绝缘垫的正常使用，在检修工作开始前需要对绝缘垫进行绝缘性检测，且需多点检测。举升车辆时，特别需要注意车辆底盘大边的4个专用举升支点。同时，为保证车辆平衡，需将4个举升臂绝缘基脚的高度调整到一致。为了保证对动力电池的安装、拆卸操作方便，需使用双柱龙门式举升器。

真空助力制动系统出现故障通常会报故障码，并点亮故障警示灯。其故障诊断步骤如下。

**1. 真空助力制动系统测试**

① 拔下真空泵气管。

② 连接真空压力表。

③ 启动车辆进行真空泵真空保压测试，若真空压力在5s不能达到55～60kPa，则说明真空罐漏气，更换真空罐。

④ 观察真空表，以2s一次的频率踩制动踏板，检查真空泵被唤醒时的工作情况。

⑤ 关闭点火开关，熄火状态下进行真空保压测试，观察真空表指针有无移动，检测电动真空助力系统管路有无泄漏。

⑥ 拆下真空表和三通管。

⑦ 复原真空管插头位置。

**2. 真空泵的测试**

① 将真空泵插头连接导线并与12V蓄电池连接。

② 若真空泵启动并从管口感受到吸气，则说明无故障。

③ 若真空泵不启动或没有真空吸力，则说明可能有故障，需更换。

**3. 连接诊断仪，读取故障码及数据流**

通过故障诊断仪读取故障码和系统的数据流，根据具体数值（如真空泵的使能状态、真空泵的工作电流或真空系统压力值等）判断系统可能出现的故障原因。

**4. 根据系统电路图分析故障**

根据制动系统工作电路图（图6-48），分析真空助力制动系统的工作原理，检查电源、接地、控制模块、传感器以及真空泵等电路工作是否正常。

① 根据电路图检查驾驶舱内熔丝盒的30号熔丝是否熔断，它接通的是真空泵主电源。

② 测量VBU控制器与真空压力传感器连接的92号、50号和27号信号端子，判断真空压力传感器的电源信号及数据线的通断情况。

③ 测量电动真空泵的接线端子，判断真空泵电源及接地是否正常。需要特别注意的是，真空泵电机的电源电压为14V左右，而不是传统燃油车的12V。此外需要对真空泵接地点的接地性能进行测试。

④ 电气或真空泵等故障排除后，一定要进行常规的制动系统检查。除对制动盘和制动

摩擦片等进行检查外，还需要对真空助力制动管路及连接插头进行重点检查，其检查与故障排除方法与传统燃油车基本相同，这里就不再阐述。最后在车辆故障排除后，仪表显示"READY"，表示车辆完全恢复正常。

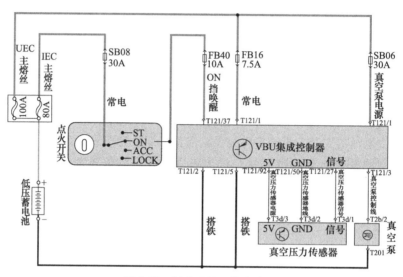

图 6-48 制动系统工作电路图

# 第七章　电动汽车冷却系统

## 第一节　电动汽车冷却系统简介

### 一、电动汽车的主要热源

冷却散热是车辆辅助系统的核心功能之一,是动力传动装置正常工作的重要保证。电动汽车的通风冷却系统功能要求与普通机械传动车辆基本相同。但是,由于结构差异导致了热源及其散热方式的不同。因此,必须考虑热源的特点,采取相应的冷却方式来满足其使用要求。电动汽车主要的热源有动力电池、控制器、电机等。

(1) 动力电池　无论是传统的铅蓄电池,还是性能先进的镍氢、锂离子动力电池,温度对电池整体性能都有非常显著的影响。充放电过程的电化学反应都是在特定的温度范围内才能够发生,这意味着电池运行的环境温度范围是特定的。温度会影响电池的充放电效率、电池的容量和功率、电池的可靠性和安全性、电池的寿命和循环次数。

在高温等复杂条件下,对动力电池散热性能有更高的要求,必须采用液体或气体作为冷却介质。冷却系统主要分为主动式冷却系统和被动式冷却系统,以液体冷却系统为例,主动冷却系统中使用汽车自身制冷装置,电池热量通过液体与液体交换的形式送出,被动冷却系统中,采用液体与外界空气进行热交换的方式将电池热量送出。

(2) 燃料电池　燃料电池的工作温度一般为60～100℃,须设有专门的冷却装置,由于冷却液的温差小,故所需散热器的体积大。美国研制的燃料电池电动汽车用的散热器体积是相同功率内燃机用散热器体积的1.5倍。燃料电池的冷却介质为去离子水,这是由燃料电池本身决定的。

(3) 电机　影响电机体积和重量的最大因素之一就是它们的热负荷问题。采取有效的冷却措施会大大缩减其体积和重量。尽管风冷电机结构简单、成本低,但与液冷电机相比,其效率低,且体积和重量都大。而液冷电机需加额外的泵来提供冷却液,这将增加功耗,使结构变得复杂,但其工作效率高,冷却效果好,体积小。目前电动汽车上使用的电机冷却方式有自然冷却、风冷和液体冷却(包括水冷和油冷)。考虑电机高比功率、高速度的需求,液体冷却成为主要的选择。

(4) 控制装置 电动汽车控制装置包括驱动电机控制器、辅助 DC/DC 转换器以及用于驱动辅助系统电机的小功率的 DC/AC 逆变器等。控制装置一般允许最高温度为 60~70℃,而最佳工作环境温度为 40~50℃。所以,必须采取专门的冷却装置,对控制装置的温度进行有效控制。

电动汽车冷却系统的作用是将电机、电机控制器、车载充电机和其他部件产生的热量及时散热出去,保证其在要求的温度范围内稳定高效地工作。

## 二、电动汽车冷却系统形式

### 1. 电动机冷却方式

电动汽车的驱动电动机有别于传统的电动机。由于采用驱动电动机后,电动汽车一般不再装配离合器,车辆变速器挡位也变得较少甚至取消,车辆的起步、加速、高速行驶全靠电动机来实现。而电动机的内阻不可能为零,因此在上述行驶中的大电流状况下,电动机的内耗也会急剧增加,电动机的内耗几乎全部以热量的方式释放。如果电动机得不到有效的冷却,电动机的内部温度会不断升高,导致电动机效率下降,如果温度过高,就会造成内部烧蚀甚至击穿而导致电动机损坏。另外,多数电动机内部均有磁性材料,温度过高会导致磁性材料稳定性下降,磁性降低,甚至磁性消失,导致电动机损坏。因而,控制电动机的工作温度(尤其是最高温度)尤为重要。

电动机常见的冷却方式有风冷和液冷。采用风冷方式较为常见,如一些小型电动机、交流电动机、开关磁阻电动机、异步电动机等;液冷方式主要用在一些永磁电动机。从理论上讲,几乎所有的电动机既可以采用风冷也可以采用液冷,最大的区别主要体现在电动机的设计用途和功率密度上。

如果车辆安装空间自由度较大,通风情况良好,电动机的重量要求不是很苛刻,可以采用风冷电动机。为了节约车辆空间,缩小电动机的体积,降低电动机的重量,提高电动机的功率,可采用液冷方式。

由于风冷电动机不需要散热水道,成本相对较低。液冷电动机结构复杂,一般在外壳体上布置冷却水道,而且需要增加较为严格的防护措施,因而成本较风冷电动机要高。风冷电动机为了获得必要的冷却效果,体积相对较大,且表面一般采用冷却栅的方式增加散热面积,而且还需要在电动机的封闭端增加散热风扇以增加散热效果,因而风冷电动机体积大、质量大。

多数电动汽车尤其是大功率电动汽车一般采用液冷电动机。液冷电动机需要增设额外的电动水泵和散热器等装置来为电动机提供冷却。这增加了额外功耗,使结构较为复杂,且布置和安装要求较高。

### 2. 电机控制器冷却方式

电机控制器与电动机的冷却方式一样,也有风冷和液冷之分。在外观上,风冷的控制器体积要比液冷的控制器体积大,风冷控制器一般需要装备多个强制散热风扇,进行强制通风。车载电动机控制器的冷却方式主要取决于电动机的冷却方式。一般情况下,这两者均可采用相同的冷却方式进行冷却。

### 3. 其他装置冷却方式

电动汽车系统控制器除了有电机控制器(简称控制器)外,还有若干小功率的DC/DC或者DC/AC逆变器、车载充电机等。控制装置一般允许最高温度为60~70℃,而最佳工作环境温度为40~50℃。在由于自身工作产生的热量情况下或周围环境的温度较高时,很容易达到其允许温度限值。因此,这些装置都要有散热设备,对其温度进行控制,可采用风冷或采用水冷的方式。

## 三、电动冷却系统的基本组成

与传统汽车相比,电动汽车的冷却方式也发生了相应的变化,风冷(强制风冷)对于电动汽车已经不再适用。研究表明,油冷的相对冷却能力为强制风冷的20倍以上,水冷的冷却能力为强制风冷的50倍以上。因而,液冷系统是电动汽车冷却系统的必然选择。

电动汽车冷却系统一般由散热器、水泵、风扇、储液罐和温度调节装置等组成,如图7-1所示。传统汽车的水泵和风扇可以由发动机直接带动,而电动汽车必须有独立的驱动方式,即电动水泵和电动风扇,同时这些部件的电动化使冷却系统可以根据需要进行实时的调整。

法国PSA和RENAULT公司开发研制的一种以燃料电池作为动力源的电动汽车,由交流电机将动力传至车轮。在此车辆中需考虑冷却散热的辅助装置还有进气中冷器(燃料电池反应中需要的氧气是通过压缩外界的空气得到的,压气机将空气压缩的同时使其温度升高,所以需要一个冷却器)、空调冷凝器、电机和控制器。

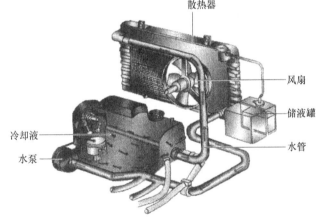

图7-1 电动汽车冷却系统

各部件的工作要求:燃料电池组的出口温度约为80℃;进气中冷器出口空气温度达到100℃以上,而要求进入燃料电池的空气温度为80℃;电动机和控制器的允许冷却液温度为55~60℃。由于各部件的最佳工作温度相差较大,故在此车中采用了两套冷却循环回路:一套为高温回路,用来冷却燃料电池组;另一套为低温回路,用来冷却辅助动力装置。

图7-2所示为用一个400W的水泵驱动冷却液的冷却系统水路流程。燃料电池组自组成一个回路,在此回路中还有取暖装置。另一个回路由电机和辅助装置组成,这些部件并排放置,各部件的冷却液流量、压力由各自的散热量决定,并由控制单元进行控制。

图7-3所示为用两个功率为200kW的水泵分别给两个循环回路供冷却液。两个散热器并排放置。高温回路的散热器被分为两个部分,一部分用来冷却高温回路,另一部分与辅助低温回路中的散热器共同冷却低温回路。

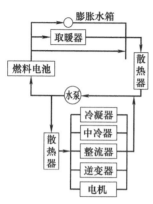
图 7-2 共用一个水泵的冷却系统

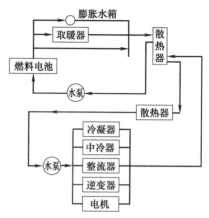
图 7-3 两个水泵的冷却系统

### 四、电动冷却系统中的特殊问题

车辆冷却系统的设计应根据部件的散热特点采取相应的冷却措施，形成智能化冷却技术。在选用零部件时，尽量采用技术成熟和通用的零部件，具体要求如下。

① 针对电动汽车的结构特点、车辆内主要热源的散热方式，按照要求选取合适的冷却方式。

② 分析电动汽车冷却性能的影响因素和特点，分析电动汽车各总成的结构参数和布置方式对车辆散热冷却性能的影响，结合相应的实验，对散热器进行设计计算与布置。应使关键性能部件的设计水平达到集成化，部件结构实现模块化，重要部件形成系列化。

③ 确定温度、水泵压力及流量、风扇转速等传感器的性能参数，选择或设计加工出性能好、体积小、易于安装的传感器。

④ 将各种传感器与电机制成一个整体，研究合理的安装位置。实现实时工况管理，通过车辆电子控制管理技术，实现冷却系统全工况的优化运行。

⑤ 对所选用的散热部件进行试验，根据试验数据来修正有关设计、控制参数，以满足所提出的电动汽车的性能指标。测试技术应能根据车辆的实际运行情况实现系统及重要部件的实时监控，并进行智能化调节。

## 第二节 电动汽车冷却系统的结构原理

### 一、电动汽车冷却系统的结构组成

电动汽车水冷式冷却系统主要由电动水泵、散热器、电子风扇、膨胀水箱和冷却液等组成。图 7-4 是 EV160/200 水冷式冷却系统的组成。

**1. 电动水泵**

电动水泵是冷却液循环的动力元件，如图 7-5 所示。它的作用是对冷却液加压，促使冷却液在冷却系统中循环,使冷却液带走系统散发的热量。电动汽车的水泵一般采用电机驱动。

水泵采用的是直流无刷离心水泵,由泵壳、水泵叶轮、轴承、驱动电机、水泵控制器等组成。电机转子旋转,带动和其连接的叶轮转动,水泵中的冷却液被叶轮带动一起旋转,在离心力的作用下被甩向循环水泵壳体的边缘,同时产生一定的压力,然后从出水道或水管流出,进入电机控制器等热源部件。叶轮的中心处由

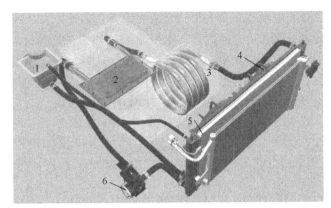

图 7-4 EV160/200 水冷式冷却系统的组成
1—膨胀水箱;2—电机控制器;3—驱动电机;
4—电子风扇;5—散热器;6—电动水泵

于冷却液被甩出而压力降低,水箱中的冷却液在水泵进口与叶轮中心的压差作用下经水管被吸入叶轮中,实现冷却液的往复循环。

2. 电子风扇

电子风扇安装在散热器的后面,其作用是当风扇旋转时吸进空气,使其通过散热器,提高流经散热器、冷凝器(空调)的空气流速和流量,以增强散热器的散热能力,加速冷却液的冷却。并冷却机舱内其他部件。使电机、电机控制器能在合适的温度下正常工作。根据电机、控制器、空调压力等参数由整车控制器控制电子风扇的双风扇运行。电子风扇采用两档调速。

3. 膨胀水箱

膨胀水箱为冷却系统冷却液的排气、膨胀和收缩提供受压容积,也作为冷却液加注口,如图 7-6 所示。

图 7-5 电动水泵

图 7-6 膨胀水箱

4. 冷却液

使用正确的冷却液,可起到防腐蚀、防水垢和防冻等作用,能够使冷却系统始终处于最佳的工作状态。

# 电动汽车电气系统原理与检修

由于电动汽车只采用一套液冷设备，因此，对于电动机和控制器而言，要想获得最佳的冷却效果，冷却液的流向十分重要。如图 7-7 所示，冷却液的流向是从散热水箱下部出来的，经水泵后先冷却电动机控制器，从电动机控制器流出的冷却液进入电动机的低位进水口，然后回流到散热水箱的上回流口。这样一个循环下来，保证了控制器的冷却需求，使电动机控制器得到整个系统最低温度的冷却液。

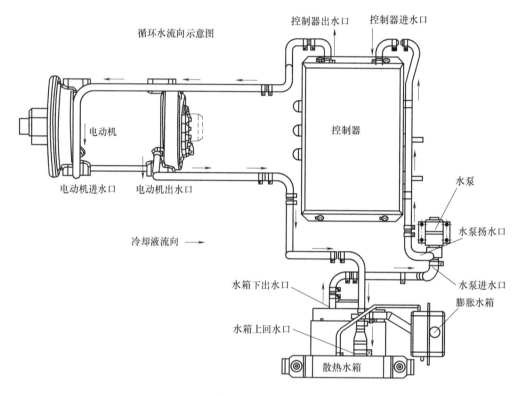

图 7-7　某电动汽车循环水路布置

为了保证整个系统的冷却效果和可靠性，上述循环系统的水泵需要在车辆的整个运行期间内连续工作，同时为了节约车载能源，散热水箱的风扇可采用温控风扇，能够根据冷却液的温度控制转速。当冷却液温度较低时，可以关闭散热风扇以节约电能；当循环水温度稍高时，以一个较低的风扇转速对散热水箱进行冷却；当循环水的温度较高时，散热风扇全速运行，以获得较大的散热量，维护散热系统的温度不过高。

## 二、荣威 E50 高压电池与驱动电机冷却

纯电动汽车冷却系统分为两个独立的系统：电池冷却系统和 PEB/驱动电机冷却系统。

电机冷却系统处于较低温度时，冷却液泵不工作。温度上升后，冷却液泵工作。冷却液泵的工作温度不能超过 75℃。PEB/电机冷却液泵安装在前右纵梁上，其位置如图 7-8 所示。

BMS 用于控制电池冷却系统电动水泵，在电池温度上升到 32.5℃时开启，在温度低于 27.5℃时关闭。BMS 可发出电池冷却器膨胀阀关闭和水泵运转的信号。20℃时电池的冷却液泵电阻值为 1.3Ω 左右。电池冷却液泵安装在车身底盘上，其位置如图 7-9 所示。

图 7-8 电机冷却液泵位置

图 7-9 电池冷却液泵位置

膨胀水箱盖的额定压力为 140kPa，安装位置如图 7-10 所示。PEB/电机冷却系统冷却液温度 ECT 传感器安装在散热器右侧前部，位置如图 7-11 所示。

元件作用：控制电子风扇运转，但不提供信号给仪表。PEB 计算冷却液温度并将它与 PEB 冷却温度传感器的信号进行比较，判断是否需要使用 PEB 冷却液温度传感器控制冷却风扇运转。电池冷却系统温度传感器在电池组内部，从外面看不到。

电池冷却器（Chiller）安装在车身底盘中部，位置如图 7-12 所示。其组成部件为热交换器、带电磁阀的膨胀阀（TXV）、管路接口和支架。电池冷却器主要用于完成电池冷却液和制冷系统的制冷剂的热交换，将电池冷却液中的热量转移到制冷剂中。

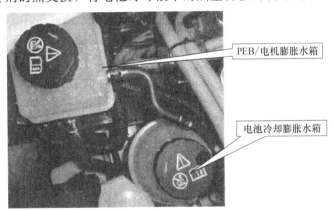

图 7-10 冷却膨胀水箱

图 7-11 冷却液传感器安装位置

图 7-12 电池冷却器位置

电池冷却器—膨胀阀控制/冷却液温度控制如下所述。

ETC 收到 BMS 的膨胀阀电磁阀开启的信号要求，首先打开电池冷却器膨胀阀的电磁阀，并给 EAC 发启动信号。电池组最适宜温度值为 20～30℃。当电池的冷却液温度达

30℃以上时，ETC限制乘客舱的制冷量；当冷却液温度达48℃以上时，ETC关闭乘客舱的制冷功能，但除霜模式除外。ETC只控制冷却液温度。BMS控制冷却液与BMS电池内部的热量交换（控制冷却泵）。快速充电冷却必要条件：快速充电时，会被网关模块唤醒，此时电池冷却系统进入正常工作状态。

图7-13 散热器和冷却风扇

冷却风扇受VCU控制。冷却风扇工作时，VCU控制PWM模块使冷却风扇以在20%~90%的占空比范围内的8个挡位的速度工作。冷却风扇开启条件取决于EAC和PEB冷却液温度这两个重要因素。当EAC开启或PEB冷却液温度高于52℃时，冷却风扇开始工作。冷却风扇停止工作条件：PEB冷却液温度低于65℃（实测47℃），并且EAC关闭。点火开关关闭、EAC关闭时，若PEB冷却液温度高于65℃，则冷却风扇继续工作；环境温度低于10℃时工作30s；环境温度高于10℃时工作60s。散热器与冷却风扇部件如图7-13所示。

PEB/驱动电机冷却系统布置如图7-14所示。

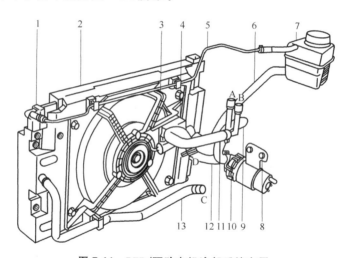

图7-14 PEB/驱动电机冷却系统布置

A—电力电子箱（PEB）进液口；B—电力电子箱（PEB）出液口；C—驱动电机出液口；D—驱动电机进液口；1—散热器；2—冷却风扇罩；3—冷却风扇；4—冷却风扇低速电阻；5—散热器溢流管；6—软管（膨胀水箱到散热器）；7—膨胀水箱（电机）；8—电机冷却水泵安装支架；9—软管（水泵到PEB）；10—冷却水泵（电机）；11—软管（PEB到电机）；12—软管（水泵到散热器）；13—软管（电机到散热器）PEB/驱动电机

PEB/驱动电机冷却液流向如图7-15所示。

PEB/驱动电机冷却系统控制原理如图7-16所示。

PEB/驱动电机冷却系统电路连接如图7-17所示。

动力电池冷却系统布置如图7-18所示。

动力电池冷却系统冷却液流向如图7-19所示。动力电池冷却系统控制原理如图7-20所示。

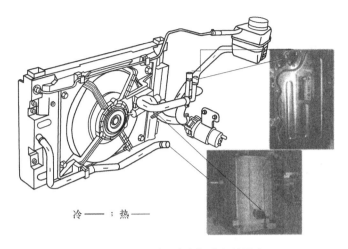

冷——；热——

图 7-15　PEB/驱动电机冷却液流向

图 7-16　PEB/驱动电机冷却系统控制原理

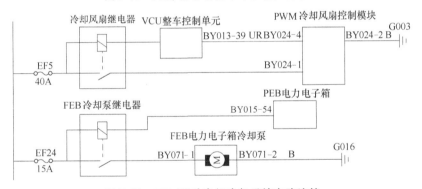

图 7-17　PEB/驱动电机冷却系统电路连接

## 三、雪佛兰赛欧 EV 混合动力冷却系统

### 1. 混合动力冷却系统

车辆装备有 4 个完全独立的冷却系统。混合动力/电动车辆电子装置冷却系统专用于冷却蓄电池充电器、14V 附件电源模块和驱动电机发电机电源逆变器模块。混合动力/电动车辆蓄电池组冷却系统专用于冷却和加热高压混合动力/电动车辆蓄电池。驾驶室加热器冷却系统专用于向乘客舱供热。驱动电机冷却系统专用于冷却驱动装置。

### 2. 混合动力/电子装置冷却系统

混合动力/电动车辆电子装置冷却回路主要用于在插入车载充电模块时冷却车载充电模块，冷却 14V 附件电源逆变器模块以维持附件负载，以及在驱动系统启用时冷却驱动电机

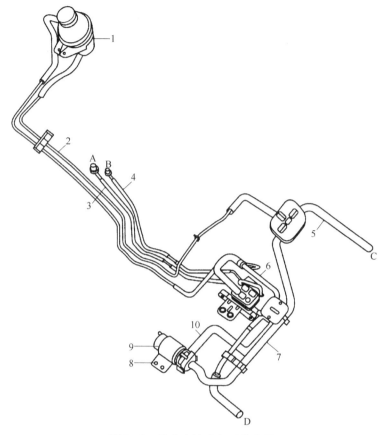

图 7-18 动力电池冷却系统布置

A—电池冷却器低压空调管接口；B—电池冷却器高压空调管接口；C—高压电池冷却液出液口；
D—高压电池冷却液进液口；1—膨胀水箱（电池）；2—软管（膨胀水箱到冷却水管三通）；3—电池冷却器
低压空调管；4—电池冷却器高压空调管；5—软管（电池到冷却水管三通）；6—软管［电池冷却器
到电池］；7—软管（冷却水管三通到水泵）；8—电池冷却水泵安装支架；9—冷却水泵（电池）；
10—软管［水泵到电池冷却器］

发电机电源逆变器。混合动力/电动车辆电子装置冷却系统使用混合动力/电动车辆电子装置散热器、1 个 12V 脉宽调制（PWIVI）散热器风扇、1 个 12V 混合动力/电动车辆电子装置冷却液泵，使冷却液循环通过驱动电机蓄电池充电器、14V 附件电源模块和驱动电机发电机电源逆变器模块。混合动力/电动车辆动力系统控制模块 2 启动混合动力/电动车辆电子装置冷却液泵，并监测混合动力/电动车辆电子装置散热器中的温度传感器。混合动力/电动车辆动力系统控制模块 2 监测混合动力/电动车辆电子装置冷却系统温度，以确定何时运行散热器风扇。当车辆启动时和充电期间，混合动力/电动车辆电子装置冷却液泵将启动。混合动力/电动车辆电子散热器和变速器散热器结合为一个散热器总成。根据冷却液回路温度，混合动力/电动车辆电子装置冷却液泵和散热器冷却风扇在停机之后也会保持运行。

混合动力/电动车辆电子装置冷却系统循环使用的冷却液为预混合 DEX-COOL® 冷却液，是 DEX-COOL® 冷却液和去离子水按 1∶1 比例配置的混合液。去离子水用于隔离高电压并防止腐蚀，从而防止影响散热片的性能。混合动力/电动车辆电子装置冷却系统始终应

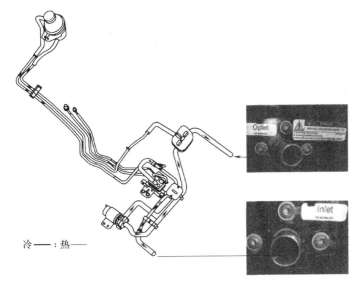
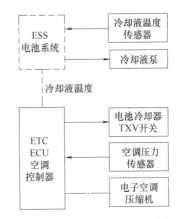

图 7-19 动力电池冷却液流向　　图 7-20 动力电池冷却控制系统框图

使用预混合冷却液,切勿使用自来水。

驱动电机控制模块冷却系统组成如图 7-21 所示。

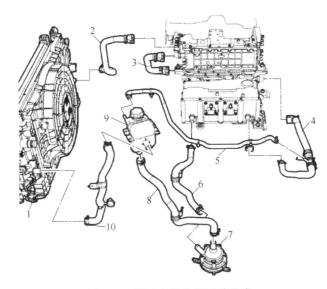

图 7-21 驱动电机冷却系统组成

1—散热器、冷凝器和油冷器总成;2—动力电源逆变控制模块出水管;3—动力电源逆变控制模块进水管;4—驱动电机蓄电池充电模块出水管;5—驱动电机控制模块冷却液储液罐放气管;6—驱动电机控制模块冷却液泵出水管;7—驱动电机控制模块冷却液泵;8—驱动电机控制模块冷却液泵进水管;9—驱动电机控制模块冷却液储液罐;10—驱动电机控制模块冷却液储液罐进水管

### 3. 混合动力/电动车辆蓄电池组冷却系统

能量存储系统冷却系统使用 1 个蓄电池散热器、1 个 12V 脉宽调制(PWM)散热器风扇、1 个 12V 混合动力/电动车辆蓄电池组冷却液泵、1 个制冷剂/冷却液热交换器(冷却器)、1 个蓄电池安装冷/热板、电动空调压缩机电机控制模块总成、制冷剂压力和温度传感

器、环境空气温度传感器和 1 个混合动力/电动车辆蓄电池组冷却液流量控制阀来冷却高压混合动力/电动车辆蓄电池。混合动力/电动车辆蓄电池内还具有一个高压加热器，用于在需要时加热进入蓄电池安装冷/热板的冷却液。混合动力/电动车辆动力系统控制模块 2 监测混合动力/电动车辆蓄电池冷却液温度、混合动力/电动车辆蓄电池电池组温度、制冷剂温度和制冷剂压力。混合动力/电动车辆动力系统控制模块 2 确定混合动力/电动车辆蓄电池所需的冷却或加热量，并打开混合动力/电动车辆蓄电池组冷却液泵，定位混合动力/电动车辆蓄电池组冷却液流量控制阀；并根据需要运行散热器风扇，请求空调压缩机模块打开高压空调压缩机，或打开高压混合动力/电动车辆蓄电池组加热器。车辆运行时、充电期间或车辆熄火但仍在维持混合动力/电动车辆蓄电池组温度时，混合动力/电动车辆蓄电池组冷却系统可能会激活。

混合动力/电动车辆蓄电池组冷却液控制阀通过混合动力/电动车辆蓄电池温度控制系统来管理循环的冷却液流量。控制阀具有 1 个输入端口和 3 个输出端口，分别为散热器、旁通和冷却器。控制阀具有 1 个内部阀体，可以通过阀使电动机转动至不同位置，从而控制液体端口的连接。控制阀可进行 90°操作。当控制阀将冷却液导入散热器端口时，冷却液可通过一个前置热交换器流动。当控制阀在旁通位置时，冷却液通过蓄电池组流动而不通过其他的热交换器。当控制阀在冷却器位置时，冷却液通过热交换器流动，降低空调冷却系统的冷却液温度。控制阀可移动至旁通和冷却器之间的多个位置，以最佳的效果混合冷却混合动力/电动车辆蓄电池组的冷却液。

阀门根据其自身的电位计向混合动力/电动车辆动力系统控制模块提供位置反馈信号。混合动力/电动车辆动力系统控制模块使用该反馈信号监测阀门的位置。不同的阀门位置对应不同的电阻值。当车辆第一次启动时，混合动力/电动车辆动力系统控制模块通过将阀门移动到一个止端并返回其初始位置，确定并记录对应于该阀门止端位置的传感器值。此即混合动力/电动车辆动力系统控制模块"诊断读入"阀门。此操作能够用于进行阀杆断裂测试，并使混合动力/电动车辆动力系统控制模块能够"读入"对应于该止端的位置反馈值。每一次车辆动力循环使用的止端将在各止端间交替变换。混合动力/电动车辆蓄电池组冷却系统循环使用的冷却液为预混合 DEX-COOL® 冷却液，是 DEX-COOL® 冷却液和去离子水按 1∶1 比例配置的混合液。去离子水用于隔离高电压并防止腐蚀，从而防止影响散热片的性能。蓄电池冷却系统始终应使用预混合冷却液，切勿使用自来水。

驱动电机蓄电池冷却系统部件组成如图 7-22 所示。

**4. 乘客厢加热器系统**

乘客舱加热器系统包括 12V 辅助加热器冷却液泵、1 个高压冷却液加热器控制模块和 1 个加热器芯。暖风、通风与空调系统控制模块打开辅助加热器冷却液泵，并监测乘客舱中的温度传感器和冷却液回路，从而确定是否需要使用高压驾驶室加热器控制模块。乘客舱热量由通过加热器芯的气流提供。加热器芯通过来自高压驾驶室加热器控制模块的冷却液加热。混合动力/电动车辆动力系统控制模块将运行辅助加热器冷却液泵和冷却液加热器控制模块，以便根据乘客舱的加热需要取得最佳效率。

乘客舱加热器冷却系统循环使用的冷却液为一种 DEX-COOL® 冷却液和去离子水按 1∶1 比例配置的混合液。

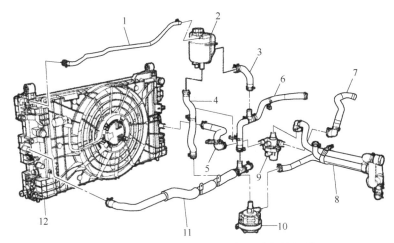

图 7-22 驱动电机蓄电池冷却系统部件组成

1—驱动电机蓄电池冷却系统储液罐放气管；2—驱动电机蓄电池冷却系统储液罐；3—驱动电机蓄电池冷却系统储液罐进水管；4—驱动电机蓄电池冷却液泵进水管；5—散热器进水管；6—驱动电机蓄电池冷却液冷却器出水管；7—驱动电机蓄电池冷却液冷却器进水管；8—驱动电机蓄电池冷却液冷却器进出口软管带加热器出水管；9—驱动电机蓄电池冷却液流量控制阀；10—驱动电机蓄电池冷却液泵；11—散热器出水管；12—散热器、冷凝器和油冷器总成

## 第三节 电动汽车冷却系统的检修

### 一、冷却系统的维护

**1. 冷却液液面高度及浓度的检查**

注意：当冷却系统温度高于环境温度时，请勿打开散热器盖，否则热的蒸汽或沸腾的冷却液会从散热器中飞溅出来对人体造成伤害。

透明的冷却液储液罐位于前机舱内。在冷却液处于冷状态时进行测量，罐内的冷却液的高度应保持在两条标记线之间，如图 7-23 所示。电动汽车冷却液液位必须定期检查，如有必要，添加冷却液或调整浓度检查冷却液液位。

**2. 检查系统是否渗漏**

目测冷却系统管路及各零部件接口处有无泄漏情况。

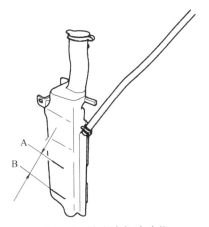

图 7-23 检查冷却液液位

**3. 检查和清洁散热器**

清洁散热器散热片是保证良好传热效果所必需的工作。若散热器和空调散热片出现碎屑堆积，需进行清洗。在电机冷却后散热器后部（电机侧）使用压缩空气来冲走散热器中

空调冷凝器的碎屑。需检查散热器翅片是否变形，若变形会降低通风量。注意：严禁使用水枪对散热器片喷水清洗。

**4. 检查水泵是否正常工作**

启动车辆，检查水泵有无泄漏情况，是否有异响。检查电动水泵的线束是否有老化、破皮、电源线铜芯外露等情况。

**5. 检查部件温度是否正常**

启动车辆，使用红外测温仪检查散热器、驱动电机、电机控制器等温度是否正常。

**6. 驱动电机冷却系统冷却液的排空与加注**

（1）排空步骤

① 打开电机膨胀箱盖。

② 用举升机上举升车辆。

③ 将合适的容器固定好以收集冷却液。

④ 松开卡箍，并从散热器上断开散热器到水泵的软管连接。

⑤ 将电机冷却系统排空掉。

（2）加注步骤

① 将散热器到水泵软管连接到散热器上，并用卡箍固定。

② 降低车辆高度。

③ 准备好规定浓度的冷却液。

④ 加注冷却液，直到冷却液达到电机膨胀水箱颈部并保持静止。

⑤ 连接诊断仪，让水泵运转 20～30min，直到膨胀水箱中没有气泡冒出，液面不再下降。

⑥ 关闭水泵，并断开诊断仪。

⑦ 如需要，将冷却液加至刻度 MAX 和 MIN 之间，并拧紧膨胀水箱盖。

⑧ 检查系统有无泄漏。

**7. 动力电池冷却系统冷却液的排空与加注**

（1）排空步骤

① 打开电池膨胀箱盖。

② 用举升机举升车辆。

③ 拆下底部导流板。

④ 将合适的容器固定好以收集冷却液。

⑤ 松开卡箍，并从三通上断开电池到冷却水管三通软管的连接。

⑥ 让电池冷却系统排空掉。

（2）加注步骤

① 将电池到冷却水管三通软管连接到三通上，并用卡箍固定。

② 降低车辆。

③ 准备好规定浓度的冷却液。

④ 加注冷却系统，直到冷却液达到电池膨胀水箱颈部并保持静止。

⑤ 连接诊断仪让水泵运转。

⑥ 用举升机举升车辆。

⑦ 松开电动水泵进水口处的放气螺栓，将管路内空气排空，直到有冷却液进入水泵时，立即拧紧放气螺栓。

⑧ 降下车辆，继续使水泵运转 20~30min，并根据膨胀水箱中的液面下降情况不断补充冷却液，直到没有气泡冒出，液面不再下降。

⑨ 关闭水泵，并断开诊断仪。

⑩ 如需要，则将冷却液加至刻度 MAX 和 MIN 之间。

⑪ 检查系统有无泄漏。

⑫ 装上底部导流板。

## 二、冷却系统的故障诊断

下面以赛欧 EV 电动车为例进行介绍。

（一）赛欧 EV 电子装置冷却系统诊断

赛欧 EV 电子装置冷却系统的诊断流程如表 7-1 所示。

表 7-1 赛欧 EV 电子装置冷却系统的诊断流程

| 步骤 | 操作 | 是 | 否 |
| --- | --- | --- | --- |
| 1 | 根据"症状"或其他诊断表的指示来判断是否 | 至步骤 2 | 重新确认 |
| 2 | ①必要时，将冷却液添加到冷却液缓冲罐中<br>②使用全球诊断系统，打开混合动力电子装置冷却液泵，并将转速增加至 1000r/min<br>③从驱动电机发电机电源逆变器模块上快速拆下和安装电动差动驱动电机电源逆变器模块冷却软管。检查驱动电机发电机电源逆变器模块中是否有冷却液流出 | 至步骤 12 | 至步骤 3 |
| 3 | 从驱动电机发电机电源逆变器模块上快速拆下和安装动力电源逆变控制模块进水管。检查动力电源逆变控制模块出水管中是否有冷却液流出 | 至步骤 14 | 至步骤 4 |
| 4 | 从附件直流电源控制模块上快速拆下和安装动力电源逆变控制模块进水管。检查附件直流电源控制模块中是否冷却液流出 | 至步骤 16 | 至步骤 5 |
| 5 | 从附件直流电源控制模块上快速拆下和安装驱动电机发电机控制模块冷却出口软管。检查驱动电机发电机控制模块冷却出口软管中是否有冷却液流出 | 至步骤 17 | 至步骤 6 |
| 6 | 从驱动电机蓄电池充电器上快速拆下和安装驱动电机控制模块冷却液泵出水管。检查驱动电机蓄电池充电器中是否有冷却液流出 | 至步骤 19 | 至步骤 7 |
| 7 | 从驱动电机蓄电池充电器上快速拆下和安装驱动电机控制模块冷却液泵出水管。驱动电机控制模块冷却液泵中是否有冷却液流出 | 至步骤 20 | 至步骤 8 |
| 8 | 从驱动电机控制模块冷却液泵上拆下和安装驱动电机控制模块冷却液泵出水管。检查驱动电机控制模块冷却液泵中是否有冷却液流出 | 至步骤 22 | 至步骤 9 |
| 9 | 从驱动电机蓄电池冷却液散热器上快速拆下和动力电源逆变控制模块出水管。检查动力电源逆变控制模块出水管中是否有冷却液流出 | 至步骤 23 | 至步骤 10 |
| 10 | 从发电机控制模块冷却液泵上快速拆下和安装驱动电机控制模块冷却液泵进水管。检查发电机控制模块冷却液泵中是否有冷却液流出 | 至步骤 24 | 至步骤 11 |
| 11 | 更换发电机控制模块冷却液泵。修理是否完成 | 至步骤 25 | 至步骤 1 |
| 12 | 检查电动差动驱动电机电源逆变器模块冷却软管或驱动电机发电机电源逆变器模块冷却出口软管是否有扭结或堵塞 | 至步骤 13 | 至步骤 1 |
| 13 | 更换电动差动驱动电机电源逆变器模块冷却软管或驱动电机发电机电源逆变器模块冷却出口软管。修理是否完成 | 至步骤 25 | 至步骤 1 |
| 14 | ①使用全球诊断系统，关闭混合动力电子装置冷却液泵<br>②从驱动电机发电机电源逆变器模块上拆下发电机控制模块冷却液软管<br>③从驱动电机发电机电源逆变器模块上拆下电动差动驱动电机电源逆变器模块冷却软管 | 至步骤 25 | 至步骤 15 |

续表

| 步骤 | 操作 | 是 | 否 |
|---|---|---|---|
| 14 | ④反向冲洗驱动电机发电机电源逆变器模块冷却通道<br>⑤安装发电机控制模块冷却液软管<br>⑥安装电动差动驱动电机电源逆变器模块冷却软管<br>⑦使用全球诊断系统,打开混合动力电子装置冷却液泵,并将转速增加至1000r/min<br>⑧从驱动电机发电机电源逆变器模块上快速拆下和安装电机差动驱动电机电源逆变器模块冷却软管<br>检查驱动电机发电机电源逆变器模块中是否有冷却液流出 | 至步骤25 | 至步骤15 |
| 15 | 更换驱动电机发电机电源逆变器模块。修理是否完成 | 至步骤25 | 至步骤1 |
| 16 | 更换发电机控制模块冷却液软管。修理是否完成 | 至步骤25 | 至步骤1 |
| 17 | ①使用全球诊断系统,关闭混合动力电子装置冷却液泵<br>②从附件直流电源控制模块上拆下驱动电机发电机控制模块冷却出口软管<br>③从附件直流电源控制模块上拆下发电机控制模块冷却液软管<br>④反向冲洗附件直流电源控制模块冷却通道<br>⑤安装驱动电机发电机控制模块冷却出口软管<br>⑥安装发电机控制模块冷却液软管<br>⑦使用全球诊断系统,打开混合动力电子装置冷却液泵,并将转速增加至1000r/min<br>⑧从附件直流电源控制模块上快速拆下和安装发电机控制模块冷却液软管<br>检查附件直流电源控制模块中是否有冷却液流出 | 至步骤25 | 至步骤18 |
| 18 | 更换附件直流电源控制模块。修理是否完成 | 至步骤25 | 至步骤1 |
| 19 | 更换驱动电机发电机控制模块冷却出口软管。修理是否完成 | 至步骤25 | 至步骤1 |
| 20 | ①使用全球诊断系统,关闭混合动力电子装置冷却液泵<br>②从驱动电机蓄电池充电器上拆下驱动电机发电机控制模块冷却出口软管<br>③从驱动电机蓄电池充电器上拆下驱动电机发电机控制模块冷却出口软管<br>④反向冲洗驱动电机蓄电池充电器冷却通道<br>⑤安装驱动电机发电机控制模块冷却出口软管<br>⑥使用全球诊断系统,打开混合动力电子装置冷却液泵,并将转速增加至1000r/min<br>⑦从驱动电机蓄电池充电器上快速拆下和安装驱动电机发电机控制模块冷却出口软管<br>检查驱动电机控制模块冷却液泵出水管中是否有冷却液流出 | 至步骤25 | 至步骤21 |
| 21 | 更换驱动电机蓄电池充电器。修理是否完成 | 至步骤25 | 至步骤1 |
| 22 | 更换驱动电机控制模块冷却液泵出水管。修理是否完成 | 至步骤25 | 至步骤1 |
| 23 | 更换驱动电机蓄电池冷却液散热器。修理是否完成 | 至步骤25 | 至步骤1 |
| 24 | 更换驱动电机控制模块冷却液泵进水管。修理是否完成 | 至步骤25 | 至步骤1 |
| 25 | ①必要时,将冷却液添加到冷却液缓冲罐中<br>②运行系统以检验修理效果<br>是否发现故障并加以排除 | 系统正常 | 至步骤1 |

### (二)赛欧EV冷却系统泄漏测试

专用工具:EN-24460-A冷却系统压力测试仪;GE-46143散热器盖和储液罐测试适配器。

受压的情况下,散热器内溶液温度会很高,超出沸点。发动机很热(压力很高)时拆下散热器盖,会导致溶液瞬间沸腾,并产生爆炸力。溶液将喷射到发动机、翼子板和拆卸盖子的人员身上,可能导致严重的人身伤害。任何时候都不推荐使用可燃防冻剂,比如乙醇,因为可燃防冻剂可能会导致严重的火灾。

为了避免被烫伤,在发动机和散热器未冷却时,不要拆卸散热器盖。如果太快地拆下盖子,则滚烫的液体和蒸汽会在受压的情况下喷出。具体步骤如下。

① 拆下压力盖。

② 测试压力盖的工作情况。

③ 用水冲洗压力盖接合面。

④ 使用 EN-24460-A 冷却系统压力测试仪同 GE-46143 散热器盖和储液罐测试适配器,以便向冷却系统施加压力(切勿超过压力盖的额定值)。

⑤ 冷却系统应该保持额定压力至少 2min。观察压力表的压力损失。

⑥ 必要时修理所有泄漏。

(三)赛欧 EV 蓄电池组冷却液加热器故障

将车辆开关置于 ON(打开)位置后,开启混合动力/电动车辆蓄电池组冷却液加热器。混合动力/电动车辆动力系统控制模块 2 监测混合动力/电动车辆蓄电池组冷却液温度传感器 1 的温度变化,以检查混合动力/电动车辆蓄电池组冷却液加热器的工作是否正常进行。

蓄电池组加热器出现故障可能会阻止蓄电池加热,且车辆在蓄电池温度低于 $-25$℃($-13$ ℉)的寒冷天气中将无法启动。有故障的蓄电池组加热器,其金属外壳可能褪色或变形。

专用工具:EL-48900 混合动力汽车安全套件;EL-50772 隔离万用表。

在维修任何高电压部件或接头之前,务必执行高压解除程序。必须使用人身安全设备(PPE)并遵循正确的流程。

① 车辆处于维修模式。

② 确认未设置 DTC P0AA1、P0AD9、P0ADD、P0AE2、P0AE4、P0AFA、P0C44、P0C45、P0C47、P0D0A、P0D11、P0D22、P1EBC~P1EBF、P1EC0、P1EC3、P1EC5 或 P1FFB~P1FFE。

如果设置了任何故障诊断码,则按代码提示进行诊断处理。如果没有设置故障诊断码则按以下步骤处理。

③ 车辆熄火,解除高电压。

④ 断开 E54 混合动力/电动车辆蓄电池组冷却液加热器的线束连接器。

⑤ 测试 E54 混合动力/电动车辆蓄电池组冷却液加热器的端子 A 和端子 B 之间的电阻是否在 61~75Ω 范围内。如果不在规定范围内,则更换 E54 混合动力/电动车辆蓄电池组冷却液加热器。

请务必使用 EL-50772 隔离万用表执行以下导通性测试。选择隔离测试设置挡,然后选择 500V 范围。

⑥ 使用 EL-50772 隔离万用表,在隔离试验设置挡下,测试以下 E54 混合动力/电动车型蓄电池组冷却液加热器端子和蓄电池托架搭铁之间的电阻是否为 550MΩ;如果小于规定值则更换 E54 混合动力/电动车辆蓄电池组冷却液加热器。

⑦ 如果在规定值内则更换 A28 混合动力/电动车辆蓄电池接触器总成。

(四)赛欧 EV 蓄电池组冷却液泵故障

**1. 系统检验**

① 车辆处于维修模式。

② 确认未设置 DTC P0C43、P0C44、P0C45、P0CE0、P0CE2、P0CE3、P0D0A、P0D11、P1EBC、P1EC3、P1EC4、P1EC5、P1EC6、P1EC7、P1EC8、U0111、U185B 或 U2602。

如果设置了任何故障诊断码，则根据代码引导进行故障处理。如果没有设置故障诊断码则进行下一步操作。

③ 混合动力/电动车辆蓄电池组冷却液泵停用且不运行，确认以下故障诊断仪参数。

"Hybrid/EV Battery Pack Coolant Pump Command（混合动力/电动车辆蓄电池组冷却液泵指令）"小于10%。

"Hybrid/EV Battery Pack Coolant Pump Feedback（混合动力/电动车辆蓄电池组冷却液泵反馈）"为0%。

"Hybrid/EV Battery Pack Coolant Pump Speed（混合动力/电动车辆蓄电池组冷却液泵转速）"为25r/min。

④ 将车辆充电模式设置为"IMMEDIATE（即时）"。

⑤ 车辆熄火，连接充电线套件。

⑥ 车辆充电时，混合动力/电动车辆蓄电池组冷却液泵停用且不运行，确认下列故障诊断仪参数。

"Hybrid/EV Battery Pack Coolant Pump Command（混合动力/电动车辆蓄电池组冷却液泵指令）"为10%。

"Hybrid/EV Battery Pack Coolant Pump Feedback（混合动力/电动车辆蓄电池组冷却液泵反馈）"为50%+/-5%。

"Hybrid/EV Battery Pack Coolant Pump Speed（混合动力/电动车辆蓄电池组冷却液泵转速）"为50r/min。

⑦ 指令混合动力/电动车辆蓄电池组冷却液泵打开至90%，确认以下故障诊断仪参数。

"Hybrid/EV Battery Pack Coolant Pump Command（混合动力/电动车辆蓄电池组冷却液泵指令）"大于10%。

"Hybrid/EV Battery Pack Coolant Pump Feedback（混合动力/电动车辆蓄电池组冷却液泵反馈）"为50%+/-5%。

"Hybrid/EV Battery Pack Coolant Pump Speed（混合动力/电动车辆蓄电池组冷却液泵转速）"大于50r/min。

⑧ 故障排除，系统正常。

**2. 系统测试**

① 将车辆熄火，断开 G37 混合动力/电动车辆蓄电池组冷却液泵的线束连接器。

② 测试搭铁电路端子 4 和搭铁之间的电阻是否小于 $10\Omega$。如果等于或高于 $10\Omega$，则修理搭铁电路中的开路/电阻过大故障。如果小于 $10\Omega$，则进行下一步操作。

③ 使车辆处于维修模式。

④ 测试 B+电路端子 5 和搭铁电路端子 4 之间的电压是否高于 11.5V。

如果等于或小于 11.5V，则进行以下操作。

a. 将车辆开关置于 OFF（关闭）位置，测试 B+电路端子 5 和搭铁之间的电阻是否为无穷大。如果电阻不为无穷大，则修理电路上的对搭铁短路故障。如果电阻为无穷大，则进行下一步操作。

b. 测试B+电路端对端的电阻是否小于2Ω。如果为2Ω或更大，则修理电路中的开路/电阻过大故障。如果小于2Ω且熔丝熔断，则更换G37混合动力/电动车辆蓄电池组冷却液泵。

如果大于11.5V，则进行下一步操作。

⑤ 在启用电路端子1和搭铁电路端子4之间连接一个测试灯。

⑥ 使用故障诊断仪指令"Hybrid Battery Pack Coolant Pump Command（混合动力蓄电池组冷却液泵指令）"关闭（10%）和开启（90%）。

在指令状态之间切换时，测试灯应当相应点亮和熄灭。

如果测试灯在10%时始终点亮，则进行以下操作。

a. 将车辆熄火，断开K114B混合动力/电动车辆动力系统控制模块2的X2线束连接器。

b. 测试泵启用电路端子和搭铁之间的电压是否低于1V。如果等于1V或更高，则修理电路上的对电压短路故障。如果低于1V，则更换K114B混合动力/电动车辆动力系统控制模块2。

如果测试灯在90%时未点亮，则进行以下操作。

a. 将车辆熄火，断开K114B混合动力/电动车辆动力系统控制模块2的X2线束连接器。

b. 测试泵启用电路和搭铁之间的电阻是否为无穷大。如果电阻不为无穷大，则修理电路上的对搭铁短路故障。如果电阻为无穷大，则进行下一步操作。

c. 测试泵启用电路端到端的电阻是否小于2Ω。如果等于2Ω或更大，则修理电路中的开路/电阻过大故障。如果小于2Ω，则更换K114B混合动力/电动车辆动力系统控制模块2。

如果在进行指令状态切换时，测试灯相应点亮和熄灭，则进行下一步操作。

⑦ 在控制电路端子3和B+电路端子5之间连接一个测试灯。

⑧ 使用故障诊断仪指令"Hybrid Battery Pack Coolant Pump Command（混合动力蓄电池组冷却液泵指令）"在20%和90%之间切换。检查测试灯是否在控制电路端子3和B+电路端子5之间进行亮光（20%）和暗光（90%）之间的明暗变化。

如果测试灯始终为暗光或未点亮，则进行以下操作。

a. 将车辆熄火，断开K114B混合动力/电动车辆动力系统控制模块2的X2线束连接器。

b. 测试控制电路端子和搭铁之间的电压是否低于1V。如果等于1V或更高，则修理电路上的对电压短路故障。如果小于1V，则进行下一步操作。

c. 测试控制电路端对端的电阻是否小于2Ω。如果等于2Ω或更大，则修理电路中的开路/电阻过大故障。如果小于2Ω，则更换K114B混合动力/电动车辆动力系统控制模块2。

如果测试灯始终点亮，则进行以下操作。

a. 将车辆熄火，断开K114B混合动力/电动车辆动力系统控制模块2的X2线束连接器。

b. 测试控制电路和搭铁之间的电阻是否为无穷大。如果电阻不为无穷大，则修理电路上的对搭铁短路故障。如果电阻为无穷大，则进行下一步操作。

c. 测试控制电路端对端的电阻是否小于 2Ω。如果等于 2Ω 或更大，则修理电路中的开路/电阻过大故障。如果小于 2Ω，则更换 K114B 混合动力/电动车辆动力系统控制模块 2。

如果测试灯在亮光（20%）和暗光（90%）之间变化，则进行下一步操作。

⑨ 确认故障诊断仪上的"Hybrid Battery Pack Coolant Pump Feedback（混合动力蓄电池组冷却液泵反馈）"参数小于 10%。

如果等于或大于 10%，则进行以下操作。

a. 将车辆熄火，断开 K114B 混合动力/电动车辆动力系统控制模块 2 的 X2 线束连接器。

b. 测试反馈电路端子 2 和搭铁之间的电阻是否为无穷大。如果电阻不为无穷大，则修理电路上的对搭铁短路故障。如果电阻为无穷大，则更换 K114B 混合动力/电动车辆动力系统控制模块 2。

如果小于 10%，则进行下一步操作。

⑩ 在反馈电路端子 2 和搭铁电路端子 4 之间安装一根带 3A 熔丝的跨接线。

⑪ 确认故障诊断仪"Hybrid Battery Pack Coolant Pump Feedback（混合动力蓄电池组冷却液泵反馈）"参数大于 90%。

如果小于 90%，则进行以下操作。

a. 将车辆熄火，断开 K114B 混合动力/电动车辆动力系统控制模块 2 的 X2 线束连接器。

b. 测试反馈电路端子和搭铁之间的电压是否低于 1V。如果等于 1V 或更高，则修理电路上的对电压短路故障。如果小于 1V，则进行下一步操作。

c. 测试控制电路端对端的电阻是否小于 2Ω。如果等于 2Ω 或更大，则修理电路中的开路/电阻过大故障。如果小于 2Ω，则更换 K114B 混合动力/电动车辆动力系统控制模块 2。

如果等于或高于 90%，则进行下一步操作。

⑫ 更换 G37 混合动力/电动车辆蓄电池组冷却液泵。

### （五）赛欧 EV 电子装置冷却液泵故障

**1. 电路/系统检验**

① 车辆处于维修模式。

② 确认未设置 DTC P0C43、P0C44、P0C45、P0C47 或 P1EC6。

如果设置了任何故障诊断码，则根据代码引导进行维修。如果没有设置故障诊断码，则进行下一步操作。

③ 将车辆开关置于 ON（打开）位置。

④ 使用故障诊断仪确认"Hybrid/EV Electronics Coolant Pump Command（混合动力/电动车辆电子装置冷却液泵指令）"在 20% 和 90% 之间切换，且"Hybrid Electronics Coolant Pump Feedback（混合动力电子装置冷却液泵反馈）"为 50%+/-5%。

⑤ 如果读数在规定范围内，则系统正常。

**2. 电路/系统测试**

① 将车辆熄火，断开 G35 混合动力/电动车辆电子装置冷却液泵的线束连接器。

② 测试搭铁电路端子 4 和搭铁之间的电阻是否小于 10Ω。如果等于或高于 10Ω，则修理搭铁电路中的开路/电阻过大故障。如果小于 10Ω，则进行下一步操作。

③ 使车辆处于维修模式。

④ 测试 B+ 电路端子 5 和搭铁电路端子 4 之间的电压是否为 B+。如果小于 B+，则进行以下操作。

a. 将车辆开关置于 OFF（关闭）位置，测试 B+ 电路端子 5 和搭铁之间的电阻是否为无穷大。如果电阻不为无穷大，则修理电路上的对搭铁短路故障。如果电阻为无穷大，则进行下一步操作。

b. 测试 B+ 电路端对端的电阻是否小于 2Ω。如果等于 2Ω 或更大，则修理电路中的开路/电阻过大故障。如果小于 2Ω 且熔丝熔断，则更换 G35 混合动力/电动车辆电子装置冷却液泵。

如果是 B+，则进行下一步操作。

⑤ 在启用电路端子 1 和搭铁电路端子 4 之间连接一个测试灯。

⑥ 使用故障诊断仪指令 "Hybrid/EV Electronics Coolant Pump（混合动力/电动车辆电子装置冷却液泵）" 关闭（10%）和开启（90%）。在指令状态之间切换时，测试灯应当相应点亮和熄灭。

如果测试灯在 10% 时始终点亮，则进行以下操作。

a. 将车辆熄火，断开 K114B 混合动力/电动车辆动力系统控制模块 2 的 X2 线束连接器。

b. 测试泵启用电路端子和搭铁之间的电压是否低于 1V。如果等于 1V 或更高，则修理电路上的对搭铁短路故障。如果低于 1V，则更换 K114B 混合动力/电动车辆动力系统控制模块 2。

如果测试灯在 90% 时未点亮，则进行以下操作。

a. 将车辆熄火，断开 K114B 混合动力/电动车辆动力系统控制模块 2 的 X2 线束连接器。

b. 测试泵启用电路和搭铁之间的电阻是否为无穷大。如果电阻不为无穷大，则修理电路上的对搭铁短路故障。如果电阻为无穷大，则进行下一步操作。

c. 测试泵启用电路端到端的电阻是否小于 2Ω。如果等于 2Ω 或更大，则修理电路中的开路/电阻过大故障。如果小于 2Ω，则更换 K114B 混合动力/电动车辆动力系统控制模块 2。

如果在进行指令状态切换时，测试灯相应点亮和熄灭，则进行下一步操作。

⑦ 在控制电路端子 3 和 B+ 电路端子 5 之间连接一个测试灯。

⑧ 使用故障诊断仪指令 "Hybrid/EV Electronics Coolant Pump ON（混合动力/电动车辆电子装置冷却液泵开启）" 在 20% 和 90% 之间切换。检查测试灯是否在控制电路端子 3 和 B+ 电路端子 5 之间进行亮光（20%）和暗光（90%）之间的明暗变化。

如果测试灯始终为暗光或未点亮，则进行以下操作。

a. 将车辆熄火，断开 K114B 混合动力/电动车辆动力系统控制模块 2 的 X2 线束连接器。

b. 测试控制电路端子和搭铁之间的电压是否低于 1V。如果等于 1V 或更高，则修理电路上的对电压短路故障。如果小于 1V，则进行下一步操作。

c. 测试控制电路端对端的电阻是否小于 2Ω。如果等于 2Ω 或更大，则修理电路中的开路/电阻过大故障。如果小于 2Ω，则更换 K114B 混合动力/电动车辆动力系统控制模块 2。

如果测试灯始终点亮，则进行以下操作。

a. 将车辆熄火，断开 K114B 混合动力/电动车辆动力系统控制模块 2 的 X2 线束连接器。

b. 测试控制电路和搭铁之间的电阻是否为无穷大。如果电阻不为无穷大，则修理电路上的对搭铁短路故障。如果电阻为无穷大，则更换 K114B 混合动力/电动车辆动力系统控制模块 2。

如果测试灯在亮光（20%）和暗光（90%）之间变化，则进行下一步操作。

⑨ 拆下测试灯。

⑩ 确认故障诊断仪"Hybrid/EV Electronics Coolant Pump Feedback（混合动力/电动车辆电子装置冷却液泵反馈）"参数小于 10%。

如果大于 10%，则进行以下操作。

a. 将车辆熄火，断开 K114B 混合动力/电动车辆动力系统控制模块 2 的 X2 线束连接器。

b. 测试反馈电路端子 2 和搭铁之间的电阻是否为无穷大。如果电阻不为无穷大，则修理电路上的对搭铁短路故障。如果电阻为无穷大，则更换 K114B 混合动力/电动车辆动力系统控制模块 2。

如果等于 10%，则进行下一步操作。

⑪ 在反馈电路端子 2 和搭铁电路端子 4 之间安装一根带 3A 熔丝的跨接线。

⑫ 确认故障诊断仪"Hybrid/EV Electronics Coolant Pump Feedback（混合动力/电动车辆电子装置冷却液泵反馈）"参数大于 90%。

如果小于 90%，则进行以下操作。

a. 将车辆熄火，断开 K114B 混合动力/电动车辆动力系统控制模块 2 的 X2 线束连接器。

b. 测试反馈电路端子和搭铁之间的电压是否低于 1V。如果等于 1V 或更高，则修理电路上的对电压短路故障。如果小于 1V，则进行下一步操作。

c. 测试控制电路端对端的电阻是否小于 2Ω。如果等于 2Ω 或更大，则修理电路中的开路/电阻过大。如果小于 2Ω，则更换 K114B 混合动力/电动车辆动力系统控制模块 2。

如果等于或高于 90%，则进行下一步操作。

⑬ 更换 G35 混合动力/电动车辆电子装置冷却液泵。

# 第八章　电动汽车安全用电

## 第一节　安全用电常识

### 一、触电与急救

（一）触电

**1. 触电现象及危害**

人体接近或接触带电体，所引起的局部受伤或死亡的现象称为触电。根据人体受到伤害的程度，触电可分为电伤和电击两种。

（1）电伤　电伤是指在电流热效应、化学效应、机械效应以及电流本身作用下造成的人体损伤。常见的有灼伤、烙伤和皮肤金属化等现象。

灼伤是由电流热效应引起的电弧灼伤、皮肤红肿、皮肤烧焦或皮下组织受伤；烙伤也是由电流热效应引起的，指皮肤烫伤或指因人体与带电体紧密接触而留下的肿块、硬块，使皮肤变色等；皮肤金属化是指因电流热效应和化学效应而熔化的金属微粒渗入到皮肤表层，使受伤部位带有金属颜色而留下肿块。

（2）电击　电击是指电流通过人体时所造成的内伤，它可使人的肌肉抽搐、内部组织损伤，造成发热、发麻、神经麻痹等，严重时将引起昏迷、窒息，甚至心脏停止跳动、血液循环中止而死亡。电击是最危险的触电事故，触电死亡中大多数是由电击造成的。

**2. 电流造成人体伤害程度的因素**

人体对电流的反应非常敏感，电流对人体的伤害程度与以下几个因素有关。

（1）电流的大小　触电时，流过人体的电流是造成损伤的直接原因。实验证明，通过人体的电流越大，对人体的损伤越严重。

（2）电压的高低　人体接触的电压越高，流过人体的电流就越大，对人体的伤害就越严重。对触电事例的分析统计表明，70%以上的死亡是在对地电压为250V的低压下触电的，而对地为380V以上的高压，本来其危险性更大，但由于人们接触机会少，且对它的警惕性较高，所以触电死亡的事例约在30%以下。

（3）电源频率的高低　实验证明，频率为50～60Hz的工频交流电对人类造成的危害最大。当通过人体工频交流电的电流超过30mA时，就会发生不同程度的触电事故。

（4）触电时间的长短　一般常用触电电流与触电持续时间的乘积（叫电击能量）来衡量电流对人体的伤害程度。触电电流越大，触电时间越长，则电击能量越大，对人体的伤害越严重。实验表明，电击能量超过150mA·s时，触电者就有生命危险。

（5）电流通过的路径　电流通过人的头部，可使人昏迷；通过人的脊椎，可能导致肢体瘫痪；通过人的心脏，可造成心脏停止跳动、血液循环中止；通过人的呼吸系统，会造成窒息。其中尤以电流通过人的心脏时，最容易导致死亡。实验还证明，电流从人的左手流到前胸的路径，对人体的伤害最大。

（6）人体状况　人的性别、健康状况、精神状态等与触电伤害程度有着密切关系。女性比男性触电伤害的程度严重约30%，小孩与成人相比，触电伤害的程度也要严重得多。体弱多病者比健康人更容易受电流伤害。另外，人的精神状况、接触电气时有无思想准备、对电流反应的灵敏程度、醉酒、过度疲劳等情况，都可能影响触电事故的发生次数，对人们受电流伤害的程度产生影响。

（7）人体电阻的大小　人体的电阻越大，受电流伤害越轻。通常人体的电阻可按100～200kΩ考虑。这个数值主要由皮肤的电阻值决定。如果皮肤表面的角质层损伤、皮肤潮湿、流汗、带着导电粉尘等，将会大幅度降低人体电阻，增加触电伤害程度。

**3. 安全电压的级别**

从对人接触电气设备的安全性出发，我国的电气标准规定12V、24V和36V三个电压等级为安全电压级别，分别适用于不同的场所。

在湿度大、空间狭窄、行动不便、周围有大面积接地导体的场所（如金属容器内、矿井内、隧道内、汽车内等）使用的手提照明灯，应采用12V安全电压。

手提照明器具、在危险环境使用的局部照明灯、便携式电动工具等，若无特殊的安全防护装置或安全措施，均应采用24V或36V安全电压。

**4. 触电形式**

人体触电的原因主要有以下两方面。

一方面是设备、线路的问题。如接线错误，特别是插头、插座接线错误会直接造成触电事故；由于电气设备的绝缘层损坏而漏电，又没有采取切实有效的安全措施，也会造成触电事故。

另一方面是人为的因素。大量触电事故的统计资料表明，有90%以上的事故是由于人为因素造成的。最主要的原因是安全教育不够、安全制度不严、安全措施不完善、操作者素质不高等。

导致人体触电产生伤害有几种类型。

（1）单相触电　人体的一部分接触到相线或绝缘性能不好的电气设备外壳时，电流从相线经人体流入大地的触电现象称为单相触电，如图8-1（a）所示。

单相触电又可分为中性点接地和中性点不接地两种情况。

① 中性点接地电网的单相触电。在中性点接地的电网中，发生单相触电的情况如

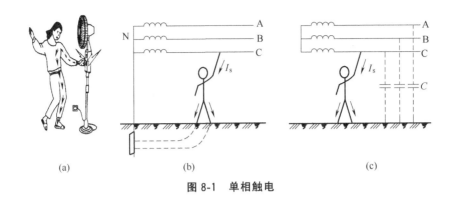

图 8-1　单相触电

图 8-1（b）所示。这时，人体所触及的电压是相电压，在我国的照明线路中，相电压为 220V。电流由相线、人体、大地和中性点接地装置而形成通路。这种触电类型人体承受的电压为 220V。

② 中性点不接地电网的单相触电。在中性点不接地的电网中，发生单相触电的情况如图 8-1（c）所示。当站立在地面的人手触及某相导线时，由于相线与大地间存在着分布电容，所以有对地的电容电流从另外两相流入大地，并全部经人体流入到人手触及的相线。一般来说，导线越长或者空气的湿度越大，则对地的电容电流就越大，触电的危险性也越大。这种触电类型人体承受的电压最大可接近 380V。

（2）两相触电　人体的不同部位分别接触到同一电源的两根不同相位的相线，电流从一根相线经人体流到另一根相线的触电现象称为两相触电，如图 8-2 所示。操作人员在安装检修电路或电气设备时，若忘记切断电源，很容易发生这类触电事故。两相触电比单相触电更危险，因为此时直接加在人体上的电压就是 380V。

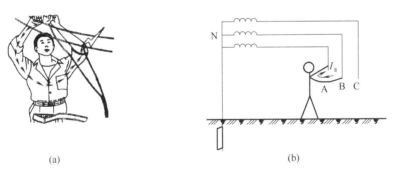

图 8-2　两相触电

（3）跨步电压触电　当电气设备的绝缘设备损坏或线路的一相断线落在地上时，落地点的电位就是导线的电位。当电压超过 6000V 的带电导线断落在地面上，在接地点的周围会产生强电场，电流就会从落地点流入地中。离落地点越远的地方，其电位越低。如果有人走近高压导线落地点附近，由于人的两脚所处的位置不同，则在两脚之间出现电位差，这个电位差叫作跨步电压。离电流入地点越近，则跨步电压越大；离电流入地点越远，则跨步电压越小。根据实际测量，在离导线落地点 20m 以外的地方，在地面的电位近似对于零。当人们感受到跨步电压的威胁时，应赶快把双脚并在一起，采用蹦跳的方式远离导线落地点，也可以用一条腿跳着离开危险区。否则，因触电时间长，也会导致触电者伤亡，如图 8-3 所示。

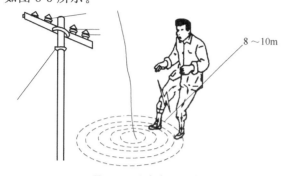

图 8-3　跨步电压触电

（二）触电的急救措施

**1. 使触电者尽快脱离电源**

发现有人触电时，最首要的措施是使触电者尽快脱离电源，一般有以下三种应急方法。

① 要迅速切断电源。如果不具备断电的条件，应使用绝缘材料（如干燥的木板、绳索等）将带电体从触电者身上转移走，千万不可触及带电人的皮肤。

② 如果一时不能将触电者拉离电源，可用绝缘绳索将触电者拉离地面，然后在人体与地面间塞入干燥木板，暂时切断人体中的电流，然后再想法切断电源。

③ 用带绝缘柄的工具（刀、斧、锄等），从电源的来电方向将电线切断，救护人不可接触电线的裸露部分和触电者。

**2. 脱离电源后的急救**

将触电者转移至安全处，应视伤害程度尽快采取施救措施。

① 判断呼吸是否停止。把触电者转移至干燥、宽敞、通风的地方，解开其衣裤，使其仰卧，观察其胸部或腹部有无因呼吸而产生的起伏动作。若不明显，可用手靠近触电者鼻孔，观察有无气流流动；用手放在触电者胸部，感觉有无呼吸动作，若无动作，说明呼吸已停止。在等待救治的同时，应采取口对口人工呼吸的方法进行现场抢救。

② 判断脉搏是否搏动。用手检查触电者的颈部动脉或腹股沟处的股动脉，看有无搏动，如有则说明心脏还在工作，没有则说明心脏已停止跳动。也可用耳朵贴在触电者心脏附近，倾听有无心脏跳动的声音，如有，说明心脏还在工作。在等待救治的同时，应采取胸外心脏压挤法进行现场抢救。

③ 判断瞳孔是否放大。瞳孔是受大脑控制的一个能自我调节大小的光圈。如果大脑机能正常，瞳孔可随外界光线的强弱自动调节大小。处于死亡边缘或已经死亡的人，大脑失去对瞳孔的调节功能，瞳孔会自行放大，对外界光线不再作出任何反应。

另外，对受伤害程度不同、症状表现不同的触电者，除了自行组织抢救外，还应尽快拨打 120 急救电话，及时送到医院进行救治。

## 二、电气火灾及预防措施

电气火灾一般是指由于电气线路、用电设备以及供配电设备出现故障而引发的火灾，也包括由雷电和静电引起的火灾。据统计，由于线路漏电、短路、过负载、接触电阻过大等造成的电气火灾事故比例较大。

（一）电气火灾产生的原因

**1. 线路漏电**

所谓漏电，就是线路的某一个地方因为某种原因（自然原因或人为原因，如风吹雨打、潮湿、高温、碰压、划破、摩擦、腐蚀等）使电线的绝缘或支架材料的绝缘能力下降，导致电线与电线之间（通过损坏的绝缘、支架等），导线与大地之间有一部分电流通过。这时，泄漏电流在流入大地的途中，如遇电阻较大的部位时，会产生局部高温，致使附近的可燃物着火，从而引起火灾。此外，在漏电点产生的漏电火花，同样也会引起火灾。

### 2. 电路短路

电气线路中的裸导线或导线的绝缘体破损后，火线与火线或火线与地线在某一点碰在一起，引起电流突然大量增加的现象就叫短路。电流的突然增大，引起瞬间的发热量也很大，大大超过了线路正常工作时的发热量，并在短路点易产生强烈的火花和电弧，不仅能使绝缘层迅速燃烧，而且能使金属熔化，引起附近的易燃或可燃物燃烧，造成火灾。

### 3. 导线过载

所谓导线过载是指当导线中通过的电流超过了导线的安全载流量时，导线的温度不断升高，这种现象就叫导线过载。当导线的温度升高到一定温度时，就会引起导线上的绝缘层燃烧，并能引燃附近的可燃物，从而造成火灾。

### 4. 电制热设备通电时间过长

长时间使用热能电器，或者用后忘记关掉电源，引起周围易燃物品燃烧，从而造成火灾。

### 5. 电路接头处接触电阻过大

导线与导线、导线与开关、熔断器、仪表、电气设备等连接的地方都有接头，在接头的接触面上形成的电阻称为接触电阻。当有电流通过接头时会发热，这是正常现象。如果接头接处良好，接触电阻不大，则接头点的发热就很少，可以保持正常温度。如果接头中有杂质或连接不牢靠使接头接触不良，造成接触部位的局部电阻过大，当电流通过接头时，就会在此处产生大量的热，形成高温，这种现象就是接触电阻过大。在接触电阻过大的局部范围内产生极大的热量，使金属升温甚至熔化，引发可燃物燃烧，从而造成火灾。

### 6. 电路中产生电火花或电弧

在生产和生活中，电气设备在运行或电工在操作时，有时会产生电火花和电弧。如电动机的电刷与滑环接触处在正常运行中就会产生电火花；当使用开关断开电路时，若负载很重，就会在开关的刀闸处产生电弧；当拔掉电源插头或使用接触器断开电路时，会有电火花产生。如果电路发生短路故障，则产生的电弧更大。电火花、电弧的温度很高，特别是电弧的温度可高达 6000℃。这么高的温度不仅能引起可燃物的燃烧，还能使金属熔化、飞溅，所以电火花和电弧是非常危险的火源。

## （二）汽车电气火灾的成因分析

汽车电气火灾通常指汽车电气设备线路故障或安装、使用和维护不当，在电能转化为热能过程中，电热能引燃可燃物所发生的灾害。

一般汽车电气火灾可分为：短路引起的火灾；导线过负荷引起的火灾；接触不良引起的火灾；漏电引起的火灾；电气设备故障引起的火灾。

### 1. 电气线路设计不合理

（1）部分电路中未设置熔丝　汽车内大多数用电设备均为独立回路。部分汽车的点火线圈、喷油器、发动机电脑、危险警告灯等电气回路内没有设置电流保护装置，电路发生短路故障后，电流成倍甚至数十倍地增加，导线很快发热、冒烟，绝缘层融化，在短路电流足够大的情况下，温度升高到绝缘层及周围可燃物的着火点就会产生明火。

（2）部分电路中熔丝没有靠前设置（设置位置不当）　部分汽车的熔丝设置在搭铁线上，没有按照电气设计原理设计在电路的电源线上，因此熔丝起不到短路保护作用。在发生短路故障时，短路电流不会通过熔丝，导致电路因短路电流而自燃。

(3) 部分电路中熔丝与导线不匹配（设置规格不当） 部分汽车在电气线路设计上存在线路与熔丝不匹配的情况，在发生短路故障时，导线已烧坏甚至起火，而熔丝却未熔断。

**2. 电气线路故障**

汽车电气线路故障较为常见，比如：电气线路受振动摩擦，绝缘层磨破；电气线路受挤压，绝缘层损坏；汽车长期运行中电气线路老化，绝缘层开裂、脱落；不恰当检修改装等人为因素的损坏；车辆受撞击导致电气线路绝缘外皮损坏；其他一切意外因素等。当汽车电气线路故障时出现短路的可能性较大，此时电源线与搭铁线或者与直接连通搭铁线的汽车发动机、底盘等金属机体直接连通，电流不通过用电设备，从短路点直接流到了负极。此种故障可分为两种情况：一种是金属性短路，如果回路中的熔丝设置符合要求，那么在短路后电流突然增大的情况下，熔丝会在高温下熔断，使整个电路中断，这种情况下不会发生起火危险；另一种是电弧性短路，由于短路点未被焊死，短路电流不大，熔丝也不会熔断，但是电弧或者电火花会持续存在，其局部温度可达 2000～3000℃，容易引燃周围可燃物，因此这种短路电弧往往成为火灾的点火源。

**3. 发动机调节器故障**

发动机调节器由逆流断电器、限压器、限流器组成。调节器的完好有效对于确保汽车电气系统的稳定有着十分重要的作用。一旦调节器发生故障，引起电气火灾的可能性就比较大。

(1) 逆流断电器故障 机动车熄火后，电气系统中电流应为零。但是当逆流断电器发生故障时，触点（白金触点）长期闭合，失去切断逆向电流的作用，此时蓄电池内的电流会倒回发电机，进而引起发电机线圈发热产生高温起火。

(2) 限压器故障 当限压器发生故障时，用电设备不能在正常电压下工作，会造成电气线路和用电设备损坏，严重的情况下可能引起火灾。

(3) 限流器故障 当限流器发生故障时，不能按照正常值给电气系统各回路分配电流，会造成部分电气线路和发电机的过载起火。

**4. 汽车改装不规范**

部分车主在对车辆进行改造时，随意增加防盗器、音响、空调等用电设备，导致用电负荷超过回路设计容量，引起回路过负荷，产生高温引燃可燃物。

**5. 汽车维护保养不当**

(1) 检修、维护不及时 汽车在长时间使用过程中受到振动摩擦或者冷热变化，电气线路接点不实，发生松动、氧化、表面污损等现象未及时被发现，接头处接触电阻增大，产生热能，致使接点高温引起可燃材料起火；电气线路老化，发生漏电现象未及时被发现，漏电处出现高温电弧或者电火花引燃可燃物。

(2) 维修质量不高 汽车维修人员自身业务素质不高，人为造成电气线路裸露和电气设备故障，导致相线短路、过负荷、漏电，产生高温高热，引起电气线路或电气设备着火。

**6. 汽车内消防设施设置不合理**

多数汽车都配置有二氧化碳或 ABC 型干粉灭火器，但是这两种灭火器因汽车经常处在高温、振动的环境下，其有效性难以保证，并且由于汽车火灾大多处于发动机舱内，不易被发现，致使这两种灭火产品的功效较低。此外，汽车长时间行驶后停放在车库或者停车场，处于无人值守状态，发生火灾后也不易被察觉。

**(三) 电气火灾的预防措施**

**1. 预防电气火灾的安全措施**

① 合理选取供电电压，使电气设备的额定电压与供电电压相配，供电电压应与环境状

态、环境保护、安全因素等相配。

② 合理选用导线截面，导线是传输电流的，不允许过热，所以导线的额定电流应比输送电流大些，以防线路过载。

③ 合理选用电气设备的类型，对于容易引起火灾或爆炸的场所，应选用防爆型、密封型等合适的电气设备。

④ 严格遵守安全操作规程和有关规定，万一出现电火灾或汽车自燃，首先要切断电源，然后灭火并及时报警。

⑤ 对电气起火物体要使用沙土或专用不导电的灭火器进行灭火，绝对不能用水来灭火。适用于电气灭火的灭火器有干粉灭火器、1211灭火器、1301灭火器、二氧化碳灭火器等。

**2. 扑救电气火灾的注意事项**

一旦电气设备发生火灾，首先应切断电源，然后再进行火灾扑救工作，其扑救方法与一般火灾扑救相同。只有在确实无法断开电源的情况下，才允许带电灭火。在对带电线路或设备灭火时，要注意以下几点。

① 不能用直流水枪灭火，但可用喷雾水枪灭火，因为喷雾水枪喷出的是不导电的雾状水流。

② 不能用泡沫灭火器灭火，应使用不导电的干性化学灭火器灭火，如二氧化碳灭火器、四氯化碳灭火器、1211灭火器和干粉灭火器等。

③ 对有油的设备，应使用干燥的砂子灭火。

④ 灭火器的筒体、喷嘴及人体都要与带电体保持一定距离，灭火人员应穿绝缘靴，戴绝缘手套，有条件的还要穿绝缘服等，以免扑救人员触电。

## 第二节

# 电动汽车的安全用电

相对传统汽车来说，电动汽车采用了大容量动力电池、高压驱动电动机等高压电气系统，所以对其安全性能及其防护提出了更高的要求。高压用电安全已经成为电动汽车的共性问题。

电动汽车的驱动平台是一个高电压、大电流的电力回路系统，在电动汽车上高电压系统的电压可以达到300～500V，电流可以达到数百安培，瞬时短路放电的电流更是成倍增加。在电动汽车上采用高电压、高转速的电力驱动模式可以提高电动机的输出功率，减小电路导线的截面积和质量，减轻电动机的重量。但是，这种高电压系统对乘车人员的安全有极大的威胁，一旦触及（电）就会造成乘员的严重伤害，还会对低电压系统电器和控制器的正常工作造成影响。

## 一、电动汽车的高压安全防护措施

**1. 漏电保护器**

电动汽车安装漏电保护器是必要的，一旦有正母线或负母线与车身相连，保护器就会报警，这就避免了电动机壳体漏电成为高压正极及站在车上的人触摸负极造成电击伤。这样的设计也可避免空调系统高压、DC/DC系统高压的泄漏。图8-4所示的漏电保护器用于无轨电车和电动汽车上，当电车设备漏电或人身触电对地漏电流达到规定值时，漏电保护器自动断开电源，保护人身安全，防止设备故障扩大。

2. 高压互锁

逆变器密封在高压盒中，非工作人员不能拆开。但也会有工作人员疏忽和非工作人员强行拆开的情况，为防止电击伤，在逆变器盒盖上设计有高压互锁开关，只要逆变器盒体打开，开关立即动作，控制器收到信号断开系统的主继电器，这样可以避免意外电击出现。

高压互锁回路如图8-5所示。当整车发生碰撞时，碰撞传感器发出碰撞信号，触发HVIL断电信号，整车高压源会在毫秒级时间内自动断开，以保障人员的安全。图8-6所示为将监测器设置在连接器上的一体式装置。

图8-4 漏电保护器

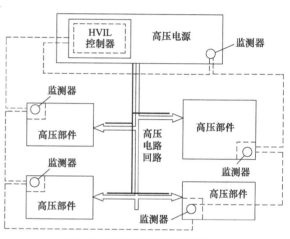

图8-5 高压互锁回路示意图

3. 绝缘电阻检测

较高的供电电压对整车的电气安全提出了更高的要求，尤其是对高压系统的绝缘性能提出了更为苛刻的要求。绝缘电阻是表征电动汽车电气安全好坏的重要参数，相关电动汽车安全标准均作了明确规定，目的是为了消除高压电对车辆和驾乘人员的潜在威胁，保证电动汽车电气系统的安全。

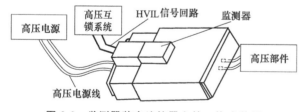

图8-6 监测器装在连接器上的一体式装置

人体能够承受的安全电压是指一定强度的电流通过人体而没有引起任何伤害的电压，因此安全电压的大小取决于人体允许通过的电流和人体电阻。根据国家有关安全标准，人体允许电流不能超过30mA，在某些特殊场合下将更小。我国安全电压多采用36V，即大体相当于危险环境下的安全电压。有的国家规定2.5V为一级的安全电压值，即相当于人体大部分浸入水中，且如果不能摆脱带电体或强烈痉挛即可导致致命的二次事故的情况。同时，根据国际电工标准IEC60529《为蓄电池驱动的道路车辆提供能量的电气装置》的规定，对正常工作中的触电防护要求为在任意可接触的触点间的峰值电压应低于42.3V。由上述研究可以得出，电动汽车动力系统在危险工况下，避免人体电伤害的安全电流应小于30mA。

由于动力蓄电池在危险工况下可能会出现短路，巨大电流会使短路处甚至使整个电路过热，从而使导线的绝缘层燃烧起来，并引燃周围的可燃物。同时，可能使乘员因接触带电体而发生电伤害。因此，电动汽车要严格控制绝缘阻值，应使其在人体安全电流的范围内。

## 二、动力电池的安全保护措施

随着电动汽车的发展，动力电池的安全一直是被人关注的重点。动力电池的安全涉及动力电池在车辆中的布置、安装、绝缘、散热等方面问题；在车辆停放、充电、行驶中不能出现漏电和自燃等；在碰撞中能够及时切断总电源，避免蓄电池发生短路造成爆炸和自燃等。

（一）动力电池最危险的故障

动力电池最危险的故障是热失控和自燃。

**1. 热失控**

导致动力电池热失控有以下几种情况。

（1）过充放电　在电池充电末期，电池内部离子的浓度增加，扩散性能下降，浓差极化增加，电池接受能力下降，电池再充电就会出现过充电。过充电时，如果电池的散热较好，或者过充电流很小，此时电池的温度较低，过充后只发生电解液的分解，电池仍然安全；如果此时电池的散热较差，或者由于高倍率充电导致电池温度很高而引发化学反应，往往导致安全事故。同样，在电池放电末期提供大电流的能力下降，当电池剩余电量不足而又需要大电流放电时，就会使电池过放电。过放电过程如下：当电池负极的锂离子完全脱出以后，为了维持电流，电池负极表面电极电位低的物质继续被氧化，同时正极材料中的锂离子有可能发生还原反应。在发生过放电时，由于电池负极的锂离子减少，脱出能力下降，极化电压增加，当电池的放电电压达到集流体（铜）的溶解电压的时候，集流体会发生氧化和溶解，使得电池负极的活性物质脱落，容易造成电池内部短路。

（2）过电流　电池过电流主要有以下几种情况。

① 低温环境下充放电。在低温环境下，由于电池的导电性和扩散性下降，特别是电池负极的锂离子嵌入和脱出能力下降，电池可接受电流的能力下降，容易导致电池出现过电流。

② 电池老化。电池的性能下降（包括容量降低、内阻增加、倍率特性下降等）后，仍按照原来电流充电。

③ 电池并联成组。在充电过程中，由于电池一致性的差异，单体电池的内阻各不相同，分配到各单体电池的充电电流不同，可能会导致分配到某些单体电池电流远大于充电电流。

④ 电池的内外部短路。电池短路会在瞬间产生很大电流，电池内部温度急剧升高，而使电池发生泄漏、起火等安全事故。

（3）电池温度过高　上述提到的过充、过放、过电流会导致电池温度过高，以下几种情况也会引起电池温度过高。

① 电池的热管理系统失效。表现为电池箱内电池温度传感器损坏、检测控制电路失效或散热风扇损坏。

② 电池温度采样点有限。电动汽车上电池数量众多，很难对每个单体电池都实现温度

检测。

③ 温度采样点受限制。由于电池本身结构的原因，BMS对电池的温度采样点一般都在电池正负极接线柱上，或者通过贴片采集电池外壳的温度，不能反映实际的电池内部温度。

④ 工作环境温度高。如果电池靠近驱动电动机或空气压缩机等发热部件，会导致电池过热。

**2. 自燃**

自燃可能有以下几种原因。

① 电池本身问题，其材料及生产工艺出现问题。

② 电池成组后监控系统出现问题，未发挥应有功能。

③ 电路电器及插口接头处的问题，若接口处电阻过大，则会引起放热较大。

④ 电池组的一致性问题。

⑤ 绝缘的耐久性问题，包括橡胶老化、绝缘油漆层磨损等，都会产生漏电的风险。

**（二）动力电池保护系统**

按照国家相关法规要求，同时为保证高压电的用电安全，对整个高压电池组进行特殊布置。

① 需要用封闭的电池箱来存放电池组和相应高压元器件。电池组和高压接线盒需要具有相应的绝缘装置，箱体内部按照电池冷却的要求设有导流和排风装置。

从电池组的内部结构图（图8-7）中可见，电池组外层有金属外壳，中间是绝缘层，最里面才是电池模块，同时内部还带有冷却系统，通过液体冷却系统进行调控，可保证电池组始终处在合适的温度下工作。

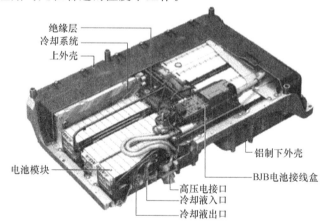

图8-7 电池组的内部结构

② 为保障动力电池箱的维修安全，在电池箱内部高压回路里增加高压互锁回路。利用高压互锁回路功能对整个高压动力系统进行安全防护，并在电池箱壳体上设置有手动维修开关（MSD），MSD串接在电池组中间，以保证电池箱维修过程中不会发生人员触电事故，保障电池箱拆装和维修过程的安全。为防止整个高压动力系统在碰撞过程中有可能造成触电危险，在动力电池系统中加入碰撞传感器，可以保证车辆在碰撞过程中立即切断高压系统（图8-8）。

③ 具有高压电安全管理系统，对电池箱内部与高压母线相连的各个节点进行实时监控和故障诊断，以确保车辆的安全性和可靠性。通常高压动力电池箱的高压电安全管理系统集成在电池管理系统（BMS）中（图8-9）。

④ 在电动汽车中，电池的布置很重要。例如：一辆1.5t的电动汽车如果满足续驶里程达到120km，则需要的电池组质量约为200kg，这样电池会被分为两个部分在车上安装布置，第一部分安放在驾驶员的座椅下方，而第二部分安放在原来汽车油箱的位置。电池的

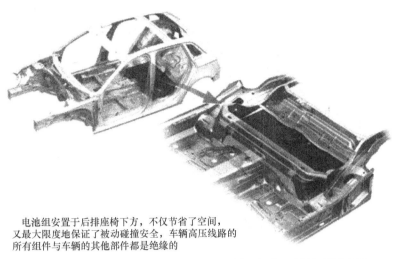

电池组安置于后排座椅下方，不仅节省了空间，
又最大限度地保证了被动碰撞安全，车辆高压线路的
所有组件与车辆的其他部件都是绝缘的
一旦事故发生，车辆首先会触发安全带张紧装置或安全气囊，而电控系统会立即
切断电池与任何系统组件的连接，保证碰撞后的车辆安全

图 8-8 车辆安全装置

上外壳
绝缘层
电池模块
电池单元
BJB电池接线盒
BMC
电池管理控制器
冷却系统
CMC
电池单元管理控制器
铝制下外壳

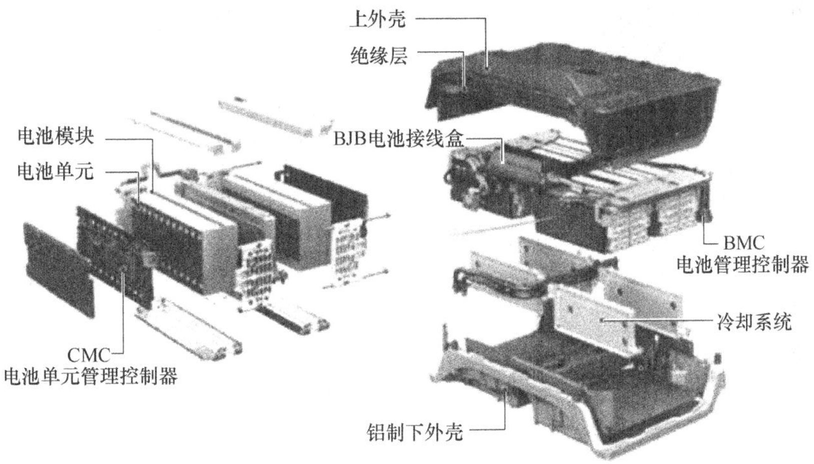

图 8-9 电池管理控制器内部结构

电池箱完全封闭，只有前后有进风和出风口，由电动机风扇来对电池提供风冷或者循环水冷散热。此外，电池应安放在不易受到碰撞损坏的位置，或尽可能采取各类保护措施，防止在事故中，电池直接遭受剧烈的撞击和挤压。

图 8-10 所示为荣威 E50 动力电池保护系统。该保护系统具有电池保护结构、高压触电及漏电绝缘保护、高压系统防水结构、车辆碰撞断电保护等，可最大限度地保护乘员和动力电池的安全。此外，底盘电池仓布置了防碰撞结构，可保障在极端碰撞中电池的安全。

在电池连续的充放电过程中，会持续发热，同时会缓慢释放出可燃性气体。如果在某个密闭空间内聚集，遇到火源时将会产生燃烧爆炸的情况；采用锂离子电池的电动汽车，若混合使用不同容量的锂离子电池，过放电时电池组中容量较小的电池将会出现反极（电池的负极变正极，正极变负极），使正极的金属锂形成易燃易爆物质。同时，在充放电过程中锂离子电池碳正极与负极脱出的氧反应会生成易燃气体 CO；另外，由于隔膜被腐蚀造成

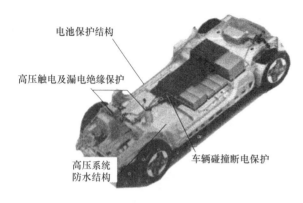

图 8-10 荣威 E50 动力电池保护系统

正负极短路，有机溶剂电解液发生反应也会生成易燃气体等。因此，需要采用合理的电动汽车安全保护技术。具体如下：

① 使用专用充电设备（图 8-11），对过充电设置保护开关，防止电池温度升高。

② 使用特殊放电回路，当检测到某一电池将要出现过放电时，进行报警提示，避免电池出现反极现象，造成危险。

③ 设置良好的通风系统或传感器，防止有毒、可燃气体聚集，如图 8-12 所示。

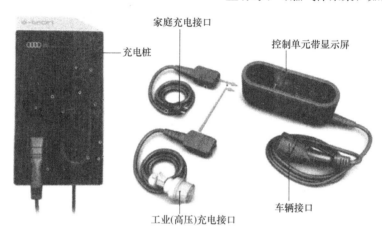

图 8-11 专用充电设备

④ 在电池与电池以及电池与紧固件之间采用绝缘、有足够刚度且有缓冲的装置，避免电池受挤压而变形，防止电池液泄漏。

⑤ 安装防潮装置，如烘干除湿装置、保护膜等，避免电子芯片受潮而短路。

⑥ 电池组必须安装过电流断开器，在出现极大电流时能及时切断电池电源线路，防止过电流对人、车和环境造成重大危险。电池的过电流断开器不但在车辆制造厂规定的过电流条件下能断开电池电路，还必须在任

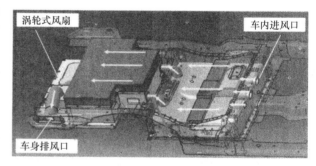

图 8-12 良好的通风系统

何故障（包括按国家标准进行碰撞实验）情况下都能断开电池电路，例如当电池连接的电路出现短路时，从而避免触电、短路燃烧，以绝对保证人和车的安全。

⑦ 所有接线连接部分，包括电池组管理系统，应采用双绝缘防护，且留有拉升余量，防止碰撞、翻车等事故时接线头脱落，造成漏电或短路。

⑧ 设置防静电装置,避免电火花的产生。

⑨ 电动汽车使用过程中,严格禁止新旧电池、不同容量电池的混合使用,以避免发生事故。

(三)案例分析

以上汽集团新能源汽车所用的动力电池为例,其在材料、电芯、模块、系统和整车5个层级上多重保护,以确保电池的安全使用,如表8-1所示。

表8-1 电池在5个层级上的保护

| 层级 | 保护 | 电池组 |
| --- | --- | --- |
| 材料级 | 安全的正极材料 | |
| 电芯级 | 电芯过电流保护 | |
| 模块级 | 模块过电流保护 | |
| | 坚固的防护结构 | |
| 系统级 | 系统过电流保护 | |
| | 多路继电器 | |
| | 热管理和温度控制 | |
| | 全面的高压安全管理 | |
| | 可靠的管理系统及安全控制策略 | |
| | 绝缘阻燃材料的应用 | |
| 整车级 | 良好的安全防护结构 | |

在做到5层保护的基础上,电池组的位置布局也很重要。上汽集团的车用动力电池组布置优先考虑整车中部,利用车结构梁框架提供保护,避免碰撞溃缩区域,这样同时可以减少动力电池质量对整车操控性的影响。如果动力电池无法布置于整车中部区域,便要改进整车和动力电池设计方案以确保安全。

### 三、保证危险工况下的安全性

电动汽车在涉水、暴雨情况下的安全性分析如下。

(1)电伤害 当电动汽车遇到涉水、暴雨等危险工况时,电池间的连线或电动机、电动机控制器等高压电气设备的接线可能由于水汽的侵袭造成短路,导致漏电。强大的漏电电流通过车体,使乘员遭受触电危险,危害乘员人身安全。

(2)动力电池的热失控 当电动汽车遇到涉水、暴雨等危险工况时,可能引起电池的短路,使得电池温度升高,从而引起电池的热失控。热失控会导致电池的燃烧和爆炸。

(3)控制系统电气故障 当电动汽车遇到涉水、暴雨等危险工况时,由于水汽的侵袭,电动汽车的控制系统可能会出现短路或漏电事故,导致整车控制器、电动机控制器或电池管理系统(BMS)失灵,引起电动汽车失控或无法启动等故障。

(4)电动汽车在碰撞、翻车情况下的安全性 电动汽车在碰撞、翻车等情况下,高压线束可能会出现脱落、短路、损坏等情况,通过车体带电,乘员遭受触电危险,危害乘员人身安全;动力电池组可能会发生挤压、短路、穿刺等故障,造成电池内部或外部短路,从而引起电池的热失控,造成火灾、泄漏、爆炸等事故,危害乘员人身安全。

## 四、电动汽车用电的安全

### （一）在线绝缘检测

电动汽车的运行情况非常复杂，在运行过程中难免会出现部件间的相互碰撞、摩擦、挤压，导致高压电路与车辆底盘之间的绝缘性能下降。电源正负极引线将通过绝缘层和底盘构成漏电流回路。当高压电路和底盘之间发生多点绝缘性能下降时，还会导致漏电回路的热积累效应，可能造成车辆的电气火灾。因此，高压电气系统相对车辆底盘的电气绝缘性能实时检测是电气安全技术的核心内容。

绝缘监控仪内部产生一个正负对称的方波信号，并通过 L＋、L－和 KE、E 端子与直流高压系统和底盘之间的绝缘电阻 $R_F$ 构成测量回路，测量回路中的电流在取样电阻 $R_m$ 上会产生一个取样电压，这个电压信号被内置的微处理器采集。通过运算，可以得出绝缘电阻的大小。微处理器将计算得出的绝缘电阻值转换成 PWM 信号的占空比，并通过 PWM＋/PWM－端口对外输出，整车控制单元采集 PWM 信号后，将其占空比折算成绝缘电阻值，一方面可以送给仪表进行显示；另一方面也可以在整车控制程序中设置相应的阈值工作点，用于判定是否需要进行维护以及是否需要切断高压回路和禁止电动机启动。

### （二）运行安全性

**1. 故障报警**

电动汽车在运行过程中，如果出现异常情况，需要仪表或指示器以声或光报警的形式提醒驾驶员，让驾驶员注意车辆的异常情况，以便及时处理，避免发生安全事故。其主要包括驱动电动机转速高于限值、驱动电动机温度高于限值、电动机控制器温度高于限值、绝缘值低、SOC 低于限值、单体电池电压低于限值、电池温度高于限值、辅助系统通信异常等信息。限值是指整车厂（或零部件厂）规定的值（如控制器厂家规定：控制器温度≥65℃时报警，≥75℃时降功率，≥85℃时停机）。

**2. 降功率运行**

电动汽车在运行过程中，如出现系统过电流、驱动电动机转速高于限值、驱动电动机温度高于限值、电动机控制器温度高于限值、SOC 值过低、系统电压低于限值、单体电池电压低于限值、电池温度高于限值等情况，控制系统应降功率运行电动机，以确保整车的安全（图 8-13）。

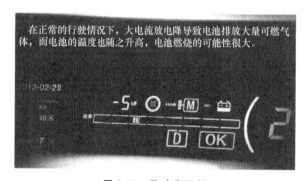

图 8-13 降功率运行

**3. 停车**

电动汽车在运行过程中，如出现系统电压低于限值、单体电池电压低于限值、电池温度高于限值、驱动电池温度高于限值、挡位开关失效、踏板故障、电动机控制器严重故障（控制器温度高于限值、控制器模块故障等）、严重绝缘故障、辅助系统（助力油泵、空气压缩机）严重故障、电动机严重故障（电动机温度高于限值、电动机传感器失效）等严重故障时，控制系统应立即停止车辆，确保人身和财产安全。

### （三）危险工况的安全性

由于动力电池的能量密度远远低于燃油的能量密度，使得电动汽车的质量有较大增加，碰撞中需要车辆耗散的动能明显增加，产生的事故后果也更为严重。同时由于电动汽车集成了大量的高压电气设备和线束,所以纯电动汽车在发生危险工况下的电安全非常重要。

① 高压线束走向要求布置在车辆骨架内侧,以提高对高压线束和人员的保护作用。图 8-14 所示为高压线束在发动机舱的布置。

② 电动汽车应充分考虑电池箱的安放位置和固定措施,确保碰撞时,动力电池箱不易受到碰撞损坏,或尽可能采取各类保护措施。如图 8-15 所示,比亚迪 E6 的动力电池安装在汽车后半部。

图 8-14 高压线束在发动机舱的布置

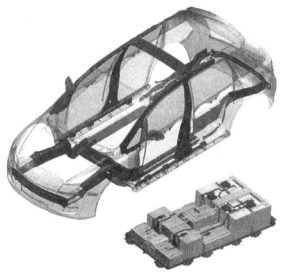

图 8-15 比亚迪 E6 的动力电池位置

③ 电池箱与车体应实现二次绝缘,箱内要设置烟雾温度报警系统,以便能及时对事故做出正确处理,确保人身和财产安全。

④ 车辆安装碰撞传感器和绝缘电阻检测装置。当车辆发生碰撞或绝缘电阻过低时,主动切断高压回路,实现电池组与外部电路的电隔离。

⑤ 主回路和电池箱内安装快速熔断器。当发生过电流事故时,主回路熔断器能迅速切断动力电池和电气设备的连接。

⑥ 在主回路和电池箱上安装手动断电装置。当发生事故时,可以手动切断各电池箱之间的电连接,将车辆整体电压降至安全电压范围内。

(四)运行实时监控系统

电动汽车运行实时监控系统能采集车辆运行的各种信息,包括电池信息、驱动系统信息和车辆信息,跟踪记录每辆车的运行情况,以远程诊断的方式及时发现车辆故障,缩短故障响应时间,减少维修时间,并通过对车辆运行参数的评估,对故障进行预测,预防和杜绝重大事故的发生,确保电动汽车的安全性。如图 8-16 所示,这些信息数据可以通过 CAN 总线,显示在汽车的数字仪表上,也可以向外部监控系统发送。

电动汽车运行实时监控系统具有以下功能:实时监控电池/电动机安全运行状态、采集车辆运行数据、车辆远程监控、GPS 定位、数据存储管理、统计分析等。

(五)人员触电防护

**1. 绝缘的分类**

(1)基本绝缘 带电部件上对防触电(在没有故障的状态下)起基本保护作用的绝缘。

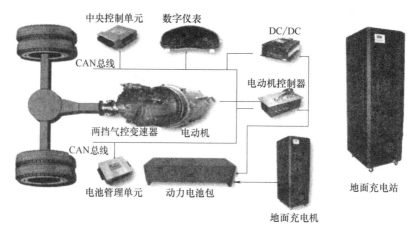

图 8-16 运行实时监控系统

基本绝缘不包括功能绝缘。

（2）附加绝缘　为了在基本绝缘故障情况下防止触电，而在基本绝缘之外使用的独立绝缘。

（3）双重绝缘　同时具有基本绝缘和附加绝缘的绝缘性。

（4）加强绝缘　提供相当于双重绝缘保护程度的带电部件上的绝缘结构。"绝缘结构"一词并不意味着绝缘必须是同类材料，它可以由几种不同于基本绝缘或附加绝缘那样能够单独试验的绝缘层组成。

2. 触电防护

触电防护应包含防止人员与任何带电部件的直接接触和在带电部件发生基本绝缘故障的情况下的触电防护（表 8-2）。对于 A 级电压的电路不要求提供触电防护。对于任何 B 级电压电路的带电部件，都应为人员提供危险接触的防护。直接接触防护应由带电部件的基本绝缘提供，或由遮挡/外壳或两者的结合来提供。

表 8-2　电压级别

| 电压级别 | 工作电压 | 电压级别 | 工作电压 |
| --- | --- | --- | --- |
| A | 24V(DC) | B | 346V(DC) |

任何 B 级电压电路的带电部件出现基本绝缘故障时，应防止人员与外露可导电部件接触而导致的触电危害。故障情况下，应由 I 类设备或 II 类设备或两者组合来防护。

### 五、电动汽车用电注意事项

电动汽车中的主要高压用电部件有电动机控制器、充电器、电池组、驱动电动机、DC/DC、高压配电箱、电动压缩机、电加热器等。引起电动汽车起火的主要原因有电气线路短路、接触电阻过大、过负荷以及电池发热爆炸起火等。在使用时应注意以下几点。

（1）充电　车辆充电时应尽量在室外进行，人不可待在车内及周边。充电线路要选择合适的线径，线路铺设应固定安装，要加装短路和漏电保护装置。车辆充电应按照说明书的规定进行充电。先将所有线路连接好后再合闸供电。尽量采用慢充而非采用快速充电方式。充电示意图如图 8-17 所示。

(2)停放 长时间停放应将小蓄电池的电源线拔下来。不要长时间放置于潮湿、高温、阳光暴晒等环境下。

(3)使用 在车辆上电之前,需要检查一下所有的线路连接是否紧固、正确。确保电池电量充足,避免过放电。开车时尽量避免急加速、急制动等情况的出现。假如出现撞车等事故,首先要拔下钥匙,切断电源,并远离车辆,再寻求厂家/4S店的帮助。

(4)检修 不要随便进行检修,应到4S店让专业的技术人员进行检修。若必须进行,应首先切断电池包的高压输出(一般正规厂家出的电动车的电池包上都有一个断电开关)。操作步骤:关掉钥匙,拔下断电开关,等过10min以上再对车辆的高压部件及线路进行检查,等10min是为了让高压部件中的电容器件放电。断电开关的位置如图8-18所示。

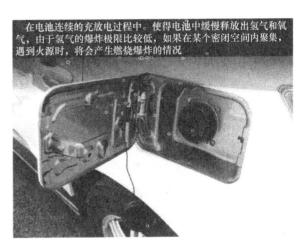

图8-17 充电示意图

图8-18 断电开关的位置

## 六、电动汽车高压电系统故障分析

高压系统在启动、运行、停止的过程中都有可能面临各种各样高压安全故障问题,电动汽车高压回路安全故障可以分为绝缘故障、短路故障、断路故障、动力蓄电池组故障、上电瞬态冲击故障、事故引发的故障等六大类典型故障。在这六大类故障中每一类故障的都可能会造成电动汽车的安全事故,特别是对于短路、绝缘失效等问题,由于对人体造成的伤害最为直接,所以危险性极大。

### 1. 绝缘故障

绝缘故障一般是由线路老化、腐蚀、雨水以及线路绝缘皮破损等所导致的。如果说电动汽车高压系统的短路对人的危害是间接的话,那么电压在上百伏的高压回路发生绝缘故障对人的危害则是直接的。在电动汽车国家标准中,绝缘电阻是表征电动汽车绝缘状况好坏的重要参数,因此,注重绝缘电阻实时检测及故障处理,就可以较为有效地保障驾乘人员的安全。

### 2. 短路故障

电动汽车的动力回路具有高电压和大电流,其正常工作电流通常可以达到数十安培甚至上百安培,所以如果高压回路发生短路,则瞬时短路电流会成倍增长。如果电动汽车在发生短路故障后不能得到及时处理,那么如此大的电流将极有可能烧坏电气设备,从而引发汽车火灾。因此,短路故障必须得到及时而有效的解决。回路中接入熔断丝是过电流保护最直接的方法。此外,也可以通过检测高压回路的工作电流来判断短路故障是否发生。

3. 断路故障

高压线路接触不良或非预期断路也是电动汽车在运行中一种可能出现的潜在故障,当此类故障发生时,将可能引起高压电暴露、动力回路输出功率下降,甚至会造成连接器烧毁等严重后果。针对断路故障,可以通过在高压系统回路中设计高压环路互锁电路的方法来检测回路断路故障,安全监控系统通过控制系统向高压回路发送检测信号来进行高压环路互锁检测,当返回的检测信号没有达到预期的完整性要求时,则判断出现接触不良或断路故障,并禁止相关动力电源的输出,直到该故障被完全排除为止。

4. 动力蓄电池组故障

系统的高压电来自于蓄电池组,电池组出现问题不仅会对电池本身造成的伤害,甚至引起严重的安全问题。如蓄电池出现电池温度过高、电池内液体泄漏、电池电压过高或过低、电池产生的有害气体积累等故障现象,如果处理得不够及时,会引发火灾和爆炸,对驾乘人员造成极大的人身伤害。

(1) 蓄电池电压过高或过低故障 电动汽车从启动开始一直到最后停车的整个过程中,动力蓄电池组是为电动汽车的驱动电动机、低压电器、空调等用电设备提供电能的源头,蓄电池的电压过高或过低都将对电动汽车的正常启动运行造成较大影响。如果出现蓄电池组输出电压过低的情况,那么蓄电池内部的化学反应过程就会发生改变,增加热量的产生,对电池本身造成永久性损坏;假如蓄电池组输出电压过高,那么车辆内的电气设备的电压就很有可能超出其额定电压,这将损害车辆内的电气设备,同时过高的充电电压也很容易损坏电池本身。

(2) 蓄电池温度过高故障 在电动汽车启动、运行和停车的过程中,如果动力蓄电池组发热致使电池包内的温度过高,甚至超过极限温度时,那么电池组很有可能会被损伤,较高的温度同时还会加速周边连接线路老化,严重的话还有可能造成车辆火灾。为了防止这些严重后果的发生,必须对蓄电池组内的温度进行监测。

5. 上电瞬态冲击故障

电动汽车高压回路存在容性负载,根据容性负载在电路中的瞬态特性,可知在接通高压回路的瞬间,容性负载可以认为是短路的,这时系统大电流会对整个高压系统产生电流瞬态冲击。

6. 事故引发的故障

由于电动汽车中安装了可能危及人员生命安全的高电压蓄电池组,因此在发生意外事故,特别是严重碰撞或侧翻时,将会使电池包内的蓄电池和高压用电器与车身固定件之间发生碰撞挤压,造成短路、绝缘失效等非常危险的故障。为了最大程度上保证电动汽车在发生意外事故时人员和车辆的安全,减少或避免二次伤害的发生,因此电动汽车在事故发生时具备可靠的被动安全保护功能是必需的。例如:系统可以利用加速度传感器来实现对于意外碰撞事故的检测,用角度传感器来感知车辆倾覆或翻滚的状况,如果检测到事故发生,则依照系统所制定的安全控制策略进行处理。

## 参 考 文 献

[1] 中国汽车工程学会. 节能与新能源汽车技术路线图 [M]. 北京：机械工业出版社，2017.
[2] 李敬福，王洪佩. 新能源汽车关键技术研究 [M]. 北京：北京理工大学出版社，2017.
[3] 曾鑫，刘涛. 新能源汽车动力电池与驱动电机 [M]. 北京：人民交通出版社股份有限公司，2017.
[4] 包科杰，徐利强. 新能源汽车维护与故障诊断 [M]. 北京：人民交通出版社股份有限公司，2017.
[5] 唐勇，王亮. 新能源汽车电气技术 [M]. 北京：人民交通出版社股份有限公司，2017.
[6] 陈社会，陈旗. 新能源汽车构造与维护 [M]. 南京：江苏凤凰教育出版社，2018.
[7] 王震坡，孙逢春，刘鹏. 电动车辆动力电池系统及应用技术 [M]. 第2版. 北京：机械工业出版社，2017.
[8] 文少波，赵振东. 新能源汽车及其智能化技术 [M]. 南京：东南大学出版社，2017.
[9] 何洪文等. 电动汽车原理与构造 [M]. 北京：机械工业出版社，2012.
[10] 尹力卉，王林，左晨旭. 新能源汽车技术 [M]. 北京：机械工业出版社，2017.
[11] 陈美多，彭新. 新能源汽车技术 [M]. 成都：西南交通大学出版社，2017.
[12] 姜久春. 电动汽车充电设施运行与维护技术 [M]. 北京：北京交通大学出版社，2016.
[13] 刘杰，宗长富. 电动汽车电力电子技术应用 [M]. 北京：北京交通大学出版社，2018.
[14] 黄志坚. 电动汽车结构原理应用 [M]. 北京：化学工业出版社，2018.
[15] 瑞佩尔. 图解新型动力汽车结构原理与维修 [M]. 北京：化学工业出版社，2017.
[16] 瑞佩尔. 新能源汽车维修资料大全 [M]. 北京：化学工业出版社，2018.
[17] 刘春晖，张炜炜. 混合动力汽车结构与检修 [M]. 北京：化学工业出版社，2017.